汇添富基金·世界资本经典译丛

从众投资

——宏观行为技术分析实用指南

约恩·特里西
(Eoin Treacy) 著

沈国华 译

上海财经大学出版社

图书在版编目(CIP)数据

从众投资:宏观行为技术分析实用指南/(美)特里西(Treacy,E.);沈国华译.一上海:上海财经大学出版社,2015.8
(汇添富基金·世界资本经典译丛)
书名原文:Crowd Money
ISBN 978-7-5642-2157-7/F·2157

Ⅰ.①从… Ⅱ.①特… ②沈… Ⅲ.①投资-基本知识
Ⅳ.①F830.59

中国版本图书馆CIP数据核字(2015)第094729号

□ 责任编辑 李成军
□ 封面设计 张克瑶
□ 版式设计 孙国义
□ 责任校对 王从远

CONGZHONG TOUZI
从 众 投 资
——宏观行为技术分析实用指南

约恩·特里西
(Eoin Treacy) 著

沈国华 译

上海财经大学出版社出版发行
(上海市武东路321号乙 邮编200434)
网 址:http://www.sufep.com
电子邮箱:webmaster@sufep.com
全国新华书店经销
上海华教印务有限公司印刷装订
2015年8月第1版 2015年8月第1次印刷

787mm×1092mm 1/16 22.25印张(插页:7) 363千字
印数:0 001—4 000 定价:58.00元

拨动琴弦

唱一首**经典**

资本脉络

在**伦巴第**和**华尔街**坚冷的墙体间，仍然

依稀可见

千百年后

人们依然会穿过泛黄的书架

取下

这些**书简**

就像我们今天，**怀念**

秦关汉月

大漠孤烟

……

图字:09-2014-665 号

Crowd Money*: *A Practical Guide to Macro Behavioural Technical Analysis

Eoin Treacy

总 序

“世有非常之功，必待非常之人。”中国正在经历一个前所未有的投资大时代，无数投资人渴望着有机会感悟和学习顶尖投资大师的智慧。

有史以来最伟大的投资家，素有“股神”之称的巴菲特有句名言：成功的捷径是与成功者为伍！（It's simple to be a winner，work with winners.）

向成功者学习是成功的捷径，向投资大师学习则是投资成功的捷径。

巴菲特原来做了10年股票，当初的他也曾经到处打听消息，进行技术分析，买进卖出做短线，可结果却业绩平平。后来他学习了格雷厄姆的价值投资策略之后，投资业绩很快有了明显改善，他由衷地感叹道：“在大师门下学习几个小时的效果，远远胜过我自己过去10年里自以为是的天真思考。”

巴菲特不但学习了格雷厄姆的投资策略，还进一步吸收了费雪的投资策略，将二者完美地融合在一起。他称自己是“85%的格雷厄姆和15%的费雪”。他认为这正是自己成功的原因：“如果我只学习格雷厄姆一个人的思想，就不会像今天这么富有。”

可见，要想投资成功很简单，那就是：向成功的投资人学投资，而且要向尽可能多的杰出投资专家学投资。

源于这个想法，汇添富基金管理股份有限公司携手上海财经大学出版社，共同推出这套“汇添富基金·世界资本经典译丛”。开卷有益，本套丛书上及1873年的伦巴第街，下至20世纪华尔街顶级基金经理人和当代“股神”巴菲特，时间跨度长达百余年，汇添富基金希望能够借此套丛书，向您展示投资专家的大师风采，带您领略投资世界中的卓绝风景。

在本套丛书的第一到第十一辑里，我们先后为您奉献了《伦巴第街》《攻守兼备》《价值平均策略》《浮华时代》《忠告》《尖峰时刻》《战胜标准普尔》《伟大的事业》《投资存亡战》《黄金简史》《华尔街的扑克牌》《标准普尔选股策略》《华尔街50年》《先知先觉》《共同基金必胜法则》《华尔街传奇》《大熊市——危机市场生存和盈利法则》《证券分析》《股票估值实用指南》《货币简史》《货币与投资》《黄金岁月——美国股市中的非凡时刻》《英美中央银行史》《大牛市(1982～2004)——涨升与崩盘》《从平凡人到百万富翁》《像欧奈尔信徒一样交易——我们如何在股市赢得18 000%的利润》《美国国债市场的诞生》《安东尼·波顿教你选股》《恐惧与贪婪——动荡世界中的投资风险和机遇》等66本讲述国外金融市场历史风云与投资大师深邃睿智的经典之作。而在此次推出的第十二辑中，我们将继续一如既往地向您推荐5本具有同样震撼阅读效应的经典投资著作。

在2007年由美国次贷危机引发的全球金融危机中，评级机构对于金融产品和国家的评级受到了广泛的责难，由此引发了评级机构是否能够公正开展评级业务的讨论。《评级机构的秘密权力》一书从所有制结构和付费方式两个方面，说明了整个评级制度具有的先天缺陷，对于评级体制的公正性提出了挑战，呼吁从根本上改变评级体制的构架。同时，针对评级机构对于其评级不负法律责任提出了质疑，鉴于评级结果对于国家和社会的重大影响，评级结果不是简单的意见表述，而是类似于专家意见，评级机构必须为其评级负法律责任，必要时应该给投资者以补偿。本书从根本上对现行的评级体系提出了宣战，呼吁从根本上重新构建整个评级体系，使得评级机构的结果重新建立在声誉竞争的基础上，从而实现公正的评级过程，并从从众的心态转变为重视评级的质量，从而通过评级真正起到控制风险的作用。

投资是一门充满神奇诱惑的艺术，顶级投资家的选股故事总是会引发我们的无限感慨和好奇探究。《至高无上——英国顶级投资经理的选股秘诀》向我们揭示了8位伦敦城最伟大的投资人之所以伟大的那些关键特征背后的机制和心理学秘密。这些顶级选股人如何在股票市场上轻松赚得数百万乃至数千万美元，甚至更多？这就是本书作者乔纳森·戴维斯在对他们进行访谈时所要回答的问题。书中强调这些顶级投资经理的共同特质，解释了他们的投资策略、风格和成就是如何发展起来的，并力求帮助普通投资人学习、掌握这些技巧。

市场就是一群乌合之众。为了在市场上赚钱，我们必须成为市场的一分子，我们要受到这个过程的约束，因此最好了解不同的群体如何形成市场；一旦我们决定参与市场，我们的个人心理就会发生变化。《从众投资——宏观行为技术分析实用指南》旨在揭示股票走势图表背后所隐藏的种种思维过程，揭示影响价格走势图的人类情绪以及驱动牛市和熊市的心理因素。《金融市场技术分析》的作者约翰·墨菲认为："尽管行为分析早已应用于金融和经济领域，但约恩·特里西的这本书是我所见过的把行为学原理应用于技术分析的首次尝试。《从众投资》是对行为和技术这两个分析领域研究文献的又一深受欢迎的补充。"

套利是在一个市场上买入某份合约并在另一个市场上卖出它的行为。只要人们一直在交易，套利就始终是热门的投资策略。《风险套利》最初于 1971 年出版，是套利策略的经典范本。本书涵盖了从平均预期收益到公司冻结的所有内容，还增加了新篇章"积极套利"，展示了积极维权和套利的变形。通过真实的案例阐释以及案例研究，《风险套利》成为每一位严肃的投资专业人士以及精明的个人投资者的必备指南。

《颠倒的市场》作者维恩·特兰博士作为对经济和投资有深入研究的渊博学者，在投资领域积累了长达 20 年的经验。书中，作者首先回顾了历史上美国所经历的股市动荡和经济危机，结合日本经济萧条时期的经验和教训，对当下美国正在经历的次贷危机的根源进行了深入的探讨和分析，冷静建议人们理性对待当下的特殊经济环境。无论是对于专业市场人士还是普通的市场参与者而言，本书都是一本不可多得的解惑传道之作。特别是对于普通的市场参与者，如何在动荡的市场环境中，保障自己用于养老的不可再生的财产的安全，是亟待思考的重要问题。特兰博士以此为出发点，详细分析各种投资方案的优劣，帮助市场参与者进行理性的思考和选择，该书也由此成为应对当下经济环境的教科书式的经典。美国银行全球财富管理集团主管阮通（Thong M. Nguyen）给予该书很高的评价："《颠倒的市场》对债务累积所隐藏的祸患做出了警示。解决了次贷危机，并不意味着我们所面临的经济困境得以终结。投资者即将面临政府巨额负债引发的下一轮危机。维恩·特兰对此洞若观火，在本书中他与读者分享了在经济逆境中投资获利的种种策略，他建议提高资产流动性，以更好地保护资产和规避不可预见的风险。”

投资者也许会问：我们向投资大师、投资历史学习投资真知后，如何在中国股市实践应用大师们的价值投资理念？

事实永远胜于雄辩。中国基金行业从创立至今，始终坚持和实践价值投资与有效风险控制策略，相信我们十多年来的追求探索已经在一定程度上回答了这个问题：

首先，中国基金行业成立以来的投资业绩充分表明，在中国股市运用长期价值投资策略同样是非常有效的，同样能够显著地战胜市场。公司成立以来我们旗下基金的优秀业绩，就是最好的证明之一。价值投资最基本的安全边际原则是永恒不变的，坚守基于深入基本面分析的长期价值投资，必定会有良好的长期回报。

其次，我们的经历还表明，在中国股市运用价值投资策略，必须结合中国股市以及中国上市公司的实际情况，做到理论与实践相结合，勇于创新。事实上，作为价值型基金经理人的典范，彼得·林奇也是在总结和反思传统价值投资分析方法的基础上，推陈出新，取得了前无古人的共同基金业绩。

最后，需要强调的是，我们比巴菲特、彼得·林奇等人更加幸运，中国有持续快速稳定发展的经济环境，有一个经过改革后基本面发生巨大变化的证券市场，有一批快速成长的优秀上市公司，这一切将使我们拥有更多、更好的投资机会。

我们有理由坚信，只要坚持深入基本面分析的价值投资理念，不断积累经验和总结教训，不断完善和提高自己，中国基金行业必将能为投资者创造长期稳定的较好投资回报。

“他山之石，可以攻玉。”20 年前，当我在上海财经大学读书的时候，也曾经阅读过大量海外经典投资书籍，获益匪浅。今天，我们和上海财大出版社一起，精挑细选了上述这些书籍，力求使投资人能够对一个多世纪的西方资本市场发展窥斑见豹，有所感悟；而其中的正反两方面的经验与教训，亦可为我们所鉴，或成为成功投资的指南，或成为风险教育的反面教材。

“辉煌源于价值，艰巨在于漫长。”对于投资者来说，注重投资内在价值，精心挑选稳健的投资品种，进行长期投资，将会比你花心思去预测市场走向、揣测指数高低更为务实和有意义。当今中国正处在一个稳健发展和经济转型相结合的黄金时期，站在东方大国崛起的高度，不妨看淡指数，让你的心态从容超越股市指数的短期涨跌，让我们一起从容分享中国资本市场的美好未来。在此，汇添富基金期待着与广大投资者一起，伴随着中国证券市场和中国基金业的不断发展，迎来更加辉煌灿烂的明天！

张　晖

汇添富基金管理股份有限公司总经理

2015 年 7 月

致谢

笔者在此谨向戴维·富勒(David Fuller)这个人人都想结识的良师益友，为本书的出版付出耐心的莉莉(Lily)、艾丝琳(Aisling)和菲奥娜(Fiona)，为本书的出版给予不懈支持和鼓励的原硅谷高科技公司执行官山姆·普拉瑟(Sam Prather，已退休)以及本书的主要读者——"富特投资"(FT-Money)公司的订户们，表示感谢！感谢你们给予我的一贯支持！

序

约恩·特里西是他这代人中最著名的金融策略分析师之一。他在彭博社开始了自己的职业生涯，后来就到富勒投资公司供职，并有效地运用该公司开发的行为技术分析方法来分析金融市场，并且为富勒投资公司贡献了他有关全球金融市场的宝贵洞见。约恩擅长自上而下地观察金融市场。

例如，对于股票市场，他先是根据相对强势或者弱势原则把市场分为发达市场、新兴市场和前沿市场(frontier market)[1]，并且能够用不同的当地货币以及像美元这样的单一货币来观察和比较不同市场的表现。通过初步排序，他能非常迅速地发现哪些市场正在受到追捧或者哪些市场已经过时、失宠。通过定期、系统的观察，他还能知道什么时候某个市场相对而言正在走强或者走弱。

后来，约恩得以利用彭博社包罗万象的基础数据，基于历史和预期市盈率和股息收益率来比较不同市场在估值方面的异同。当他发现某个市场表现出值得关注的地方，或者想审视更加基础的数据时，就会深入观察对于评估有用的任何追加信息，包括对与其他市场进行比较有用的追加信息。自富勒投资公司提供互动服务以来，约恩就有机会接触到全球常常是有真知灼见的订户的“集体”研究报告和论文。

成功的金融研究始于警觉，但也基于对市场的动态观察。在分形的基础上，这个研究方法可通过先观察市场行业板块的业绩表现，然后观察各板块个股的

---

〔1〕 指那些因规模过小而不符合新兴市场条件的市场。——译者注

潜在亮点来有序地推行。这是一个严格、有益、真实、迷人并且常常赚钱的方法。

借此给《从众投资》作序的机会，我要向约恩致敬，因为我深知，在没有进行充分的简化和机理化之前，要清楚解释行为分析方法有多难！我敢向读者说，这对于约恩来说并不是很难。那么，我们如何才能详细说明一种基于终身观察的方法，尤其当这种方法涉及数千张反映股价、政府债券、大宗商品和外汇动态变化的不同图表时？

我对这个问题的回答是，教科书也是某种形式的入门读物，希望这本书能够激起读者的兴趣和研究好奇心。谈论由情绪驱动的投资就像描述坠入情网的过程。我们大家都明白这样的感觉，但想要对别人说明这种感觉，听起来似乎不太理智甚至有点俗套。主要趋势，无论是上升趋势还是下跌趋势，就像投资大众爱上了某个市场故事，他们会把这个市场故事诠释到不切实际的程度，但日后，当同一投资工具优良的业绩表现风光不再时，他们肯定会移情别恋。

价格走势图能向我们展示资金流在从众心理影响事件的驱动下如何不断发生变化。根据价格走势图观察市场表现是一种有效的分析方法。这是讲得通的，因为对于我们中间希望了解市场在做什么的人来说，这种分析方法怎么可能无助于实际观察价格走势的图示呢？在专业人士眼里，价格走势实际上不但能反映资金流量，还能通过从震荡市的不确定性到加速上升趋势中不可持续的兴奋和接近底部加速下跌的恐惧这一情绪变化全貌，来展示投资者不断变化的情绪状态。

一种基于专家观点而不考虑价格走势含义的分析方法，因要说明市场在做什么而很容易出错。但是，作为投资者，我们中的大多数人都知道，当某人在做些什么时，市场很少会予以关注。此外，面对财经媒体每天密集的解说攻势，投资者很容易因一些影响很小甚或完全不相干的当日事件而犯错。难怪常有人抱怨市场令人困惑！

不过，通过少关注噪声、多关注市场实际正在发生什么，我们通常就能做得更好。最好，我们能够通过浏览价格走势图来高效、真实和准确地观察市场。价格走势图是我本人和约恩的分析方法的核心所在。而且，在观察价格走势图时，我们只对技术面的实际情况感兴趣，而对理论没有兴趣。

我希望读者能够享受并借鉴约恩·特里西在他出的第一本书中所举的例子。成功的分析和投资是一个终身学习过程，我们每增长一点见识，就等于在这个迷人的旅程中又迈出了一步。在未来的几年里，本书的读者必将会听到关于约恩和他对市场看法的大量消息。

戴维·富勒
2013 年于伦敦

前 言

如果您曾想知道市场上的相互关系如何形成投资趋势、从众心理如何改变价值观念，或者曾经对传统的市场分析方法感到失望，那么这本书就是为您写的。本书也是为每一个“图表研讨班”的学员、以前的富勒投资网站(Fuller-money.com)和现在的福特投资网站(FT-money.com)的订户，以及每一个参加过我们某次讨论、听过戴维·富勒或我本人演讲、看过我主持的电视频道节目或听过我们主持的广播节目的人写的。

我于2003年加盟戴维·富勒团队，协助处理富勒投资公司从打印到上传再到创建涵盖17 000多种投资工具的在线图表库的全球服务发展业务。2003年，戴维·富勒开通了福特投资网站，旨在强化我们向全球订户提供的服务。现在可以上这个网站浏览我们的点评。

“图表研讨班”已经在世界各地举办了40多年，有数千名来自各大投资公司的投资负责人和交易员参加。不过，迄今还没人出书集中详细介绍这么多构成该研讨班宏观行为技术分析基础的方法。由于我们似乎正处在一个股票、大宗商品、债券和外汇市场前景发生变化的重大转折时期，因此，笔者认为，现在是把自己和戴维·富勒为做出决断而采用过的各种方法记录下来的最适当时候。

为此，笔者把本书论述的主题分解为构成我们方法的四大支柱。它们分别是：(1)价格走势/从众心理；(2)流动性；(3)治理；(4)题材/基本面价值。

虽然这其中的每一个支柱都可能促成强劲的中短期趋势，但它们合并促成我们最关心的长期牛市和熊市的机会还是相对较少。大牛市是赚大钱的机会所在，也是最容易有效运用趋势跟踪策略的机会所在。因此，本书关心的是到哪里寻找最有利的趋势以及一旦找到最有利的趋势如何加以利用等问题。

价格走势/从众心理

市场就是一群乌合之众。为了在市场上赚钱，我们必须成为市场的一分子，我们要受到这个过程的约束，因此最好了解不同的群体如何形成市场；一旦我们决定参与市场，我们的个人心理就会发生变化。价格走势会告诉我们人们用自己的钱在做什么，并且向宏观行为技术分析师反映市场的真实情况。我们大家都有一些坚定的信念，但除非它们得到从众行为的支持，否则只不过是一些推测而已。

流动性

凡是牛市都要依靠流动性，因此，我们必须掌握一些观察资金供给和成本的方法，以便能把相关信息考虑进我们的投资策略。戴维·富勒早就说过，"中央银行扼杀的牛市比所有其他因素合在一起扼杀的牛市还要多"。同样，中央银行在危机时期采取的宽松货币政策措施保不定能使某个牛市从某处出现。

治理

在过去的几十年里，西方有关政治和监管治理的感性认识大幅度下降，以至于公众已经对它的恢复失去了信心。而在世界其他地方，情况则正好相反，对治理标准的乐观态度在不断提升。然而，如果认为治理是绝对的或固定不变的，那么是在犯错误。治理是一个相对概念，如果投资者要提高自己的财富创造观，那么可能会认为治理正在改善。即使治理退化，也能产生短期正面效应，因为它能增加市场所需的流动性。

题材/基本面价值

如果我们关心的是长期牛市，那么必须关注这种行情的基本驱动因素。如果把生产率定义为劳动力、技术、能源和举债经营的共同产物，那么其中任一因素的重大改善都能够促成长期牛市。当我们能像目前一样看到其中三个因素得到改善时，就说明超大赢利机会正在成倍增加。

我和戴维·富勒把自治共同体定义为最可能从以上因素汇集中赢利的企

业。它们在创收方面是真正全球性的，控制着各自的市场壁龛，拥有有利于提升顾客忠诚度的全球认知的品牌，而且有稳健的财务状况和长期增派股息的记录。有越来越多的证据表明，无论我们如何定义价值，投资大众正是基于“这些公司代表价值”这一理念聚集在一起。

目 录

引言：下一代跑赢大盘者

"别怕！岛上到处是响声……"

——威廉·莎士比亚(William Shakespeare)

我得承认……我很兴奋。当我觉得市场长期没有动静并看上去要出什么问题时，就会有不安的感觉。人们在过去10年里吸取的全部教训正使他们晕头转向，就像我们经历了价值在哪里的看法的范式转换。对于正打算在未来10年跑赢大盘的投资者来说，那些被我和戴维·富勒定义为自治共同体的公司就代表着最好的投资对象。

我们都想从自己的经历中学到点什么，但我们要学的最重要的东西，就是我们都受制于我们的经验。如果经历了一个回报没有达到预期的令人失望的时期，那么就应该设法退出市场，并且治疗心理创伤。因此，如果没有掌握严格的分析方法，我们就不能在新机会出现时及时把握机会。宏观行为技术分析能够保证我们从市场历史给我们补上的课中了解情况，以便我们能够预测未来市场会如何表现。

健康的市场总存在于焦虑之中，因为投资是一种内在不确定的活动。市场反复无常，难免令人失望，而回报又起伏不定，所有这些都会导致焦虑。此外，人类天生保守，不喜欢变化。可是，我们又会尽己所能地以促进生产力的名义来鼓励进步。很多人都心怀畏惧地勉强接受技术创新的速度和生活变化的节奏，并且因此觉得心里越来越没底。很多北美和欧洲股市宽幅盘整的大势、对政治阶层信心的日益丧失以及某些令人毛骨悚然的金融犯罪更是加剧了这种恐惧心理。我遇到过不少人在21世纪前十年里买进后就被套牢，除了含泪收场，别无所获。

然而，即使对市场历史做最粗略的回顾，也能发现从长期看乐观情绪总会占据上风。一代人的长期熊市通常会让位于超越前期狂热顶峰、持续一代人时间的长期牛市。技术创新的步伐和世界人口中心治理的改善，使得数十亿人的生活水平以空前的速度得到提高。能够提供这些新消费者所需要的商品和服务的公司，有可能出现在那些能够吸引最大投资者跟进并能创造最大投资回报的公司行列中。

乐观情绪与悲观情绪之间的失衡是促成市场趋势的因素。为了赢利，需要一整套允许浏览我们面对的数量日益增大的信息的工具。掌握了这套工具，我们就能看到真正重要的东西。这就是由戴维·富勒倡导的宏观行为技术分析被证明极其珍贵的原因所在。

在经历了2000～2010年发生的一系列崩盘以后，投资者对单一的股市观察方法已经不抱幻想。纯粹的基本面观没能使它的拥护者们免受股票表现不佳的影响，而纯粹的技术面观常常会导致过度依赖有可能掩盖市场真实情况的指标。因此，一种通过兼顾从众心理和货币政策影响，以全新的视角关注这些题材的整体观，具有显著的优点。

虽然行为金融学和行为经济学在方法上往往太过学术性，但是，宏观行为技术分析聚焦于现实生活中的实际问题，并且可以应用于任何时间框架的任何市场。这种方法的实用性也许是它的最大优点。对任何方法论的简单检验，不是它是否听起来不错或者是否能够满足我们的虚荣心，而是它能否成功地改善我们的投资结果。笔者能不害羞地说，我的交易和投资就是一个例证。“图表研讨班”是由戴维·富勒于20世纪60年代为展示这种行为聚焦型市场分析方法的一种方式发展起来的。44年来，数千名来自大投资机构的投资人和交易员参加了研讨班的课程，而笔者很荣幸地负责了2007年的课程推介工作。自那以来，笔者不停地在欧洲、美国、新加坡和澳大利亚进行场场爆满的巡回演讲。图表研讨班的课程仍然一如既往地受到欢迎，因为它提供了一种与众不同的观察市场如何表现的视角。

市场是唯一曾经接近于满足笔者求知欲的题材，我一直迷恋于市场所蕴含的潜力，尤其是因为市场能反映我们人类的情绪以及内涵丰富的抱负、欲望、贪婪、爱好、担心、希望等全部的喜怒哀乐。认识这些情绪因素可能会对我们个人心理特别是对投资大众行为产生影响,能在我们拿它们与一种线性市场观进行比较时赋予我们以竞争优势。

在市场紧张时期,诱惑逐渐成为一个问题,因为我们可能会输钱,或者由于我们所经历的市场系统失灵而感到愤怒。然而,宏观行为技术分析能确保我们采取一种解决方法,随着问题的变化去逐渐认识问题,并且集中关注潜在的解决方法可能对各种不同的资产类别产生的影响。我们常说牛市始终隐藏在某个地方,而确定下一轮牛市可能在哪里出现,就是宏观行为技术分析最适用的地方。

宏观行为技术分析法赋予我们识别市场新趋势端倪的全套工具,但更重要的是,它能培育我们识别市场趋势节奏和稳定性的技能。这些市场特征会告诉我们供给与需求如何相互影响,还告诉我们:在它们发生变化时,我们只能断定这两股竞争性力量的相互影响关系发生了变化。于是,我们有理由重新审视我们的投资策略以确保赢利得到保护。

笔者和戴维·富勒通过在原富勒投资网站或者现在的福特投资网站上以文字和音频格式对市场潜力进行的日常评价,证明了宏观行为技术分析法的实际应用价值。我们运用宏观行为技术分析法来识别市场正在出现的投资题材。到目前为止,还没有一本书介绍过我们这种在市场上发现价值的特别方法,所以,笔者觉得现在已经到向公众介绍这种方法的时候了。

在笔者写这本书时(2013 年年中),几股强大的力量正在合力为股票市场出现新一轮长期牛市奠定基础。人类历史上最大规模的城市化运动、空前美妙的技术发展黄金时代以及非常规能源供给革命,是 3 个在未来数十年里有能力唤起投资者兴趣并且环环相扣的重大题材;未来的短期和中期挑战就是西方国家政府如何偿还它们所欠下的大量债务,这些都是关系到投资者在未来几十年里是赚钱还是赔钱的重大问题。重要的是,要正确把握行情,而且必须做到,无论行情如何变化都要保持稳定的情绪。

第一章　全球题材性投资的四大支柱

“要是上错了列车，那么，即使在车厢过道反向奔跑也无济于事。”

——迪特里希・邦赫费尔(Dietrich Bonhoeffer)

本章内容提要

市场分析整体观可能比严格坚持任何一种投资理论更加重要。

牛市赚钱比较容易，因此，有必要关注如何识别牛市可能会出现在哪里。

宏观行为技术分析法的四大支柱可通过考察以下几个方面来表征：

1. 题材/基本面价值——能唤起投资者兴趣并且基于可靠的基本面故事，为驱动大牛市所必需。

2. 流动性——牛市要依靠流动性。一旦中央银行撤销流动性补充措施，市场趋势逆转就只是一个时间问题。

3. 治理。治理是一个具有相对价值的概念，而不是一个具有绝对价值的概念。一旦提高生产率的政策付诸实施，价值创造就会变得容易许多。

4. 价格走势——我们可能会对自己的理想和偏爱的理论充满热情。但是，如果我们的理想和我们所偏爱的理论没有得到价格走势支持，那么，我们必须承认自己的解释是不正确的。价格走势是终极的现实检验标准。

一切似乎如此显而易见，就像看起来那么容易，而在牛市中赚钱就更加容易。任何人只要曾经参与过持续了任何有意义时间长度的牛市，都会为自己能做这么好的投资以及一切似乎是多么容易而感到惊喜。挑战就在于：在牛市发展的过程中识别牛市，运用可靠的趋势跟踪策略，并且具有确定市场何时在筑顶、自己应该何时卖出的情绪实力。

要不是随后出现熊市，我们大家至少能了解一些重大的投资题材。今天，人们都在谈论 2000 年的科技泡沫破灭，但往往没有提及始于 20 世纪 80 年代、持续了 20 年并且为那么多人创造了财富的牛市。1929 年的股市大崩盘仍然是股票市场历史上的一个传奇事件，而人们很少把大崩盘前的“繁荣的 20 年代”与所谓的大牛市联系起来。如果我们手握利用牛市获利所必需的工具，那么牛市就代表着不可思议的赚钱机会。

20 世纪 60 年代以来戴维·富勒常说的一句话就是，“金融市场是我们只要瞅准时机就能有所收获的人造资源”。大牛市代表着这样的机会：一个值得注意的题材极大地激励了投资大众，以至于价格为趋势跟踪型投资者造就了有节奏的理想行情。虽然我们可以迷恋任何我们成功地与之互动的市场，但请务必记住：金融工具因我们而存在；它们依赖于我们的参与；虽然它们是真实世界现象的反映，但它们的业绩表现取决于投资大众以及他们的感知和行动。

所以，投资是一个两步骤过程。一方面，我们自己要掌握评价宏观经济状况和基本面价值的标准；另一方面，我们必须明白，投资大众对信息的感知是动态变化的，并且会影响我们通过市场获利的方式。

在探讨如何在媒体大肆追捧前识别大牛市、利用牛市赢利的最佳方式以及在转向下一机会前的最佳退出时间之前，我们首先必须认识到：一切牛市都有相似的特点。

题材与基本面价值

人类是社会性动物，而我们的成长离不开故事。用心理学术语来说，我利用故事来帮助自己了解世界、传递思想并且把复杂的数据与我们个人的经历联系起来。因此，当您有一种投资想法时，如果把它包装成一个容易理解的故事，那么它就变得更加容易理解。出于完全相同的原因，政治家们在做政治演讲时，他们的助手会提醒他们“不要跑题”。所以，投资题材就是基于事实，把复杂的思想提炼成令人信服的消息。

一个投资题材在适当的条件下就能够促成牛市,甚至可能在一个价格加速走高的狂热阶段突然结束。最成功的投资题材有望改变世界。例如,欧洲和美国修建铁路,允许以前所未有的方式来运输商品和服务。铁路为种植业开辟了新的区域,因为它缩短了把农产品运往市场所需的时间。技术的跨越式发展创造了改变人们生活方式的产品和效率。

第二次世界大战后日本的复兴,简直就是一个以一种协作、高效的管理结构为基础的经济奇迹。世界其他国家在随后的几十年里一直模仿这种管理结构,这也是生产力提升如何创造价值的另一个例子。

微芯片的快速发展以及很多技术进步,尤其是互联网和移动电话的发展,促进了之前没人敢想的生产力提升。技术改变生活方式的愿望终于成真,而创新节奏被保持了下来。然而,在这期间,一些相关金融工具的价格因市场对不同行业潜力的认知不同而大起大落。

黄金在 2002 年结束了漫长的熊市,在这之前充当了 20 多年被凯恩斯称为"野蛮遗存"的财富终极储藏手段。2000 年网络公司泡沫破灭后,中央银行开始大肆发行货币。很多矿业公司由于产品价格太低而被迫停产。与此同时,特别是亚洲需求开始趋于增加,市场大复苏已经初露端倪。所有这些要点都包含在了任何黄金牛市故事的典型开端之中:"黄金是唯一的真正货币……"

所有这些题材促成了业已接近尾声或者终将结束的大牛市。当然,还有无数其他没有持续那么长久或者不足以通过真正有意义的方式改变我们生活的投资题材。原因在于,在某些情况下,虽然投资有着具有充分说服力的理由,但市场还没有大到能吸纳足够资金的地步,特别是流动性不足的小规模前沿市场或者一些小盘股的情况常常就是如此。

当市场不足以产生有意义的故事时,称职的造市者就会提出诱人的营销理念。但是,一个投资题材要想找到为促成大牛市所必需的追随者,还必须有其基本面价值。

像本杰明·格雷厄姆(Benjamin Graham)这样的价值投资者会采用一种现金流折现方法来为某只股票构想基本面价值,然后拿基本面价值与市场交易价格比较,以便决定这只股票是便宜还是太贵。沃伦·巴菲特(Warren Buffett)就如他指出的那样,把"在敏感的价位上发现出众的公司"作为前提。深度价值投资被证明能产生长期(通常如 3～20 年)正回报。不过,由于深度价值投资忽视时机选择这个分量,因此,在市场开始分享价值投资者的价值观前,容易出现业绩欠佳的情况。

价值投资者不仅在投资共同体中代表着一个重要群体,而且他们的行为有助于预示市场在哪个点上触底。他们往往在市场出现比较稳定的上升趋势前的漫长底部形成过程中早已买进,并且在通常以价格加速上涨为特点的大幅上涨行情后期阶段牛市人气增强前早已卖出。所以,价值投资虽然是一种值得赞赏的投资理念,但应该只是我们研究的一个分量,而不是借以决定买卖的依据。

当约翰·邓普顿(John Templeton)说最佳买入时机是“最大悲观点”时,他指的是情绪线索,而不是基本面价值。

流动性

说到参与金融市场的原因,首先当然是赚钱。当我们的终极目标就是尽可能多地赚钱时,考虑钱的性质难道还有什么意义?

资本主义经济制度就是为了确保流动性以最大的生产潜力流向资产而创建的。流向资产的流动性可被视为产生最大潜在产出和/或者资本增值的潜在可能性。当一种资产类别被认为表征着价值并且具有值得关注的题材时,必然会唤起投资者的兴趣。这种资产类别到底能吸引多少资金,取决于当时有多少可用于投资的资金。

中央银行在放松其贷款条件时,会采取三种不同的政策措施。它们通过降低短期利率来降低借款成本,此举能同时激励现金持有者消费或者投资;它们可以增加货币供应量,通过保证借款人能获得资金来促进交易,但同时会提高储户面临通货膨胀威胁的可能性;它们可以通过调整监管架构来改变贷款条件,此举通过向更多的市场参与者提供信贷来扩大信贷市场。

从流动性的角度看,以上任何一项政策措施都可被认为能产生积极的效果。当这三项措施同时付诸实施时,我们能够断言,中央银行贷放的资金会找到流向金融资产的渠道,并且会随着投机者们的杠杆利用而成倍增加。

一个重要的原因是,虽然中央银行过去曾经并且将来还会使本币贬值或不顾储户的利益,或者在另一种极端情况下强制实行紧缩政策或积极削减流向某种受青睐资产的流动性，但是，在我们看来，从投资的角度看，这些行动是不相关的。我们有可能因中央银行的这些行动而感到愤怒、不满、困惑、鼓舞、兴奋甚或欣喜若狂，但是，这些都不会影响流动性供给对资产价格的影响。戴维·富勒早就说过，“我们必须以谦逊的态度接受市场营造的现实”，并且不要妄想命令市场该做什么。

当中央银行着手撤销众所周知的货币宽松政策时，信贷就会变得昂贵、不易获得，而且准入条件也会变得比较严厉。这个过程随着步入成熟阶段，会起到预示下一个显著的价格转折点的先行指标作用。牛市情绪会随着流动性条件的变化而变化，但就如戴维·富勒早就说过的那样，“仅中央银行提高短期利率这一招，就比所有其他因素合在一起更可能扼杀牛市”。宽松的流动性条件为启动新一轮牛市所必需，而流动性收紧必然会对一般投机者和其他杠杆投资者产生保证金压力，随后会改变牛市所依赖的供不应求的状况。

虽然中央银行处于能够创造新货币的特殊地位，但仍有大量可用于投资的资金会随着时间的推移和价值感知的演化，从一种资产类别流向另一种类别。在大崩盘期间，杠杆投资会被迫退出市场系统，而投资者会逃向其他资产并发誓再不回来。然而，随着价格的下降，价值逐渐回归，尽管这需要时间，但相关投资工具的基本面因素会发生变化。当一个新的引人注目的需求故事最终逐渐浮出水面时，所有投资在其他投资工具上的投资者都有可能心悦诚服地回购原先的资产。

彭博社编制的美国股市股票配置指数提供了一个关于在一种资产类别上受到的创伤如何影响未来业绩感知，从而影响投资者资产配置决策的绝好例子。图1—1是华尔街策略分析师推荐的股票配置指数均值曲线图。

图1—1　美国股市股票配置指数

这个指数的峰值于2001年出现在72%附近。1年后,史上持续时间最长的牛市之一结束。虽然标准普尔股票指数随后宽幅盘整了13年,但是,股票上涨潜力感知一路下降,以至于华尔街策略分析师推荐的股票配置指数均值在2012年底跌到了42%。逆向投资者如果看到这个数据,立即就能断定:就像当价格达到峰值时过度的牛市预期是错误的一样,因股价盘整了那么长时间而对上涨潜力持过度熊市观也极有可能是错误的。

最重要的是,这个指数能够证明投资者随最新时尚变化的倾向。他们的行为会实质性地影响资金随着其感知的逐渐变化而流入或流出不同的资产类别。聪明的投资者会因为预期到而不是跟随这些变化而获益颇多。

治理就是一切

说"治理就是一切"也许有点夸张,但有助于凸显治理标准下滑常常是膨胀性投资狂热的一个成因这一事实。提高治理标准,往往是一个鼓励投资者支持初露端倪的牛市的激励因素。

按绝对价值来讨论治理问题也许是不合适的,因为治理现象无法用数值来计量。但是,我们应该关注治理是在改善还是恶化。

通过消除国家、公司或者监管系统之间的绝对比较,根据个体的优劣来考察单个资产类别,我们就能把自己置于比较有利的位置来回答"形势是在变好还是在变坏"这个问题。

当我们对某个经济体进行展望时,应该考虑它的财政政策、货币政策、监管架构、法律法规、小股东保护和产权制度。在进行评价时,我们要抵制拿这个经济体的现状与另一个较发达或欠发达国家或者我们本国进行比较的诱惑。更重要的问题是,这个经济体的现状是否在改善,以及如果是,则是否有可能继续得到改善。

这个问题就因为一个简单的原因而变得重要:治理标准的改善能够排除发展障碍,并且拓宽提高生产力的路径,从而创造价值。当一个国家的治理标准在改善时,就可能对其债券、货币和国内股票的市场前景产生实质性的影响。

如果一家公司是为了管理层而不是股东的利益在运营;为了增加短期利益而不是着眼于长期价值创造在冒更多的风险;不顾市场已经饱和,仍然以过快的速度扩张;或者支付破纪录的高价格来收购问题资产,那么我们就能断定这家公司的治理已在退化。当公司更换管理层,财务健康问题得到优先考虑,为股东创造价值被放在短期收益前面时,我们就能断定,这家公司的治理正在改善,并且会对这家公司的估值和市场人气产生实质性的影响。

如果我们能够高度关注治理变化轨迹,就能避免关于某家公司或者某个国家的治理已经"足够好"的自鸣得意或者自我满足。一个简单的道理就是,治理绝不可能"足够好"。即使价值持续被创造出来,治理也始终有改进的余地。事实上,当政府或者公司董事会狂妄自大地认为自己已经完美无缺并且无可改进时,我们就能断定它们的治理标准更可能是在下降,而不是在提高。

价格走势

价值的确定可能是一种主观实践,因为一个我们认为价格便宜的市场有可能会变得更加便宜。我们可能被那些用来传递牛市信息的故事所吸引,错误地认为治理标准处于上升通道。在某种程度上,这些都是主观评价。此外,价格是一定的,并且可被视为一种现状检验的结果。如果价格走势不支持我们的假设,我们就必须进行重新评估。

一种投资工具的价格会告诉我们大量关于供给与需求这两股竞争力量如何实现平衡以及投资趋势是支持价格上涨还是在等待价格下降的信息,还允许我们感觉到市场的节奏,并且观察人们的感知如何从怀疑到接受然后再到狂热并最终复原。

我们必须重视市场的基本面基础,而一旦弄清是牛市行情还是熊市行情,组成参数通常不会改变市场的基本趋势,但价格会发生很大变化。不管我们对市场基本面的判断是否正确,投资大众的决策以及他们对不同刺激因素的反应将决定我们是赚钱还是赔钱。单凭这一点,笔者就能有绝对把握地说:"我本人绝不会在没有先观察价格走势图的情况下做出投资或交易决策。"

世上没有无人的金融市场,人是社会性动物,我们生活在群体中。我们可以根据价格的历史记录来图示投资者如何感知基本面数据(但不是图示基本面数据)并做出反应。一张图胜过千言万语。

戴维 · 富勒早就建议,投资者应该努力"以博物学家观察事物的方式来观察市场”。我们应该学会从外往里观察投资群体。如果我们要通过市场来获利，就必须参与到市场中去，这最终会使我们像别人一样受到群体心理的影响。简单地说，只要我们开盘持仓，我们的客观性就会大打折扣。因此，为了正确解读价格走势告诉我们的信息，我们必须冷静观察市场，并且运用严格的专业方法。

买家对艺术品的鉴赏力大相径庭，但鉴赏展出作品都会集中在作品构思、明暗运用、质地和来历这样的客观事实上。当我们在图上解读价格走势时，不能简单地依赖我们的直觉，而必须采用分析方法。我们必须思考市场是在形成新的趋势还是在盘整，是稳定还是变化无常；我们必须确定市场有哪些稳定特征。一旦掌握了这些信息，我们就有了监视市场节奏的手段。如果情况发生变化，就说明激活投资者投资欲望的供求互动关系发生了变化。于是，我们就应该重新评估我们的投资策略。

结论

我们不能只用某一种方法来限制我们的市场分析和参与。只有一种允许我们敏感地感知基本面因素、流动性价格效应和治理标准变化轨迹并且冷静解读价格走势的整体观，才能使我们立于尽可能有利的地位来利用金融市场赚钱。

一旦以上四个因素各就各位，一个重大的题材正在发展，价值正在积累，流动性变得越来越大，治理开始进入上升通道，价格走势形态说明某种资产正在蓄势，就表明我们正面对一种能以很高的成功率实施可持续多年甚至几十年的趋势跟踪策略的候选资产。

第二章　图表阅读与技术分析

本章内容提要

● 技术分析和图表阅读经常被混淆在一起，其实，它们分别属于两个不同的学科。

● 图表阅读看起来就像把价格走势作为供给与需求互动的一种反应，能告诉我们何者处于主导地位，并且允许我们从中解读出市场参与者行动、目标和动机的含义。

● 技术分析着眼于价格自身的关系，并且试图确定利用价格关系的方式。

● 图表阅读允许我们冷静观察市场，使我们能够量身定制贴近市场现实的途径，并且预测市场趋势最终将如何结束。

埋头学习指标

笔者最初是在彭博社作为客户经理开始自己在金融业的职业生涯的，主要在伦敦为荷兰、比利时和卢森堡的客户服务。我最初加盟的团队主要由先前曾在固定收益部门当过交易员或者销售员的人士组成。我第一天上班，他们就让我在一张放着彭博社计算机系统终端和一堆债券数学手册的办公桌前坐下，并且吩咐我先阅读这些手册并熟悉系统终端。就如读者能够想象的那样，债券数学相当枯燥，当我准备做反向回购计算时，他们告诉我，我已经掌握了足够多的知识。接下来的两个星期，我开始熟悉系统终端，并且偶然发现了图表制作软件包。

这是一个我颇受启发的机会。虽然我最初觉得计算机上的各种图和电子表格相当难懂，但我发现只要学会解读，价格走势图就像一种包含离散信息的语言。于是，我开始了学习每一个可利用指标的任务，以努力扩充自己的知识并满足自己的求知欲。很快，我就因能与客户谈论技术分析话题并回答他们的相关问题而出名。

后来，我奔赴欧洲各国为技术指标应用研讨班讲课，不过应该承认，至少在最初时，我对自己的表现还相当满意。但过了一段时间以后，有个客户问我一个看似令人尴尬的问题：为什么技术分析能发挥作用？

这对于我来说还真是个问题，因为我虽然知道如何运用不同的指标，但我无法解释为什么绝大部分指标能起作用。于是，我开始减少要讲解的指标，只讲我能以一种合理、明了的方式解释的指标。结果，我保留了差不多一百来个指标，并且觉得自己不用抽象的理论就能简明地解释这些指标。

我正变得对技术分析越来越失望，并且开始认为自己是在浪费时间时，在2003年遇到了戴维·富勒，我的分析生涯便出现了转折。当我发现戴维·富勒关注图表阅读而不是指标后，我开始明白其中的道理。他把指标描绘成我们可以依靠的心理拐杖，这与我在这个领域的经验产生了共鸣。他认为我们必须明白关于供给与需求的一切核心观点都是正确的，如果我们想看到笔者第一次看到图表时体验到的激情再现，那么就得依靠图表。

我曾经尝试过从动能跟踪者到震荡市投资者运用的每一种技术指标——从艾略特波浪到斐波纳契序列再到迪马克(Demark)测市模型，并且发现它们都各有缺点。它们似乎在某些时候很有用，但在另一些时候又不起作用，但我无法解释其中的原因。有些指标在趋势形成的大势下比较好使，而另一些则在盘整行情中更加管用。有些指标由于比较流行而比另一些指标更加可靠。但是，没有一个指标能使我产生可依赖的感觉。我甚至尝试过同时使用多种指标，如果三种指标传递出同一信号，那么我就比较关注这个信号。尽管如此，我取得的结果仍不能令我满意。今天，在所有的技术指标中，唯一一个我经常使用的指标是200日移动均线，因为它表示趋势均值。市场上最接近自然规律的现象，就是价格相对于趋势均值被疯狂高估后仍会及时回归均值。200日移动均线也是使用最广泛的指标之一，因此常常代表一种自我应验的预言。例如，投资者要寻找位于200日移动均线区域的支撑点和阻力点，所以他们会调整自己的行为，把这样一种可能发生的事情考虑进去，于是就会提高这种事情发生的可能性。在固定收益期货和外汇市场上受到广泛重视的斐波纳契水平，具有颇为相似的影响力。

市场节奏

随着我们不断接近图表阅读这个主题，重要的是必须承认价格走势解读虽然有用，但并不是灵丹妙药。我们能够观察到一张图表上的价格走势节奏会一直持续到被突破位置，并且能够相应修正我们的投资策略，但图表不会告诉我们顶部或者底部最终会在哪个价位上筑成，当然也没有其他指标会告诉我们这种信息。在努力提高确定性的过程中，很多人在观察价格走势时的第一本能反应就是把它作为一个复杂主题，他们做的第一件事就是画一条趋势线，或者把数据分解成自己认为可管理的模块；另一些人会故意使主题复杂化，以便制造他们掌握某些特殊知识并且为了某个价位而愿意与您分享知识的错觉；还有一些人使主题复杂化，则是为了证明他们在金融企业中的地位。戴维·富勒所揭示的近50年来的现实是，价格走势仅仅是供给与需求相互影响的结果。要想理解供给和需求力量如何较量，只需要观察价格走势。一旦明白了这一点，我们就处于比较有利的位置来调整自己与市场的互动关系。

虽然本杰明·格雷厄姆(1894～1976年)绝不能被视为图表阅读者，但我们在这里可以引用他关于分析复杂化的思想[转引自《聪明的投资者》(*The Intelligent Investor*)]：

“数学被认为能够产生精确、可靠的结果，但在股票市场上，运用越是深奥、复杂的数学，我们就会得出越是不确定、有疑问的结论。在华尔街工作和学习的40年里，我从未见过超越简单算术或者初等代数范畴的关于普通股价值或者相关投资策略的可靠计算结果。每当要用到微积分或者高等代数时，您可把这作为一种警示：这个操盘手试图用理论来取代经验，通常也是为了赋予投机以骗人的投资幌子。”

当供求势均力敌时，市场就会进入盘整。当供求失衡时，价格就会出现新的趋势，直到供求恢复均衡。我们可以通过价格走势图来观察这种情景。根据群体心理学，我们可以轻而易举地把导致价格上升趋势的供不应求视为某种想法激发了更多人的想象力并且影响了他们的行动。每个市场都由人群组成，虽然每个人群都不一样，但是，每个人群的成员都有一些共同的特点。通过认识人群的特点，我们就能根据市场节奏来调整自己的行动。

审美案例

很多人看过大卫·爱登堡爵士(Sir David Attenborough)的纪录片《野生动物王国》(*Mutual of Omaha's Wild Kingdom*)或熟悉纪录片中的场景，并且能够想象成千上万匹角马横穿塞伦盖蒂草原大迁徙的场面。这样一个场景展现了真正意义上的自然奇观，但也是反映群体心理作用的最好例子之一。有人也许会觉得奇怪，为什么从美学的角度来描绘金融市场？因为他们更加熟悉某些银行家的唯利是图，或者由于要为各种救助方案埋单而感到不满。然而，在某种想法激发投资大众想象力时会有一种无可挑剔的美。如果投资者能够识别市场的主要美学属性，那么一种像供不应求这样的明显趋势一旦与治理改善和流动性充盈相遇，那么投资者就更可能通过参与市场来赢利。

不可否认，就像角马一样，个人作为投资者群体中的一员，有时会感觉到压力。个人可能会发怒。当我们周围的每一个人都奋不顾身地冲向某个多半是臆想出来的目标时，我们个人就很难客观地考虑问题。当一个人面对的所有一切就是周围的人都冲向同一方向时，就很难看清悬崖峭壁。如果我们打算通过群体来获利，那么就必须加入群体。

一旦我们有了应该在价格走势图的形态中寻找什么的感觉后，在漂亮的趋势市中赚钱要比在剧烈震荡的盘整市中赚钱来得容易这个简单的道理就不言自明。一旦我们识别了一个界限清晰的上升趋势的漂亮和稳定特点，那么我们就遇到了通过实施中长期趋势跟踪策略来赚钱的绝好机会。

例如，比较新加坡股指 2003～2008 年与 2008～2012 年间的业绩表现(见图 2—1 与图 2—2)，读者就能自己回答这两个时期哪个更有吸引力。

新加坡海峡时报指数在 2003～2008 年期间一路稳定上扬，一直到 2007 年底才出现回调。当时，每个人要做的就是投资赚钱。但是，随后的一个时期情况

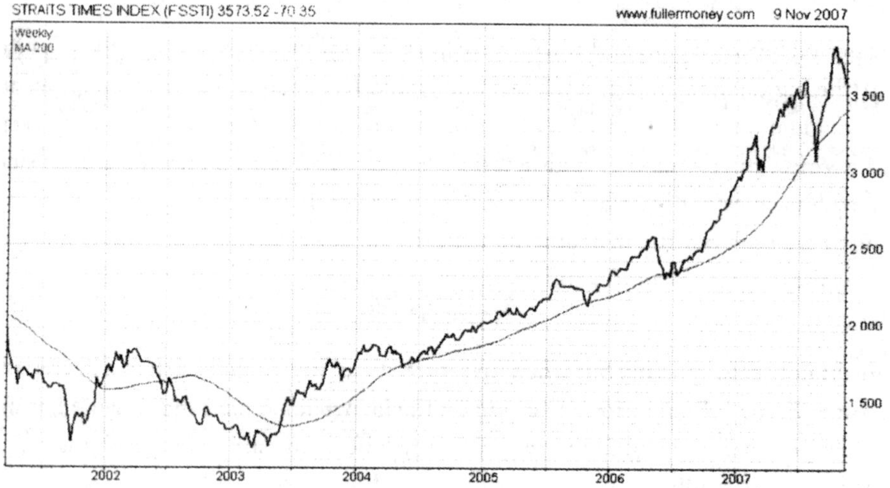

图 2—1　2001～2007 年新加坡海峡时报指数走势

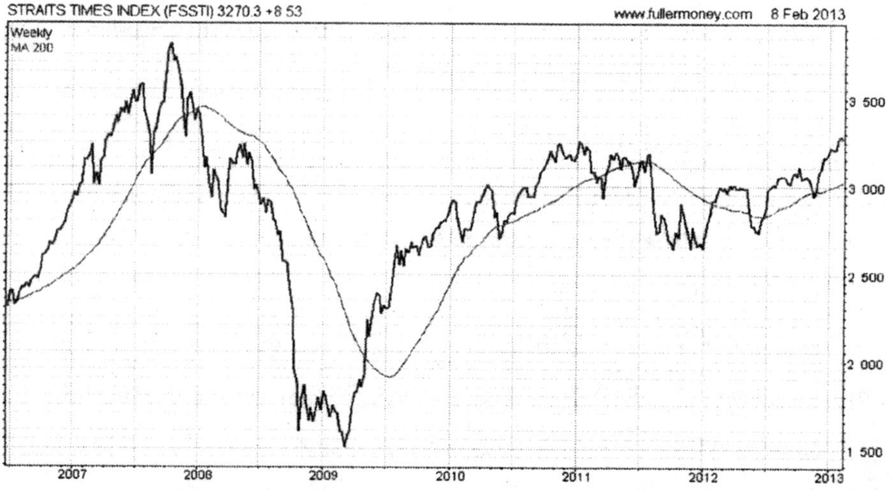

图 2—2　2007～2013 年新加坡海峡时报指数走势

就完全不同了，新加坡海峡时报指数呈现出胡乱涨落、大幅波动、长期盘整的态势。最聪明的交易者是赚到了钱，但投资者们却度过了一个比较艰难的时期。如果我们奉行趋势跟踪策略，就应该找出趋势最漂亮的股票，只要它们保持这种趋势，就一直持有它们，并且等到它们的这波行情消失以后再把握住下一次机会。

也许，我们都不喜欢冒险，在投资时都喜欢十拿九稳。我们投资的全部意图就是把赌注压在最被看好的股票上，因为这样最有可能赚到钱。（这就是投资和赌博截然不同的地方。）图表阅读不是什么智力难题，而是一个微妙的情绪问题。

由于我们对开发投资的方法与我们对一个在我们看来曾经表现良好的市场的信赖的关系，这样的事情说起来容易，但做起来就比较困难。这就是我们需要开发一种严格的专业方法，根据事实而不是难懂的理论来阐释价格走势的原因所在。

严格的专业、回应性解释

价格走势能告诉我们所有必须知道的关于供求互动的信息。不过，对这些信息的解释要求我们能够敏感地捕捉图表所提供的线索。长期价格走势图显示的是，投资大众进出市场的流动状况。如果我们能够放下身段，谦逊地认识到这一点，那么持仓量积累和分布的证据就清晰地包含在价格的历史记录中。从投资者的角度看，一张我们所说的漂亮图表应该能够显示一种凭借快速形成的第一印象就能识别的供不应求形态。

图2－3显示了日元兑美元交叉汇率的走势。从2007～2011年，日元兑美元的汇率呈现一路上扬的趋势。这个趋势的特点是，其间出现了一波高过一波的盘整行情。当日元兑美元的汇率相对于趋势均值变得被高估时，随后出现的盘整行情又推高了趋势均值。在每次回调中，日元兑美元的汇率总能在移动均线区域找到支撑点，并且再次蓄势反弹。但是，这种持续多年的节奏分明的供不应求形态在2012年发生了变化。

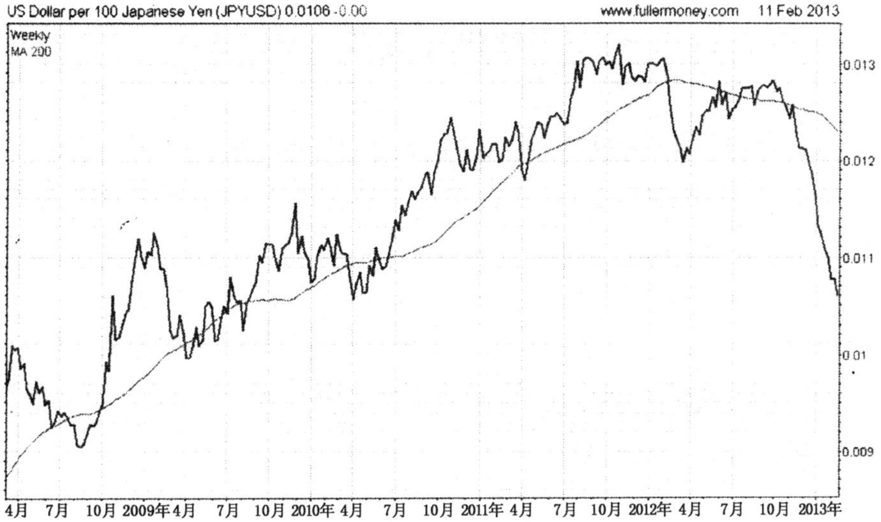

图2－3 2008～2013年日元兑美元汇率走势

持续多年的日元走强态势逐渐削弱了日本出口部门的竞争力，导致日本出口部门迫切需要救助。2012年初，日元开始了持续多年的最大下跌行情。这波行情明显不同于以前出现的行情，因为这是日元兑美元的汇率第一次没能在趋势均值区域找到支撑点，随后也没能持续把汇率提升到趋势均值以上。这两个因素清楚地表明，此前的市场节奏已经发生变化。2012年底，日元跌破1日元兑换0.012美元的汇价，证实了新一轮下跌趋势的开始。

只要我们善于观察，就能在这张图中发现供求关系变化的证据。然而，当我们在一个曾经回报过我们的市场上持有投资头寸时，就会受到强烈的诱惑去观察自己愿意或者希望看到的东西。因此，我们必须开发一种严格的专业方法，以便能在得出结论之前识别有关供求如何相互影响的实际技术面情况。一旦我们掌握了实际情况，就能通过过滤问题来评估市场的成熟度，并且确定当前的趋势仍将持续或者已有证据显示趋势正在结束。

世上没有无交易者的市场，因此，我们至少应该了解每个市场交易者群体不分阶层、人种、肤色或者信仰的共同特点。对于识别重要的市场造顶和筑底特点来说，对市场极端情绪的了解、一种重要观点的失宠、盲目的投资崇拜以及其他线索都是非常重要的。同样重要的还有，一旦我们成为某个投资者群体的成员，就会受到这个群体心理状态的影响。如果我们想要找到致富之路，就必须了解自己并且知道如何回应可预见的刺激因素。

终极仲裁者

图表阅读作为整体投资观的组成部分，是一种非常重要的手段。随着我们不断提高自己对能够激发投资者兴趣并且有坚实的基本面基础的题材的敏感性，在评估流动性是在扩张还是在收缩、治理是在进步还是退步时，价格走势才是终极仲裁者。冷静的分析有助于我们识别投资机会、入市点和退市点、主要顶部和底部。尽管如此，如果我们想成为发展全面的富有的投资者，那么为持仓和维系资金控制规则所必需的心理稳定以及在适当时候毅然出货离场的魄力，都是需要培养的同等重要的个人特质。

第三章　群体的形成(我＋他们＝国家)

本章内容提要

- 市场就是乌合之众，凡是人群都是心理群体，并且有其共同特点。在这一章里，我们将考察对于群体形成必然产生的心理条件约束。
- 同情心——群体成员总有某种想法，而群体就是围绕这种想法形成的。
- 隔离——对“要么跟随我们，要么反对我们”式的回应。
- 责任感——责任分担能降低由行动失败导致的个人负罪感。
- 强烈的情绪状态——我们之所以要到现场观看体育赛事或者演唱会，是因为在现场要比在家里观看体育赛事或者演唱会能产生更大的场合意念和更强烈的气氛。当我们开始建仓投资时，就无法回避市场情绪强度的影响。
- 感染——如果说欢笑有感染力，那么恐惧、贪婪和焦虑也会传染人。
- 暗示——相信“如果报纸报道了某事，此事必然是真的”的诱惑。

笔者第一次读西格蒙德·弗洛伊德(Sigmund Freud)的《心理学与自我分析》(*Group Psychology and the Analysis of the Ego*，1922)时还在大学读书，但直到我第一次站在交易大厅才与这本书产生共鸣，书中所讲的原理也才变得惟妙惟肖。

那时，我才明白，市场大众是一个可以识别的离散群体，如果掌握了适当的工具，就能分析他们的动机和行为。后来，我接触了价格走势图，并且很快就明白自己终于找到了能解释市场大众情绪驱动因素的秘诀。由戴维·富勒倡导的行为技术分析提供了关于市场参与者行为和动机的大量追加信息，不做行为技术分析，就不可能获得这些信息。

市场参与大众就是市场；在市场大起大落时，市场参与大众就是一群乌合之众。如果我们想赚钱，就得成为这群乌合之众的一分子，但必须清楚这群乌合之众会如何影响我们。在我们还没有持仓时，就有较大的客观性，因为我们是在用外部人的目光分析市场大众的行为。如果我们建仓入市，不管是做多还是做空，那么我们的客观性就会受到影响，因为我们是被动的观察者：结果关系到我们的既得利益。

为了提倡一种严格的专业方法，我们必须理解一些在群体形成过程中显而易见的关键因素。这样，我们就能处于比较有利的位置来认识自己在加入某个群体后出现的心理变化。成为任何一个群体的一分子都是有利有弊的，具体取决于看问题的角度。但是，每个群体的形成都有相似的特点。

同情心

妥协是一种与任何群体形成过程联系在一起的现象。要想使个人的权威让位于群体，潜在的心理回报必须具有吸引力。在金融界，潜在的经济回报同样十分重要。虽然我们可以采取一种特立独行的生活方式，而且投资总有潜在回报，但是，最低限度的风险感知和最可靠的生存方式就是遵守社会规范，这反过来又需要妥协。为了使群体能够形成，群体成员必须服从某个共同目标。

不管我们决定买入什么，选择投资工具是一种具有相对价值的决策。通过投资于某种投资工具，而不是其他投资工具，立刻就表明我们相信这种投资工具看涨的前景比其他工具更加诱人。我们当然愿意看到这种工具表现良好，并且好于其他竞争性投资。这个基本机理允许我们和这个投资共同体的其他成员一起分享一种共同的自我增强型联系。威廉·麦克道格尔（William McDougall）在他的《群体心理学》（*The Group Mind*，1920）一书中对群体如何形成这个问题做了常识性的解释：

“……这些个体必须彼此之间有某种共同的东西,对某个目标的共同兴趣、某种情形的相似情绪偏差或者其他什么东西,以及……某种程度的相互影响。‘这种心理同质性’程度越高,个体就越愿意组成心理群体……”

人群总是围绕某种统一的思想聚集在一起,其中包括宗教信仰、体育团队、音乐流派或者资产类别。一个群体可以围绕某个人形成,如在政党内部,或者当某人成为某种理想的化身时。所有的群体,不论受哪种思想激励,总有一些我们下面要谈到的共同特点,但同情心是个人成为群体成员之前必须具备的一个条件。

隔 离

与十几岁的青少年谈音乐,他们会滔滔不绝地告诉您,他们如何受到自己崇拜的乐队的鼓舞。稍作喘息,他们紧接着会告诉您,其他歌手的粉丝如何根本不是那种应该和他们来往的人。隔离也是一种能在宗教群体中普遍看到的现象。在宗教领域,一个信仰体系的拥护者会由衷地相信另一个信仰体系的追随者最值得怜悯。最严重时,这样的意见分歧会引发战争。

群体会共享某个信念,而其成员虽然都会指责群体外个人的缺点,但在对同伴的忠诚方面则又彼此不同。这种现象在金融市场上也同样能观察到。在牛市中,投资者经常会拒绝接受除做多者外任何其他人的意见。他们也同样会扎堆取笑表达相反意见的人所做出的决策。

个人责任感下降

大多数人都听说过“人多力量大”。在“资金实力”给人以市场力量感的金融市场上,情况也必然如此,尤其是因为资金实力倾向于推高价格。对于总要成为任何群体形成过程一部分的个体行为,个体会降低自己的责任感,这样的例子比比皆是。决策的责任部分会让位于群体的人物角色,而个体就会有一种解脱感。群体一旦形成,立刻就会给其成员带来认同感和匿名感,因为个体把权威交给了群体。这在赋予个体以自由感的同时,又要求个体更好地遵守群体所接受的规范。

在牛市中，认为每个可信的人都对后市看多这一认识，会随着投资者不断增加手中的筹码——尽管他们由平均律可知，牛市现在比此前更加接近尾声——来扮演有力推手的角色。匿名性和业已降低了的个人责任感也同样具有推波助澜的作用，因为市场参与者们都会求助于无处不适用的"别人都在这样做"这个托词。这个现象应验了基金管理界的一句格言——"最大的错误就是自己犯的错"。在2008年由雷曼兄弟公司破产引发的金融危机期间，天天在喊的"共同防御"就是没人看到它的出现，这也保护了大多数人免受同行的批评。此外，如果一只基金因其经理的意见与市场情绪相左而破产，那么这个经理必然会成为同行幸灾乐祸的对象，并且还会受到从四面八方蜂拥而至的冷嘲热讽。

强烈的情绪状态

人群是有情绪的。正如任何观看过体育赛事的人见证过的那样，观赛的人群有时会相对平静，而有时则会非常活跃。在足球比赛中，球迷们很可能在自己支持的球队踢得好或者发起进攻时放声歌唱或者大声呐喊。在自己支持的球队丢球时，他们会表现得非常克制。在任何一种球赛中，间或有人在自己球队的队员需要鼓励时，就会带头高声大喊给他们加油，但这不会持续很久，并且很快就了无声息；在另一些时候，通常在自己的球队表现好时，球队的另一些支持者接着高声大喊给球队加油。由于球迷的支持能对球队的表现产生影响，因此，足球迷常被比作球场上的第12名队员。

金融市场上也能看到相同的行为。当市场在盘整时，投资大众非常平静；当市场呈现出上升趋势时，他们很可能发声支持市场。当市场在盘整时，偶尔会有一些投资者因预期市场能成功向上突破而开始买入，但没能赢得足以取得成功的支持。在另一些时候，有投资者开始买入，随着更多买盘的出现，市场就会迅速上涨。当市场加速上涨时，投资者因担心日后需要支付更高的价格而被迫迅速出手买入，从而提高轻率决策的可能性。在市场呈现下降趋势时，就会出现完全相反的情形。

这些例子表明，人群能够根据自己聚集所围绕的目标如何被感知的变化，快速把自己的情绪从一个极端调整到另一个极端。在金融市场上，投资大众会把价格推向新高或者新低，从而对市场人气产生转折性影响，放大投资大众情绪的强烈程度,并且把人数不断增加的投资者吸引到牛市阵营中来。

感染

欢笑据说具有感染力。恐惧通常不但有害,而且还会传染。多方和空方会以同样的方式进行传染。情绪状态的感染力有助于心理群体的形成和成长。

感染是一种情绪状态无意识地传递给他人的过程。当然,感受到同一种情绪的人越多,对与群体接触的单一个体的影响就越大。这里援引弗洛伊德关于这个主题的论述如下:

“同时观察到处于同一情绪状态的人数量越多……这种自动强制力就会变得越强,并且会使观察者本人进入相同的情绪状态。而这样,观察者又会提高别人的兴奋程度,他们(别人)曾经对他产生过这样的影响。因此,个体的情绪负荷会通过相互影响而变得越来越沉重……就这样,越是粗糙、简单的情绪,就越适合通过群体来传播扩散。”

一个我们大多数人通过新闻知道信息的例子,就是一次和平示威结果诉诸暴力并演变成了骚乱。群体内部个人责任感的下降肯定在其中起到了部分作用。但在群体行动中,个体常常最终会做一些他们在日常生活中绝不会想到的事,并且他们的行动会激发别人同样的情绪,这就是感染的证据。感染同样可以在孩子们中间观察到,一个孩子哭啼,其他孩子就会感到悲伤;或者,看到别人欢笑,其他孩子也会欢笑。

读者有没有想过,为什么有人在听音乐会时会克制不住自己清嗓子?我们可能一整天都没有清嗓子,但在座无虚席的音乐厅听交响乐时,只要有一个观众清嗓子,就会有其他观众跟着清嗓子。

另一个感染在起作用的例子是,如果我们的邻居按揭购买第二套或者第三套住房,那么我们自己对这种行动的风险感就会下降。如果邻居的行动随后被认为是正确的,那么我们对这种行动的风险感甚至会进一步下降。

暗示

如果感染可以被视为对别人情绪状态的无意识影响,那么暗示是一种相似但有意识的影响。舞台催眠师和魔术师大量运用暗示手段,通过潜意识暗示来唤醒被催眠者做出所要求的反应。根据定义,广告和营销就是设法灌输一种人们在没有广告或营销的情况下就不可能有的产品态度。

我们中任何经历过牛市的人都遇到过变身为劝说者的投资者,甚至自己不无后悔地充当过劝说者。这种投资者肯定曾经有笔投资做得很好,并且想尽可能扩大其自以为是的远见、知识和直觉等的受益范围。他们这样做,可能就是想讽刺亏损盘持有者,但更经常是由于自我意识过度膨胀而试图吸引别人的注意。在投资领域,虽然有人可能不喜欢或者不相信这种人,但是,他们大谈某次投资业绩本身就会影响我们的自我调节过程,而这种牛市或熊市态度的变化趋势会被实际价格走势所强化。

在投资领域,暗示的作用已经通过报纸报道、博客、电视财经频道、直接广告、体育赛事赞助活动等得到了证明。所有这些都是为了企业的利益而说服尽可能多的投资者利用它们提供的服务。即使企业没有想直接推销投资品种,但至少试图促成一种对企业及其产品的积极态度或者培育一种品牌形象。广告和营销的暗示特性能在从直接销售产品到提高产品知名度等很多不同的方面发挥作用。

催眠给人的普遍感觉就是,它会导致被催眠者进入一种“把自己的认知功能交给催眠师”的恍惚状态。不过,催眠并不局限于这种固定的程式,技能高超的执业催眠师能在被催眠者没有清醒意识的状态下,把暗示线索植入他的无意识状态。虽然这样的具体过程不会出现在金融市场上,但一种近似的过程在投资者对金融产品的态度上清晰可见。

当我们处在放松、安逸和轻信的状态时,就比较可能接受暗示。舞台催眠师会强调说,被催眠是一种天赋,能抚慰自我意识。催眠师会设法与被催眠者进行情感协调,每一招都聚焦于为潜在的顾客创造完全相同的条件。约翰·邓普顿爵士在1953年的一份备忘录中敏锐地识别了留住顾客的各种方法,他表示:

“对人类心理态度、决策和信念的影响90%是下意识的,而只有10%是合乎逻辑的。

“人总是潜意识地受到外表的影响。银行通常都坐落在大理石贴面的高楼大厦里,其实就是为了吸引尽可能多的顾客……乐观和成功的情绪具有感染力。行为举止和谈吐透出不确定或者沮丧情绪的咨询师很快就会把这种情绪传染给他们的顾客,而行为举止和谈吐透露出自信和成功的咨询师则会迅速把自己的这份自信传递给顾客。”(以上两段引文都出自 2010 年 4 月 18 日的《金融时报》。)

在投资领域,企业往往会强调自己的独特性、历史悠久性、可信性、专业性和责任心,以便培育潜在顾客的信心和勇气,并且使他们心甘情愿地把储蓄托付给它们。炫耀财富有助于企业向顾客展示自己的成功形象,并且传递它们同样能帮助顾客取得成功的暗示。

在当今信息时代,投资者受到各种信息的狂轰滥炸,我们从来没有获得过如此多的信息,也从来没有见过这么多种类的投资产品。理性地说,我们知道,聚焦于某一特定市场的投资产品和投资经理的业绩多半服从钟形曲线分布,其中有 10%令人印象深刻地跑赢大盘,另外 10%郁闷地输给了大盘,而剩下的则位于这两者之间。尽管投资于哪个行业资产类别的决策比投资于哪种投资工具的决策更加重要,但是,投资公司仍然花费大量的时间和财力来争取投资者产生有利于它们的态度。即便是家喻户晓的大品牌,如可口可乐,可以说也是如此。它们推行如此咄咄逼人的营销策略的原因就在于:它们要证明自己能够高效率地在现有顾客和潜在顾客之间树立产品的正面形象。

总而言之,心理群体通过聚集在对某个想法或者目标的共同态度周围而形成。心理群体通过降低个人责任感来安抚个体,对某种想法或者目标的态度通过感染和暗示过程来体现,群体形成过程会因支持占优情绪的动能而得到大幅增强。

一旦了解了心理群体如何形成的特点,我们就处于一个比较有利的位置来识别这些因素对我们自身决策的影响。

第四章　群体如何影响个体心理

本章内容提要

- 随着市场的成熟，投资大众的主导情绪会不断强化，并且会对我们的个人情绪产生强烈的影响，从而产生驱使我们放弃理性分析和迷恋于对市场事件做出情绪性反应的强烈诱惑。
- 矛盾观点并存不悖——“收益并不重要”、“人人都能防范违约风险”、“房价只会上涨”和“欧洲货币联盟能与一种货币政策和17国财政政策并行不悖”都是金融市场上不但明显矛盾而且以牛市情绪压倒熊市情绪并占据主导地位为特点的例子。
- 大众尊重实力——如果你想影响市场或者渴望出名，就必须根据市场趋势大胆做出预测，以便激励大众。
- 事实对于群体并不重要——群体是有情绪的，因此更可能接受任何能使他们产生较好感觉的观点，无论相关观点是否正确。

正如每个群体都要通过移情、认同、目标共享这样一个相同过程来形成，每个人群的特点都有重要的相似性。19世纪的作家，如古斯塔夫·勒庞(Gustave Le Bon，1841～1931年)和威廉·麦克道格尔，都受到了他们那个时代发生的事件的影响，并且大量引用战争和宗教的例子来说明个人单独能做的事与作为群体成员所能做的事之间的区别。他们都倾向于强调群体人物角色的基本元素，因为他们引用了很多相关例子来支持自己的理论。

历史上不乏士兵英勇奋战和投降堕落的例子，有时同时发生在同一人身上。在平常的平民生活中，绝对没人希望经历这样非凡的极端情感体验。作为个人，我们绝不会采取群体才能采取的行动，群体有助于个人改变自己的心理状态。

特别是在大牛市和大熊市中，或者在进行杠杆投机时，投资者能够采取行动的方式也是如此。有人会拿自己的投资头寸去冒险，但正常情况下绝不会在日常生活中会这样做。他们可能体验过持有获利盘的高度自信、遭遇意外亏损的恐惧以及持有亏损盘的沮丧。投资者不但有能力承受如此不同的情绪状态，而且会在伴随参与某个群体而来的心理过程中不可避免地同时经历这些情绪状态。

挤迫

如果不同的群体或者人群能够容忍通常不适合个人的思想和行为，那么就会产生这样的极端情绪状态是任何群体共有还是因群体成员而不同这个问题。从某个角度看，没有任何两个人群是相同的。教徒、士兵、音乐迷和足球迷是完全同质的人群，成员的表现完全不同，但是，这些群体自己却有共同的特点。同一个人可以是很多不同群体的成员，这并不矛盾。我们中的任何一个人可以是足球迷、音乐迷和投资者，并且会根据需要在不同场合着重注意其中的某种身份。

下面是弗洛伊德关于人群中个人的观点：

“个人的情绪会变得非常强烈，而个人的智力会明显减弱，两者明显朝着与群体其他成员接近的方向发展；而这种结果只能通过消除那些抑制个人特有本能的因素以及放弃表达个人特有爱好来实现。”

这些例子都聚焦于群体中明显存在的极端情绪。虽然个体有自我节制的能力，但只有群体会对绝对事物做出回应。群体会夸大对目标的初始共同态度，因此，群体成员会陷入一种不断增强的情绪状态。从投资者的角度看，个人沉湎于群体情感生活的程度取决于某一波行情的参与人数、相对于个人总资本的持仓规模以及杠杆比率。如果相关行情相对较小，或者当天就消失并且基于非杠杆头寸，那么其对群体情绪的影响就不及行情持续几年、持仓量相对于总资本较大并且为了成倍增加潜在回报而采用了杠杆比率时的影响。

群体情绪的强化常常能够显示,随着越来越多的人加入主流趋势,投资大众如何做多或者做空。这是一个有用的信息,但是,如果我们打算根据这个信息来做反向交易,那么必须把这个信息与追加因素结合起来考虑。一句被认为出自约翰·梅纳德·凯恩斯之口的妙语很适合这样一种情景:“市场能够保持理性的时间长于您能保持偿还能力的时间。”群体能够陷入远远超出理性个体想象力的极端情绪状态,常常会达到个体怀疑是自己非理性而承认群体理性的地步。大牛市和大熊市就是说明群体在什么情况下可能采取并长期坚持越来越极端的态度的明显例子。美国纳斯达克泡沫、中国上海证券交易所 A 股指数、铀价、沙特阿拉伯股票市场以及不同的信贷泡沫,都是过去 10 年发生的实例。

作为投资者,我们力图随着趋势的发展来识别趋势,只要趋势保持不变,就采取趋势追随策略;一旦趋势发生变化,就准备出货离场。理性地看,这只是一种比较简单的策略,但被证明是从情绪上看比较微妙的策略。群体情绪的极端状态是分析师工具箱中非常重要的一种工具,但是,群体还有很多其他特点有待考察。

矛盾观点并存不悖

群体成员可能会由衷地相信一些相当矛盾的观点。让我们采用解释的方式来考察一个新投资者处于一轮大牛市后期阶段的例子。这个投资者也许知道市场并不处于牛市的早期阶段,但通常会更多地考虑参与一个正在改变世界的市场有什么个人好处,而不是考虑自己应该如何出货离场。

在讨论高科技泡沫成因时,市场毁谤者抓住机会,用那些当时用来证明网络公司低效率、高股价的话语——“收益并不重要”——来进行嘲讽。这句话成了群体心理是泡沫膨胀的同义词。作为理性的个体,现在我们可以回过头来想想这句话有多么愚蠢——一家既没有产品或者顾客又没有多少被收购前景的公司如何能够生存?但当时没有一个人对像“现在的收益”这样无聊的细节问题感兴趣,因为当时人人都投资于更加迷人的梦幻中。事实情况仍然是:在一轮牛市的后期阶段,只要利好消息不断,投资者就能相当容易地持有两种相互矛盾但互不冲突的观点。下面是弗洛伊德关于这个主题的看法:

“在群体内部，再矛盾的观点也能并存、相互包容，而且不会产生源自它们之间逻辑矛盾的冲突。但是，就如心理分析早就指出的那样，个人、儿童和精神病患者无意识的心理活动也同样如此。”

在2002～2007年信用膨胀时期，人们的普遍心理可被归纳为“风险并不重要”。从逻辑上讲，如果我们在追逐收益时顺着信用评级的阶梯逐级而下，那么明显是在追逐更大的风险，而且经历违约的可能性会不断提高。理性地说，我们知道，如果我们对很多几乎没有偿还概率的抵押贷款进行打包，那么与中低级贷款联系在一起的风险就会增加，而不是减少。然而，投资者已经在低品质的投资工具上获利多年，而且这些投资工具的价格继续在上涨，以至于息差甚至在进一步缩小。

这种策略被证明屡试不爽，而且所有执行这种策略的投资者都明显地跑赢了大盘。认购说明书宣称，认购有风险，特别是认购比较奇异或者深奥的债务抵押凭证(CDOs)，而投资者不是根本不看认购说明书，就是把风险作为粉饰所有这样的投资工具的规定宣传而不予理睬。我们可以回过头来看看这些投资决策，并且会为居然有人购买如此明显的垃圾投资品种而惊讶不已。但是，当时主导情绪的诱惑以及回避这类投资工具的非常实际的职业生涯风险，有力地促成了为了非常实际的眼前利益而无视风险这种状况。这回又是，只要利好消息不断，两种矛盾的观点照样并存不悖。

熊市显然也会出现完全相同的过程。在雷曼兄弟公司破产后发生的股市崩盘期间，不止一名权威评论员大声疾呼金融市场的末日即将来临。理性地说，我们知道股市是一种提前反应机制；而且一种投资工具的价格下跌越多，我们就可买入越多。突然发生的恐慌性抛售总会创造良好的长期买入机会。但是，当价格下跌时，大多数投资者对此并不以为然。只要普遍的熊市情绪占据主导地位，那么就会出现厄运降临和价值积累的矛盾。

确定矛盾作为一种预测措施，可能是预测未来机会的作用强大的手段。例如，在笔者写这本书的时候，市场正在为探索欧元的矛盾而忙碌：一个货币联盟在没有任何有效监管机制的情况下，能够与16个国家不同的财政政策并存。这个矛盾在欧元问世之前就已经反复提到，但是，到大众主流情绪经受欧元区银行业和外围国家挥霍无度的考验时，已经整整过去了10年。

而且，矛盾是金融市场参与大众共有的特点。在牛市论或者熊市论中识别矛盾性，就是要掌握揭示主流趋势最终结束背后基本原理的钥匙。然而，矛盾不是一种计时工具，市场大众能够在很长的一个时期里接受某个矛盾，这就是价格走势图重要的原因之一，它们为观察市场大众行为打开了窗户。当价格走势图前后发生变化时，说明市场大众的行为正在变化，而市场大众的行为变化就是我们用来构建优势的一个重要因素。

大众尊重实力

任何市场参与者，不论参与时间长短，主要是通过电视财经频道知道分析师和时事评论员常常在大多数牛市和熊市预测方面各执一词、争执不下。凡是想出名或者把投资者的兴趣吸引到他们所代表的基金上的人，总是设法通过在市场上找到最牛或者最熊的投资工具来取得成功。如果某个分析师说某只股票将下跌 10%，而另一个分析师则声称会下跌 20%，并且这只股票的价格仍在下跌，那么预测这只股票价格会跌到零的分析师常常最能吸引大家的眼球。

这是一种赢得别人注意的方法，通常还有其他试图通过争取追随者来推动某种走势形成的动机，最玩世不恭的人会做出大牛市或大熊市预测，花言巧语地诱使新入市者参与到主流情绪中，以便他们自己清仓离场。下面转引弗洛伊德论述如何影响大众的观点：

“任何想对大众产生影响的人并不需要对自己的论点进行逻辑上的调整，但必须涂上最耀眼的色彩，必须进行夸大，并且还要一而再，再而三地重复同一个问题。”

查尔斯 · W. 卡德莱克(Charles W. Kadlec)1999 年出的书《道指 100 000 点》(*Dow 100 000*)，确实是被某人涂上非常醒目色彩的一个明显例子，这本书当时被喜欢它的市场大众誉为“预言书”。类似地，2006 年，当黄金价格第一次站上新的高点时，一些热情洋溢的评论员纷纷预测，黄金的潜在最高价是每盎司 10 000 美元。

在大盘筑顶时对主要趋势做出看涨的推断，是激励新买家在已经被抬得很高的价位上参与进来的心理刺激因素的必要组成部分。为了说服新入市者购买，必须让他们相信价格不只会上涨 10%，而是要上涨 100%。在大盘筑底时，对主要下降趋势进行逐步看跌的推断，为在业已失势的多方中间营造一种令人失望的气氛,让他们觉得必须清仓离场。

在以上两种情况中,等到分析师们为了表达最极端的观点而争得不可开交时,几乎总会有人发出信号:这波行情已经接近尾声,因为这样的极端情绪不可能超越短期而持续下去。

真相对于群体并不重要

"群体绝不会渴望知道真相,而是需要幻想,并且离不开幻想。群体总是优先考虑虚幻的东西,而不是真实的东西。群体几乎一样强烈地受到虚假事物和真实事物的影响。"

——西格蒙德·弗洛伊德

在市场大跌以后,评论员们一定会谈到泡沫时期的非理性,以及只要投资者以理性的方式行为就如何不会最先陷入这种糟糕的状态。然而,群体不是理性实体,它们受其成员真实袒露的情绪的支配。它们必然会被简化为"公分母",从而导致最基本的情绪影响群体的精神生活。幻想破灭后留下的遗骸经过挑选,就会有很多习语成为一般用语。其中就有,"牛市是建立在谎言上的"或者"每轮大牛市都隐藏着大罪行"。最终被视为谎言的东西允许我们相信,在发生泡沫的那几年里根本就没有出现过这种情况。无论推动变成泡沫的牛市的原始故事多么能激发市场参与者的兴趣,但现实不可能满足他们的勃勃雄心。就如同在我们生活的其他方面,不切实际的理想是不可能实现的。在泡沫不可避免地破灭后,输钱的投资者会产生被骗的感觉。要不是这一切被揭露为虚无缥缈的东西,他们还会进入梦乡,任由希望翱翔,并且纵容自己贪婪。互联网投资泡沫破灭时,这个行业已经在成功地改变世界,因此,相关的承诺并不完全是谎言。但是,在最后阶段买入以及未能识别明显的筑顶特征对投资所产生的影响,就是相信一切网络股只涨不跌。从最简单的意义上讲,这就是一个谎言,而且是一个不分资产类别、一切投资狂热共有的谎言。

因牛市转变为熊市而输钱的投资者,往往会因泡沫破灭后揭露出来的必然存在的罪行而变得更加愤世嫉俗。这样的罪行在股市高涨时期怎么会被忽略其实并不难理解:人人都在忙于赚钱,怀疑的动机自然会下降。在这样的情况下,不按规则游戏的犯罪分子在被发现之前，还能兴风作浪相当长的时间。未申报亏损的交易员、玩弄庞氏骗局的人或者利用投资者轻信的人，等到他们作为榜样的声望消失或者选民施压迫使政治家捉拿罪魁祸首时，就会受到更加严格的审查。

当全社会都在解释市场大众的主流情绪状态时，就不会有人提出疑问，而更可能是把猜想作为事实来接受。在这样一个阶段的后期，有不少人会陷入一种极端的情绪状态，并且很少会关注日后将构成明显矛盾的看涨观点。

在熊市中，我们能够确定的是，由于价格下跌，投资工具当然会变得比较便宜。我们可能会就泡沫破灭后买入能否获得追加价值而发生争论，但一个无可争议的事实是，价格下跌得越厉害，就越接近底部。一次大跌会在投资者中间引发更加看空的情绪，但情况很少会糟糕到像一些叫得最响的看空者所声称的地步。然而，股票持有者往往因预期亏损会加剧而清仓出货。那些已经卖掉手中筹码的人会目睹市场进一步下跌，以证明自己行动的正确；而卖空者则会投入资金，寄希望于价格的进一步下跌。然而，我们知道一个绝对的事实：投资工具价格很少会实际跌到零，价格在跌到零之前已经比以往更加接近底部。

结 论

人群变化无常，容易激动、上当受骗、接受矛盾，但又过分自信、缺乏理性、容易走极端，并且有可能只受相当大的力量的影响。然而，如果我们准备参与金融市场，那么就必须接受经历以上某些情绪状态的可能性，并且能够应对自己身上一旦出现情绪状态就能识别它们的挑战。

第五章　贪婪、恐惧和爱
——如何开发情商

本章内容提要

- 如果我们能够坚持一种理念，那么就能在这种理念与我们的投资之间建立一些关系。
- 绝大部分财经评论都专注于贪婪、恐惧这样的情绪因素，因为这些情绪因素非常适合对投资者行为的特点进行简单化描述。不过，爱是唯一一种接近于描述我们能与投资工具发展的关系的情绪。
- 爱可用来回答“为什么买入那么令人兴奋，而卖出就那么困难”这个问题。
- 我们可用“失恋者”来解释人们面对令人失望的市场时感受到的矛盾情绪。由于曾因坚决持有而获得过回报，因此，我们会因坚决持有而受到惩罚。结果，我们就进行反向操作，并且期待取得不同的结果。
- 如果说爱可被描绘成视他人利益高于自身利益，那么当我们回归到一种纯粹的自利状态时，就会感到恐慌。
- 自责在每次大跌时就会表现出来，并且会因所受亏损规模而加剧。虽然最理性的方法是改变自己的性格，但情绪反应也能驱散自责心理，特别是关系到已被证明如此令人失望的投资工具时。

热恋的痛苦

2008年，在笔者主持的一个研讨班上，有一个学员说起了他觉得卖出比买入更难的问题。他说，他在买入建仓时常常对未来充满信心，但当手中的筹码表现没有达到预期时就会犹豫不决，最终只能是无限期地持有。大多数人都希望弄懂这个问题，所以让我们顺着导致这种现象的情绪线索来进行解释。

当前，财经媒体显然是在讨论，市场上的贪婪和恐惧，哪个是作用更大的情绪因素。如果我们想保持情绪平衡，那么贪婪和恐惧都是我们必须克制的作用很大的情绪。但是，在笔者看来，理解爱这种情绪其实更加重要。爱能更准确地描述我们如何对待贪婪和恐惧这两种心理状态，因为不管喜欢与否，我们经常最终要与投资工具发生关系。

爱会令人激动。当我们开始一种新的关系时，我们愿意为对方付出更多的时间，在乎对方说的每一句话，美化对方的优点，并且忽略对方的缺点。我们愿意忍受在正常情况下不能容忍的对方的过错和虐待。只要爱能持续，它就能给予我们所需的一切。

爱也能令人不安。我们的不安全感可能会增强，我们可能会去争取我们所爱的人的认可。我们想解决问题时，就可能补偿过度。当我们不再相爱时，报复、恶意相对、幸灾乐祸和沮丧都是一些常见的情绪反应。

对于投资者来说，“恋爱对象”永远是投资工具，而对投资工具的情感态度的发展则是一个重要的话题。如果我们怀疑某些人可能爱上了某件物品，那么就会想到有些男人会爱上汽车或者有些女人会爱上皮鞋和提包。就像我们会与我们经常接触的物品建立情感关系那样，我们完全也能很容易地与我们的不同投资工具建立同样的关系。

如何发展这种依恋关系？

这种依恋关系之所以会发展，是因为交易和投资是一种充满不确定性的职业或者事业。我们经常会由自信变为自我怀疑，具体取决于我们建仓是否成功。我们大家都知道，没有像完美无缺的投资这样的东西，但我们总是不停地希望自己买入的筹码能够上涨,而我们卖出的筹码只会下跌。我们总受到一种强烈的不确定性补偿诱惑的煎熬,这种诱惑就是把我们希望感受到的情绪强加于我们的投资的属性。弗洛伊德把这个过程称为"把对象内射于自我"。

让我们来举一个简单例子:一个投资者做多并出现了赢利。我们通过采取看好后市的态度来识别市场参与者群体和投资对象。这个过程一方面表现为积极地看待投资,另一方面从情绪上把我们希望拥有的积极因素转移到我们认定的对象上。在牛市中,勇敢、坚韧、忠诚、坚挺和稳定是我们能够想象的投资工具具备的一切属性,因为它们代表了内在于我们自身的个人特质,或者因为它们就是我们追求的理想品质。

我们常把配偶比作自己的另一半。这意味着"另一半"不但是我们自己的一部分,而且还包含我们希望自己具备的特质。在电影《甜心先生》(*Jerry Maguire*)中,汤姆·克鲁斯(Tom Cruise)饰演的电影人物通过告诉多萝西[Dorothy,由蕾妮·齐薇格(Renée Zellweger)扮演]"您完全就是我",来向她表白自己对她的爱慕。这句话引起了很多人的共鸣,因为这简直就是一种完美的自恋情结表达。我们希望通过吸纳恋爱对象——无论是人还是投资工具——所感受到的情绪强度来与恋爱对象混为一体。

这说明两人相爱先要认同两人共有的特质,然后基于这种初始认同来建立关系。在群体中还能观察到另一种情景,因为对恋爱对象的共同爱慕会放大结合和永恒的感觉。

个人顿悟

笔者特别赞同这种解释群体形成的方法,因为笔者能直接回溯把这种解释方法与自己早年的交易经验联系在一起。我没有按照任何类型的规律赚到钱,并且一直在努力改善投资业绩。我清楚地记得自己偶然发现问题解决方法的那一刻,我觉得自己好像就是灵光乍现,突然顿悟。当时,我和戴维·富勒在哥本哈根为一家银行举办的图表研讨班讲课,我正等候我的授课轮次,我突然明白我对待手中持有的筹码就像对待自己的女友。

我的分析常常变得比较正确,而我的交易业绩也随之好起来。不过,当事情开始变得有些起伏不定时,我仍然希望情况能够变好。当情况没有好转的可能时，我只想着出货离场。我明白，虽然这样处理与另一个人的关系可能说得通，但这样来处理投资头寸是愚蠢的。于是，我就允许用自己理想化的持仓观去推翻由我本应退出交易的市场所发出的明确信号。

人与人不同，但对于我来说，识别这种矛盾心理是创造更高交易纪录的一个重要里程碑。但更重要的也许是，我能够反思由于重回市场而遭遇最大亏损的情景。

我允许投资在我心中占据恋人的位置，但没能认识到这种关系中存在的不足。对恋爱对象的理想化有助于两人之间采取对恋人的情感态度，但是，把这种态度应用于投资就并不一定有益。挑战在于：作为理性的人，我们能够对不同的人和投资进行区分，但在无意识心理的作用下，我们的区分常常很不明确。从感情上，我们希望看到自己能够做好投资。我们进行投资，开仓持有，渴望把投资做得更好，在朋友面前炫耀，憧憬未来的成就，并且试图在任何情况下坚持投资。所有这些既能轻而易举地应用于恋爱关系，也能方便地应用于投资。问题在于，如果不顾一切地坚持投资，那么就有可能赔掉很多钱。

参加我主持的研讨班的很多学员也讲述了他们的相同经历。他们也没有建仓方面的问题，而且常常能在有利的价位上建仓，但在出货离场方面就会遇到很多困难。造成这种情况的部分原因应该就是怕错失后面的赢利机会而不愿卖掉手中的筹码，但更重要的原因常常与不愿接受投资稳定性特征恶化、投资已变得不太可能收回有关。某人持有多仓越多、主要趋势回调越深，在趋势稳定性特点恶化时出货就会变得愈加困难。我们无意中与投资工具建立了一种关系，尽管是单边关系。

我和学员们都受到一种相同倾向的支配：对待投资就像对待我们所爱的人一样。在童话故事中对动物进行拟人化描述，从某种意义上是可以接受的，但对一种金融工具采取相同的手法会造成很多麻烦。

熊市与失恋者

以上集中考察了牛市中投资者与投资工具的关系。熊市或空头也为观察基于爱的群体形成和行为离散提供了广泛的机会。牛市与熊市之间之所以存在一些重要的心理差异，部分是因为前者涉及群体形成，而后者则是群体解体。在金融市场上，随着一个群体形成过程的失败，另一个群体形成过程必然就会开始。新群体的统一观点就是，全体成员对原先的投资工具都觉得反感。

牛市要靠围绕某个流行题材越积越多的资本来推波助澜。买入并持有的投资者可能不会轻易卖掉他们手中的筹码，但这并不意味着他们是在抑制供给；其他投资者会参与这波行情，随着牛市的发展超越他们的预期，他们只能在更高的价位上进出市场，需求就这样被不断更新。新的买家不断入市就会推高价格，而动能交易者会追加杠杆投资，以进一步提高投资回报率。所有这一切都会导致参与者不断增加，占据主导地位的牛市假设越来越被人们所接受。

熊市由从市场撤走现金的投资者驱动，最初由丧失追随者的某个流行题材和赢得追捧者的某个对立观点所引发。买入并持有的投资者最初会经历一定程度的利润流失；而且，如果他们不能出货清仓，那么就会蒙受更大的损失。利润流失有很大的情绪杀伤力，而在情绪持续恶化的情况下，清仓出货显然是阻止情绪恶化的解决办法。清仓会把曾经的被动供给转化为主动的抛售压力，而这种抛售压力又会对其他投资者产生更大的压力。

恐慌

在过去的10年里，投资者们已经领教过市场大跌时的恐慌感受。下面是弗洛伊德对军队恐慌的真实描述：

“恐慌出现了……人人只顾自己，其他什么都不考虑，相互之间的关系不复存在，一种令人丧失理智的巨大恐惧（焦虑）被释放出来……至此人们一直觉得危险很小的情感关系已经不复存在。”

市场急剧下跌可能对投资者产生情绪杀伤力，他们难免会因难以卖掉手中的筹码而陷入恐慌。要考察投资者如何陷入恐慌，最好先观察怎样才能使投资者不受恐慌情绪的影响。如果每个投资者都能按自己的计划行事，那么就不会发生恐慌。然而，当手中的筹码出问题时，把投资大众捆绑在一起的约束就开始产生作用，令他们急躁紧张并感到失望。等维系群体的同志感和同情心消失殆尽，群体成员从群体混乱中获得“新生”并且单独面对市场时，他们通常获得因曾是群体一分子而消失的个性、责任心和理性。从牛市群体中突然获得独立的投资者有一种压倒一切的倾向，即卖出倾向。从情绪角度看，一个重要方面就是把群体成员维系在一起的关系已经消失。

在恐慌气氛中，市场下滑就意味着止损机制归于失效，因为止损点常在期望价位以下才被触及。这种“加速”是一个结束信号，因为下跌速度与情绪浓缩叠加在一起会在短于正常的时间里耗尽有效供给。

卖出行为会引发一系列作用巨大的情绪，从而倾向于导致市场进一步下跌。其中的第一种情绪反应就是失望，并且混杂着释放亏损盘压力和增加相对较安全现金的慰藉。一旦投资者的情绪资本流出市场，就不太可能立刻重回市场，除非它们的“老板”被迫它们这样做。即便如此，投资者仍倾向于变得更加小心谨慎。

慰藉也可能迅速让位于对在底部卖出的担心。于是，刚清仓的投资者从感情上希望看到市场进一步下跌。他们变得倾向于看空市场，因为这与他们对价格走势做出的反应一致。

沮丧与自责

自责是另一种作用巨大的情绪因素，通常会在熊市中浮出水面。一个曾经看似可信、可靠的市场，现在好像变得不可预测、反复无常、随心所欲、冷酷无情。投资者常会反思导致他们面临这么一种不利局面的原因，常会有无能为力和幻想破灭的感觉。情感依恋曾经提升了我们的投资安全感，但倾入投资的信任因后来被辜负而导致投资态度发生了变化。

忧郁症是自责的一种极端状况，但它所具有的复仇倾向可用来观察因市场下跌而损失惨重的投资者所表现出来的态度。亏损使投资失误具体化，并且非常明确地表明，接受牛市假设是多么错误。下面是弗洛伊德对忧郁症的描述：

“这些病例的一个主要特征就是毫不留情的自我贬低，并且与不断的自我批评和充满怨恨的自责交织在一起。心理分析显示，这样的自我诋毁和责备实际适用于被责备对象，并且表征着自我对对象的报复。”

人们以不同的方式对自己的错误做出反应，最合理的方法也许是评估导致亏损的分析和情绪错误，并且迅速采用纠错行动。不过，这种方法虽然简单合理，但在情绪上很难行得通。有些人会因为自己的错误而指责自己所选择的投资工具，并且采取针对投资工具的报复行动，而不是改变自己的性格。凡是曾经被他们忽略的缺陷,现在都成了他们特别注意的缺陷,而群体的一般情绪则以负面为主。

在每一轮熊市中,尤其是在那些空头获利者被视为鲨鱼、狼或者秃鹫等掠食者时,几乎都能清晰地看到有关复仇欲望的明显例子。虽然等牛市退去以后,繁荣年代犯下的罪行随着信贷供给的耗尽而会真相大白,但是,这种由来已久的寻找谴责对象的情绪,已经深深根植于报复那些靠别人失败来牟利的人的共同愿望。最近10年金融市场丧失了可信性,那些把劣等投资工具粉饰成廉价商品的供给者们因此受到了大量的谴责,但投资者们仍应该反省自己的行为,因为很多投资者甚至连最基本的尽职调查都没有做。像某些理论所说的"大缓和"(指1987～2007年间商业周期波动幅度明显缩小)以及某些政治家声称的"繁荣和萧条已经销声匿迹",当然被证明是一些暂时现象。

每次市场大跌之后,都会出现一片赌咒拙劣投资决策的骂声,那些被认为利用别人的不幸来牟利的人就会成为众矢之的。至少在牛市的后期阶段,熊市策略正确以及牛市观大错特错这一事实,甚至会鼓励更多业已过时的做多者出货清仓,而市场情绪则会进一步恶化。

结论

以上描述的不同情绪并不详尽,因为没有两个人会有相同的情绪强度体验。尽管如此,我们已经与读者充分分享了驱动大牛市和大熊市的常见情绪特点。如果有人想成功扮演从乐观情绪达到高潮的群体成员到出现极端悲观情绪的少数乐观派先驱的不同角色,那么就必须提高对这些交互关系导致的情绪深度的认识。在富勒投资网站上,我们讲述了如何先识别市场情绪基调,然后评估随着情商的提升如何与市场互动的过程。

第六章　牛市与熊市的不同心理感知阶段

本章内容提要

根据价格走势对投资者情绪的影响，可把大牛市和大熊市周期分解为对行情的不同心理感知阶段。

怀疑/出局——在市场经历下跌后以长期盘整为特点的底部形成过程中，上涨潜力预期下降。许多人接受的看法是牛市将一去不复回，而任何表达乐观看法的人都会被视为特立独行者或者痴心妄想者。就投资者建仓而言，由于高度的风险感知，因此，他们倾向于少量买入。

接受——价格已经上涨一段时间，并且有人开始赚钱。任何事物都不能像赚钱那样促成牛市观，特别是如果还伴随着比较优异的业绩表现。这个阶段代表着买入并持有策略会收到最好效果的时机，因为容忍偶然的回调会得到随后价格上涨的回报。

欣快[1]——随着牛市的发展，投资者必然会提升对未来价格上涨潜力的预期，以证明在价格不断上涨时买入的合理性。一想到价格上涨已经是板上钉钉的事，人们必然会正确地买入，从而会鼓励冒险，持仓量倾向于扩大，而止损机制往往被闲置不用。

---

〔1〕 欣快(异想天开的合理化与荒诞不经的预测)。——译者注

转折——仍有越来越多的人冒越来越大的风险，价格会从业已高企的水平上越涨越高。可用于追加买入的潜在需求储备已经被基本耗尽，因此，只剩下潜在卖家的那个点开始临近。牛市的第三阶段代表着新一轮熊市第一阶段的到来，因为多头投资者不再认为价格还可能下跌。

接受——恐惧是一种比贪婪来得更快的情绪，所以价格的下跌总是快于上涨。相关的情绪反应当然是疑惑、怀疑或者不敢正视现实。随着价格的下跌，市场参与者被迫做出决策，而杠杆投资被挤出市场。随着价格的持续下跌，而且亏损已经实际发生，人人都获得了牛市已经结束的信息。

沮丧——对于市场下挫期间代表风险源的投资工具，空头投资者会希望它们的价格能跌到零，而已经蒙受损失的投资者则希望价格进一步下跌，以便证明他们的卖出决策是正确的。价格上涨潜力的感知消失殆尽，投资者转向更加值得关注的其他市场。沮丧的心理状态与底部形成过程是相辅相成的；而且，这种心理状态只要被误以为是一个有待演绎的新的需求驱动型故事，那么就会一直延续下去。

投资者在参与牛市和熊市的过程中可能要经历各种各样的情绪体验，而且每日不同、年年相异，具体取决于他们的个人情况。尽管如此，不同情绪倾向于遵循一个界限清晰的阶段演进过程，我们可以根据情绪线索和供求交互关系来描述这个演进过程，并且可通过对从不同媒体渠道以及价格走势解释获得的群体情绪信号保持警觉的方式来监控这个过程。

价格是评估价值感知何在的一种简单而又宝贵的工具，但常被那些更加信服基本面和计量经济学工具的人所忽略。价格走势图根据供求之间原始的交互关系提炼出牛市观和熊市观。两股对立力量相互作用的方式，对于想考察这种方式的人来说，包含着很多离散的信息。图表能够最简单明了地描绘群体的情绪，并且能够对多空双方力量如何较量进行图示。笔者本人非常重视图表的阅读，因此，笔者认为在没有观察图表前就不应该做出买入或者卖出决策。

戴维·富勒对大牛市和大熊市各种心理感知阶段的独特描述，一直是“图表研讨班”自20世纪70年代初创办以来的亮点所在。道理非常简单。有太多的时候，我们并不知道自己先前的行为如何影响自己的市场感知。我们如何应对某种情况，在很大程度上取决于此前发生了什么。如果我们能够认识投资大众的心理状态，那么就能更好地调整我们自己针对投资大众心理状态的情绪反应。由于价格走势图是对供求双方如何较量的最简单陈述，因此允许我们就如同在市场上观察到的心理感知阶段那样来对它们进行标示。

经常可以看到大牛市由漫长的熊市演化而来，反之亦然。然而，价格走势是不规则的，我们能够在短期分时走势图以及多年的长期走势图上见证同一场“情绪大戏”的上演。持仓量的增加、杠杆投资和短期交易压力都会放大交易者的情绪反应，而投资者有更多的时间来处理相同的情绪集合。出于图示的目的，并且为了阐明牛市和熊市的财富转化潜能，我们将在以下例子中采用中期和长期图表。

(1)怀疑/出局

新一轮牛市的第一个心理感知阶段就是怀疑。上一轮熊市给很多投资者造成了创伤，投资者对这种创伤的常见反应就是放弃投资一段时间。没有人会无耻到公开预测市场将重回旧高点的地步，因为这样会招来嘲讽。人们倾向于根据自己观察到的东西来进行预测，所以，预测多半会比较悲观。而那些乐观的人会有条件地坚持自己的谨慎乐观:市场会出现转机，但必须是在严格的条件下。

与一轮牛市结束联系在一起的失望情绪，通常会导致一批投资者发誓再也不涉足市场。凡是在市场下跌时出货的投资者，都有心理既得利益相信市场绝不可能收复失地，因为没有人愿意相信自己是在市场位于底部或者接近底部时卖掉手中筹码的。

在市场经历了大跌和随后的反弹未遂以后，那些做短线回调行情的交易者是唯一能够从这种市道持续赢利的人。只要对市场的一般看法是疲软或者“乏力”，那么市场人气就会继续恶化。充当多方的交易者必须非常聪明才可能赚钱，并且会采取“见利就取”的交易策略，因为赢利机会很可能稍纵即逝。

市场盘整期间，参与市场的人数会减少，市场表现出不断变向的运行特点，这说明市场正在筑底，因为那些代表潜在需求的人觉得赚钱更难了。在市场筑底期间，投机成分会减少，而需求端则由价值投资者和觉得价格便宜的逆向投资者主导。不过，那些已经卖掉手中筹码的人没有够好的理由重返市场，而大多数主动参与者都在做空。如果参与减少，那么投资者的注意力可能已经转向别处，而投资兴趣正在消散。此时很可能另一个行业或者资产类别有更好的表现，而先前喧嚣的市场经过长期的低迷常会沉静下来，并且相对而言会变得默默无声。

很多人接受的看法是，历史高点绝不会再次达到，更不可能被超越。相关的投资工具无论现状如何，都将被认为大势所趋，而投资者会用怀疑的目光去回想自己怎么会相信牛市炒作。牛市不再是头版头条的新闻故事。这时，凡是了解市场的人都会像多少有点兴趣的观察者那样行为，但几乎不会像积极分子那样做事。需求已经躲进了所谓的“散兵坑”，而且没有充分的理由绝不会轻易出来。

底部形成过程的发展

在价格走势图上，怀疑/出局阶段是与底部形成过程的发展联系在一起的。市场筑底就像建筑物打地基，是日后上升趋势赖以形成和脱颖而出的基础。

怀疑/出局阶段能持续多久，要取决于两个独立的因素。第一个因素是上一轮牛市的超涨必须自我修复。这个修复过程可能需要几年，但也可能持续更长的时间，一直到市场下跌过程中没能离场出局的人认赔出清手中的存货为止。对市场的预期将处于低位，因为每个人都认为，价格一旦反弹到底部高点就会迅速回调。不过，想卖的人迟早能够卖掉，因此，悬在市场上的潜在供给威胁终将会消失，这是下一轮牛市开始的一个必要条件。

一个必然的结果是，人人都出清了手中的存货，并且手持闲置的现金。这些闲置的现金代表着一个潜在的流动资金池，最终会从某方面有助于驱动新一轮牛市。

新一轮牛市的第二个先决条件是，有一个引人注目的基本面原因激活供求等式的需求端。股市大牛市通常始于具有历史魅力的市盈率和相对较高的收益率。无论是哪种因素发挥了催化剂的作用，都必须作用大到能激活市场需求。如果是股票市场，那么上市公司必须（譬如说）发现了新的提高效率的方式、新产品或者已有产品新的需求来源。如果是国债价格或者货币汇率，那么相关国家必须最终驱动其整个经济运转起来。如果是商品，那么某种新技术或者新的需求来源有助于吸纳有效供给。大牛市需要能够真正鼓舞人心的故事。为了令市场相信一个为推动某种资产类别长期牛市所必需的概念，这个故事还必须是关于某个大题材的故事。作为市场参与者，投资者希望体会到自己正处在一场将改变世界的新运动的最前列。

到新一轮循环的这个阶段,关于这个新的基本面故事的最重要因素,就是大多数人都不知道这个故事;即使听说过这个故事,也要对此一直不以为然。即便是那些听说过并相信这个故事的人,也可能会低估新的需求来源能对稀疏的供给具有的强大影响效应。

大宗商品提供了一个较新的绝好例子。这种资产类别在破势向上和达到远高于市场最乐观预期的高点前,在一片喧嚣声中也经历了一个漫长的底部形成发展过程。尽管高科技泡沫在十几年前就已经破灭,但很多科技股继续在延长漫长的底部形成过程。在笔者写作本书时,最吸引眼球的底部形成过程的例子出现在了金融业,几家规模最大银行的股票继续在即使2008年危机前也会被认为不可能的价位上交易。

一个关于怀疑的例子——石油(1980~2003年)

让我们来举一个大宗商品的例子,因为大宗商品也能为我们提供机会,考察供求动态关系的必要变化有助于底部形成过程的完成和新一轮牛市的出现(见图6—1)。

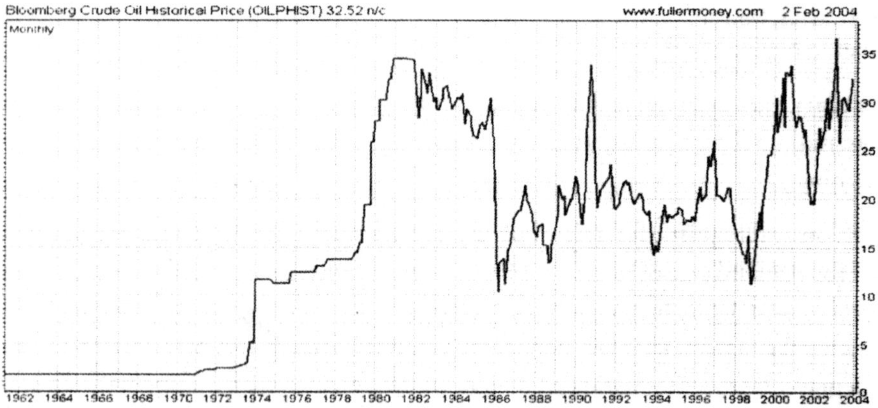

图6—1 1962~2003年石油价格走势

作为对美国在1973年斋月战争期间支持以色列的报复,阿拉伯石油输出国组织宣布了石油禁运。令阿拉伯石油生产国不满的另一个原因是,1971年布雷顿森林协议的废止允许工业化国家对本国货币实行浮动汇率,结果导致阿拉伯石油生产国按通货膨胀调整后的石油出口收入减少。美国的石油生产在1970年已经达到峰值,因此减少了满足需求的追加供给,从而加剧了阿拉伯石油输出国组织实施石油禁运的影响。原油价格从每桶3美元飙升到了每桶12美元，并且在随后几年里一直保持这种上涨趋势。

1978年，伊朗石油工人罢工，每天少生产450万桶原油。1979年，伊朗国王流亡美国，伊朗国内支持哈梅内伊的运动风起云涌。在伊朗革命时期，伊朗能源生产的基础设施遭到了破坏，新政权为使国内石油生产恢复到原先的水平做出了努力。与此同时，沙特阿拉伯和阿拉伯石油输出国组织不断提高石油价格。作为对伊朗人质危机的回应，卡特总统宣布禁止从伊朗进口石油，此举甚至进一步推高了油价。1980年伊拉克侵略伊朗提高了这个地区的风险溢价。到了1980年10月，阿拉伯石油输出国组织把原油价格提高到了每桶32美元，并且还就每桶38美元的价格上限达成了一致。

危机刺激了旨在追加石油供给的非阿拉伯石油输出国组织的大量投资，美国开发了阿拉斯加的普拉德霍湾油田，苏联增加了石油产量，北海、委内瑞拉和尼日利亚油田也在这个时期得到了开发，并且提供了可观的追加供给。随着危机的缓和，油价重又下跌；对永久性高油价的恐慌，随着对替代性投资工具兴趣的出现而趋于平息。市场参与度因投资者习惯了油价每两年出现一次峰值的想法而下降，石油市场和石油行业投机人数相对于鼎盛时期普遍减少。当时的普遍看法是，油价将大幅盘整。1990年第一次海湾战争期间，油价出现过短暂飙升，随后大多在每桶10～25美元之间盘整。

与此同时，科技股正以永远改变我们生活的充满希望的新商业创新方式脱颖而出。源自芯片技术、个人电脑、互联网和移动电话等快速发展的生产率提高，激励了数以百万计的投资者纷纷买入科技股，从而驱动了一轮惊人的牛市，唤起了投资者们的兴趣，致使其他行业在很大程度上遭遇了冷落。

从20世纪80年代初到21世纪初，大宗商品经历了很多人所说的“三级瀑布”式大跌。这个资产类别中，几乎每种资产都出了问题。在需求减少的同时，市场上又出现了大量的新供给。由石油危机和中央银行货币创造引发的通货膨胀压力，多亏了美联储前主席保罗·沃尔克(Paul Volcker)承诺美联储将致力于打击通货膨胀而有所减缓。这位美联储前主席在走马上任后的5个月里把联邦基金利率从11.375%提高到了20%，试图成功缓解经济系统的通货膨胀压力。随着通货膨胀压力的减弱，美联储的加息政策减少了把大宗商品作为避风港和安全的价值储藏手段的需要。很多大宗商品生产商因此而破产，那些幸存下来的生产商为了生存不得不大幅削减成本，积极开展套期保值交易，并且利用每一次市场反弹来出清库存。

谁是熊市幸存者？

当产品需求下降时，市场幸存者并不是那些敢于冒险的人，他们经历了整整持续一代人时间的萎靡不振。这样的长期萎靡不振影响了一个长期陷入熊市的行业，以至于人们不再愿意为这个行业工作。笔者记得，2007 年曾在中国上海的一个市场与另一个美国旅游者聊天。他为了生意每月要去中国一次，他的公司把美国淘汰的手机出口到中国进行维修和再处理，他当时在美国雇用了数百名员工，而在中国雇用了数千名员工。当我问他怎么会做这种生意时，他回答说，他过去是一名石油钻探工，曾经在 1 年的时间里因削减成本、合理化和合并等不同的原因而被 3 家不同的公司解雇。所以，他决定改行。人们因不能够再在某个行业谋生而干脆离开这个行业，会导致这个行业在需求重新增加时不再有能力增加供给。

那些在一个行业由高度有利可图沦落到亏损边缘时能够幸存下来的人，会通过努力勉强维持来打发自己的职业生涯。工业资源行业在价格上涨时会开采最难开采的资源，以便在价格下跌时能够开采成本较低的资源，它们不会投资购买新机器、进行新探索或者开展其他资本密集型业务，因为它们没有现金，并且因在上一经济周期经历的遭遇而受到了极大的伤害。那些最清楚地了解遭难行业的人，往往最不相信新的牛市故事。有一句常被引用的格言很能概括一个正在经历熊市的行业从业人员的低落情绪："最了解它的人最不喜欢它，因为他们是最感到失望的人。"在新一轮牛市的初始阶段，赚钱最多的是那些敢于冒险的人。然而，行业内具有这样特质的人在漫长的熊市里早已被淘汰出局，因为冒险是一种快速赔钱的方式。

在大宗商品的例子里，中国作为重要消费国和需求增长引擎的出现与人类历史上最大规模的城市化运动这个更加广泛的全球题材一起，从 2002 年开始代表着一个意义深远的新的需求故事。供求等式中的供给端缺乏弹性，因为增加重要商品的供给能力已经不复存在，而有能力增加这类商品生产的人不愿再冒这个风险。从 2002 年开始，戴维·富勒把这个新出现的题材称为"无弹性供给遇上了不断增长的需求"。尽管价格强劲反弹，并且越来越多的工业大宗商品从底部破势而上,但大多数分析师和评论员就是拒不相信所发生的一切已经超越了短期变化,而是认为这个行业过去是、现在仍是并且将来还会是周期性。有人指向通常覆盖整个熊市的可利用价格历史纪录,并且认为反弹绝不会持久,因此,这次反弹也不可能持久。

在熊市的后期阶段,市场人气仍会深不可测,大多数投资者——因他们涉入过深——都否认发生了任何重要的变化。在石油的例子中,常有人说,石油业的高管们并不明白价格怎么会上涨,他们认为原油的公允价格应该在每桶 20 美元附近,并且预测在人们回归理性后油价会回落到这个水平。2004 年,石油价格突破了底部。2005 年,时任英国石油公司首席执行官的布朗勋爵(Lord Browne)表示,他相信油价"不可能总维持在高位"。时任美联储主席的艾伦·格林斯潘也赞同这种观点。

这种普遍态度导致石油业的高管们拒绝增加石油勘探预算、提高炼油产能或者实施输油管道现代化等所有资本密集型项目。随着油价的不断向上突破,石油产业难以持续增加供给,而且因利润增加而几乎没有这样做的动力。美国石油业与不同国家政府签订了特许权使用协议,因此,油价上涨以后,更多的利润进入了相关国家政府的腰包。当石油公司签订这些协议时,绝不会真正相信油价会涨到现在这么高的水平,但签约以后又被迫履行协议。

当需求占据上风时

我们知道,漫长的底部形成过程会出现反复,并且有可能无法持续向上突破。很少有人真正相信,这个资产类别会迎来新一轮牛市。那么,我们如何来寻找显示需求在开始占据上风的迹象呢?

在价格走势图上,当每次连续回调的低点都高于前一次时——我们所说的"回调低点持续走高",就说明需求重新在以不断走高的形式占据上风,并且意味着情况已经发生了根本性变化,从而导致供求两股相互对立的力量之间的这种失衡。不过,这种情况并没有告诉我们市场立刻会突破底部向上飙升,因为我们还不知道市场上的供给已经充分减少。不过,如果市场的低点正在上涨,那么这就是牛市的第一大信号:投资环境正在变化,风险也在增加。

正是由于这个原因,底部形成过程可以被视为后期阶段的一个蓄势期。如果市场低点正在上涨,就清晰地表明一些重要的玩家正在积聚无论是哪种投资工具的筹码。更多的人感觉到了正在发生什么，但仍可能不知道新的需求故事。不过，如果市场低点仍在上涨，就说明需求故事确实存在，而且十分重要。

在这种背景下，石油提供了一个值得关注的例子。1998 年，原油市场在每桶 10 美元附近筑底，并且在 2000 年反弹到了差不多每桶 40 美元的高位。这个价格在当时可是一个历史新高，而且是一个很重要的心理价位。当时，市场保持了回调持续走高的势头，但还无力赢得足够的动能突破每桶 40 美元的高点。之所以会出现这种情况，至少部分是因为科技泡沫破裂，利率上涨，美国和欧洲经历了经济衰退。到了 2001 年底，油价重又跌破 20 美元，但在这个水平上没有停留多久，并且很快就恢复了回调低点持续走高的势头。

图 6－2 起始年份是 1990 年。该图显示，从 1991～1999 年，除了由于海湾战争而出现的峰值外，油价很少反弹突破每桶 25 美元的水平。每桶 40 美元被视为油价上限，因为这是先前在危机时期出现的峰值。不过，这次油价虽然短暂回落到过每桶 20 美元以下，但从 1999 年底到 2003 年底主要在每桶 25 美元上方盘整。在这个过程中，油价在一个长于一代人的时期里不断走高。可惜只有很少的投资者关注石油市场，投资者们更加关心高科技泡沫的余波以及我们是否正在陷入另一次经济萧条。

图 6－2　1990～2011 年原油价格走势

油价在每桶 25～40 美元之间盘整的界限比较清晰，并且对创历史新高构成了心理障碍。这次油价盘整的最重要方面就是在成功突破每桶 40 美元的价格前，它在这 3 年的大部分时间里一直把油价维持在漫长的底部形成通道上方上行,并且十分明确地改善了油价走势。油价盘整的同时也引起了更多的人对石油市场的关注,因为油价在较长的时间里保持了上升势头。富勒投资公司把这种盘整称为"从底部向上迈出的第一步"。这种盘整通常足以说明我们必须加以注意,它可是一种作用巨大的调整形态。

如果市场能向我们展示讨人喜欢的有序波动,那么就不会考验我们的决心,我们应对起来也要容易得多。不过,原油市场从底部向上迈出的第一步是一个真实的例子。原油市场反复无常,难以应对,甚至会短暂跌破先前的底部,但是,它的定义性特征是,油价通常维持在每桶 25 美元以上。

"从底部向上迈出的第一步"并不一定发生在漫长的底部形成过程以后,也不一定取决于新需求故事推高价格的能量。不过,在这第一步迈出以后,可就是我们能在金融市场上看到的最可靠的调整形态之一,并且非常明确地显示熊市业已结束,而新一轮的牛市已经开始。

检测点软件技术公司(Check Point Software Technologies)提供了另一个富有教益的例子。从 2002～2009 年,在令人印象深刻地破势上行和反弹之前,该公司的股价经历了一个漫长的底部形成过程。股价在上涨了 33%后又中途回落,从而在底部(28 美元)上方找到了支撑点,从而迈出了从底部向上的第一步。股价持续突破底部这一事实告诉我们,这只股票的熊市已经结束,新一轮的牛市正在开始。我们所不知道的以及价格走势不可能告诉我们的,就是这种势头将

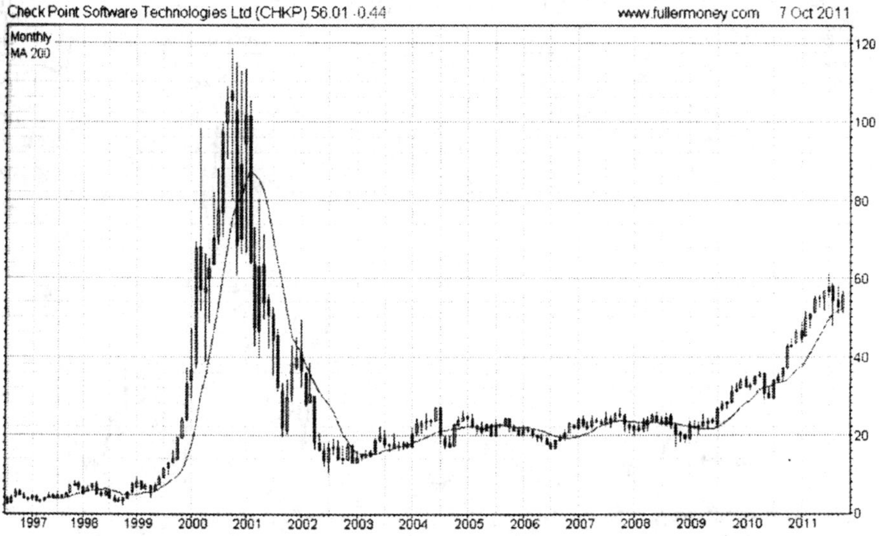

图 6—3　1997～2011 年检测点软件技术公司(纳斯达克)股票价格走势

持续多久或者股价能走多高。在图 6－3 中清晰可见的是，从 2009 年年中开始的股价上涨比在 1999 年股市泡沫期间出现的股价上涨更加稳健、更有节奏。

当市场突破已经持续了多年的底部时，需求就会因基本行为变化而压倒供给；价格就会以快于前几年的速度并且以大于前几年的幅度回升；相关投资工具通常会达到新的多年高位，而且这些高位肯定高于大多数人记得的曾经的交易价格。对于一种国际交易投资工具或者具有全球重要性的股票来说，这种表现足以激发投资者的投资兴趣。但是，投资者无法知道这是一轮大牛市的开端还是一次很快就会消失的周期性波动。因此，很多人干脆就是等待观望接下来会发生什么情况。

那些密切注视相关产业的人——受到漫漫熊市重创的幸存者——会把位于一个多年高点的价格看作是以他们在一代人的时间里看到的最好价格出清存货的大好机会，并且预期将能看到低得多的价位。在 2008 年 5 月的一个“图表研讨班”上，一名希腊学员准确描述了这种情绪。2003 年，他们家卖掉散装货轮时，船运价格已经盘整了一代人的时间。当时的普遍看法是，世界船运价格有一个上限，当船运价格跌破这个盘整区间上限时，货轮就必然会被闲置，因为当时的有效运价并不经济。这名学员的家人利用在持续了一代人时间的熊市后第一次出现的向上突破趋势退出了船运业，因为靠船运赚钱实在是太难了。但是，船运价格随后比 2008 年危机时上涨了 2 倍以上(见图 6－4)。

图 6－4　1990～2011 年波罗的海运价指数走势

大多数投资者会过分依赖“普遍看法”，这就是允许从底部向上迈出第一步的原因：需求再次确定了自己的主导地位，但牛市的故事或者假设并没有得到广泛认可。投资者还没有受到激励把自己大比例的资本投入船运市场。

(2)接受(“我不确定自己相信此事，但最好有所认识以备不时之需”)

顶部的低点或者底部形成标志着新一轮牛市的开始，而从底部向上迈出第一步则代表着新的上升趋势内部供求失衡的重现。鉴于从底部向上迈出第一步的中期(从几个月到2年)性质，我们也可以把它看作是一种整理。一旦这个整理过程随着成功的向上突破而结束，市场就可被视为进入了心理感知的第二阶段：勉强接受最终让位于更加真心的相信。

从底部向上迈出第一步的完成足以激发一些投资者的投资兴趣，因为有些人越想诋毁新牛市假设，另一些人就越要炒作这个故事，而且这也很难争出个所以然来。但是，最彻底的看空者仍然试图利用价格反弹来做空，并且会声称现在的价格表现只不过是熊市的又一次反弹。由于之前他们每次都做对了，因此，这次他们仍然拒绝把价格的历史高位已经持续了较长时间这个事实视为市场基本面真的已经发生变化的证据。

价格走势清晰地显示，一个重要的新需求故事正在演绎之中，但至此大多数投资者仍知之甚少。开始看多并且拿自己的声誉和钱在被他们认为的新一轮长期牛市中冒险的人会被视为标新立异者，并且被认为投资于一个没人有把握赚钱的“高风险”市场。对于一个最近才完成持续多年甚或长达十年的筑底过程的市场，人们通常会采取谨慎的态度。

这样，市场人气与价格表现之间就会出现明显的分歧。价格是我们拥有的唯一可靠的反映供求实际状况的指示器，而从底部向上迈出了第一步则意味着，尽管很多投资者拒绝相信，但需求已经占据主导地位。由于只有很少的人相信新牛市假设，因此，市场一旦持续突破底部，就有一半以上的概率会恢复原状，并且围绕底部继续盘整一段时间。从底部向上迈出第一步非常重要，因为这标志着供求之间在为争夺主导地位进行较量。

那些继续在谈论价格会下跌的人——往往人数众多——会老调重弹，列数市场不可能反弹的种种原因。但是，他们所说的一切完全与价格持续突破底部这个事实背道而驰，而“周期与长期”之争通常会出现在这个关键时刻。空方会争辩说，这次突破只是一个随时都有可能结束的周期性反弹；而多方则会坚持认为，这是一个将持续多年的新一轮非周期性(即长期)上涨行情。

站在多方一边的人仍然为数很少，但逐渐增多并且足以让人相信价格或多或少已经位于底部之上。等从底部向上的第一步迈出以后，新一轮牛市论就会赢得一些追随者，并且从默默无闻变成偶尔被媒体提及。但由于很多投资者还没有做多，因此，有关市场的评论仍相对较少。

如果市场从底部向上迈出第一步后仍能持续突破，那么我们就能很有把握地说，新一轮牛市已进入第二个心理感知阶段，这就是通常被称为“忧虑墙”的逐渐接受过程。

对于为什么市场不可能反弹却在上涨以及谁在做多赚钱的问题，仍有许多不同的看法。然而，市场仍然比较谨慎，在这个关键时刻持仓量相对于资产规模而言仍然很小，因为人们的心理感知还是市场风险很大。

随着价格的不断上涨，投资者听到越来越多的有关市场的看法，并且能够证明建仓的理由。不过，他们仍抱有“逢高卖出”的心态，因为他们还不相信自己所看到的东西。这通常能在价格走势图上最稳定地表现出来，因为供求之间的差别已经变得较大，并且界限清晰。“忧虑墙”开始允许大众情绪跟上牛市的价格走势，让更多的人知道新故事，并且驱使他们实际买入新故事题材所涉及的投资工具。

每轮牛市都有其激发投资者兴趣的故事，而每个牛市故事都会鼓励投资者抛弃谨慎并跟风参与，无论是铁路延伸到西部荒原、日本改变企业经营方式的效率、改变我们生活方式的互联网、中央银行为了刺激黄金需求而实施的法定货币贬值，还是帮助数十亿新消费者脱贫并成为中产阶级的人类历史上最大规模的城市化运动。不过，大众习惯新的观点需要时间。而且，没有什么会比看到某人的投资组合赢利增加更能加快转变过程的速度。

故事讲到这里，请读者想象一个要接待一名顾客并感觉相当好的投资组合经理。截至目前，这位经理为这名顾客实现了6%的投资回报率。如果市场目前正在进入下一心理感知阶段，那么这名顾客就会有不同的想法。他会在家里做好功课并且认为，这位经理只要持有他所投资的这个行业的头寸，而不是像现在那样清仓出货，那么他就能获得接近8%的回报率。这名顾客会抱怨这位投资经理为了多赚佣金而过度抛售他的资产，而不是为了顾客的利益尽可能地管理好顾客的资产。当然，这位投资经理只是对市场采取了在持仓时能采取的最厌恶风险的态度，而顾客只要求投资回报。说得更确切一些，这名顾客现在认为，这样的回报率随手可得。这种情况预示着"买入并持有"的心态已初露端倪，也意味着一种交易策略的衰退，并且说明有更多的人真的开始相信这个长期故事了。

建仓者中流行的策略将由"逢高卖出"转变成"逢低买入"。只要相关的投资工具仍然处在一个需求主导的环境中，"逢低买入"就是最成功的策略。即使在价格下跌后通过买入来表达信心并且因随后的反弹而有所收获，也是支持牛市假设的强有力的举措。

现在的价格与回跌底部的价格相比已有显著上涨。一些最冷静、贪婪和富有远见的价值投资者往往早已在做多并且看到了市场潜力，现在会认为相对于基本面所能证明的，市场已经变得太贵，而且已经超涨。他们往往会减仓甚或清仓。他们的理性就来自他们之前见证过所有这一切的经历。否则，结局会很惨。他们希望在看到悲惨的结局前远离是非之地。对于这些人来说，问题在于，他们总想当然地认为自己知道市场最终会在哪里筑顶。事实上，没人能够知道。

让我们以一家像麦当劳这样具有全球重要性的消费导向型公司为例来加以说明。

麦当劳公司股价在 1999 年达到最高位，2002 年跌到了 30 美元附近，然后又于 2003 年跌掉了一半多(跌到了 13 美元)(见图 6－5)。接着，股价进入一个

图 6－5　1992～2013 年麦当劳公司股票价格走势(纽约证券交易所)

令人印象深刻的上升通道，从默默无闻发展到居于相对强势并产生绝对收益的领涨者地位。在一个投资者已经在开发新发现的收益点的市场上，麦当劳公司是为数很少的至少25年来每年增派股息的公司之一。标准普尔公司专门为这些公司的股票编制了一个指数，并且把这些公司称为“派息大户”。在新生中产阶级的购买力成为越来越重要的经济增长决定因素的全球经济中，麦当劳公司处于理想的成长位置，实施了规范治理，并且保持了持续稳定的股价走势。2008年信贷危机期间，麦当劳公司的股票只是停滞不涨而已，并且在2011年欧元区债务危机时期表现出较高的免疫力。2008年危机过后，该公司的股票经历了一系列盘整，形成了一个逐步向上的过程，并且重新回到了有节律的上升通道。突破这个过程是开始质疑下一轮上升趋势潜力的最起码条件。

(3)欣快(异想天开的合理化与荒诞不经的预测)

请读者试想一种制胜策略要受到多少质疑。在任何组织，当一种营销策略发挥作用、一种新产品获得巨大成功，或者一种生产方法具有效率时，我们往往不急于改变它们，最多考虑做一些外围的调整，以便攫取更多的利润，但不会产生信心危机和质疑基本方法。根据笔者的经验，常常是那些有助于推动公司收入增长的员工会被作为足智多谋的典范获得支持，他们的事迹会被作为其他员工应该追求的目标来宣传，并且还会被用来广泛批判效率明显不高的旧方法。

金融市场也并无不同。

深度的熊市会耗尽对某种资产类别的需求，但随着新一轮牛市的启动，价格必然会上涨，投资者开始谨慎建仓。随着这种策略被认为有用，投资收益就会增加，而自鸣得意感会激发参与牛市的智力、信心和勇气。不过，真正的大牛市(较少出现)会添加另一些心理维度，因为它们似乎有了自己的生命。

牛市观令人鼓舞，足以像磁铁那样吸引投资者的需求。于是，就会出现一个重要的悖论。大众都会有这样一种简单的想法：牛市将改变世界，同时大幅增加每个做多者的财富。如果大众愿意理性思考，那么他们就会接受为了实现利润必须卖掉手中筹码的观点。但是，只要价格继续上涨，大多数投资者会把如何卖出的问题排在需要考虑的问题的最后。任何冷静观察市场的人都能看到价格正在越来越脱离实际，但这并没有引起大家的注意。只要价格继续走高，就没人会去质疑一种高度成功的策略，而投资者就会继续把更多的资金砸入市场。

群体形成的各种特征，如前面讨论过的责任感下降和易被感染等，在牛市的后期阶段就会变得显而易见。每个大牛市都有相信简单想法、接受巨大悖论、追求梦想或者轻信承诺，不信事实而只愿听信噪音最响、口气最大的人炫耀自己如何做多等群体特点。(与市场位于底部时表现出来的群体特点正好相反。)

事实上，大牛市中的某种资产类别能够持续吸引越来越多的买家，尽管它们的价格越来越背离其基本面价值所能表达的水平。群体能够采取远远超越可被证明是合理的行动，忽视简单的常识性规则，并且促成越来越明确的关于市场为何一路上涨的辩解。

那么，这时到底谁在买入(而不只是持有)呢？那些已经加入多方阵营的人可能在贪欲的作用下会更多地买入，采用更高的杠杆比率，并且试图通过奉行一种所谓的成功策略来赚更多的钱。那些还没有买入的人担心错过一个能改变人生的赚钱机会。牛市有很多乐趣，资本充盈，并且一切皆有可能，所以，对风险的感知会变得迟钝。那些没有参与进来的人会被视为傻瓜，不过他们至少也会悄悄光顾。

人是社会性动物。无论我们多么想成为持不同意见者，但很少有人愿意去质疑大多数人的意见。在市场上，能赚钱就是正确的。有人可能会用"人们正在铤而走险"的学术观点来安慰自己。但是，就如我们在富勒投资网站上所说的那样，"一种稳定的趋势就是一种已经形成的趋势"。它会一直持续下去，直到出现停止的原因为止。人们会踏着牛市的足迹继续前行，直到出现某种改变牛市轨迹的因素。在发生这种情况之前，赚取潜在超额利润的诱惑足以吸引越来越多的资金。

新的买家会参与一个值得关注的转换过程，他们必然会不顾之前阻止其买入和接受牛市故事的原因，并且相信自己不是处在一波非同寻常的上涨行情的结束阶段，这波行情还会走得更远。关于价格随后将走向哪里的预测必然是远远高于当前的水平，对于逆向投资者来说，这可能就是一个牛市正在接近尾声的信号。但是，新的买家和其他任何做多的人都会崇拜任何大胆预言的人，因为这才是他们希望听到的话。

从众心理的另一个值得关注的方面，就是大众对某个想充当大众领头人的

人的反应。关于这个问题,弗洛伊德曾经说过:

“人群就像离开头羊就没法生存的温顺羊群。他们那么渴望顺从,以至于心甘情愿地把自己交给某个自诩的领头人。这样一来,群体的需要有一半是为了迎合领头人,但是,领头人也必须在个人素质方面满足群体的需要。为了唤醒群体的信仰,他自己必须迷恋于某个(对某种思想的)坚定的信念。他必须有坚强且令人振奋的意志,这样,一个没有自己意志的群体才能接受他的意志。”

群体情绪的化身

领导是一个在政治、军事和宗教领域比较相似的概念。在金融市场上,它又多了一点微妙性,特别是在个人分析师、交易员、投资经理、记者、专栏作家、评论员、电视主持人等正在争相吸引尽可能多注意力的牛市后期阶段。他们中的每一个人都想争当最大牛市的代言人。他们不会表现出丝毫的谨慎,常常利用非常高的杠杆比率或者最大限度地赢得更多的市场份额、利润或观众。所谓的“各自领域的专家”在群体的支配下表现出来的各种最慢性症状,通常不会出现在个人投资者身上。以上整个过程实际上有助于巩固业已占据主导地位的牛市假设,并且吸引更多的新买家。

对于基金经理来说,不参与大牛市,同样要承担巨大的职业生涯风险。他们会发现很难跑赢其基准,并且必须向缺乏同情心的大众解释自己没有做多的原因。一旦大众了解了这些持反对意见的人,也只是停止对他们嘲笑。投资者倾向于支持懂得这些“新市场”的基金经理,即便这就意味着基金经理准备把谨慎抛在脑后,并且主动进行杠杆投资。

与此同时,那些早已卖掉手中筹码的人要面临重新杀回市场的巨大压力。他们看到但低估了市场潜力,如果他们想赶上竞争对手的业绩,现在就必须持有更大的仓位。他们不得不承认理应持有手中的筹码,做出卖掉的决定不合时宜。所以,他们在未来更不愿卖掉手中的筹码,原因就是,他们曾经因卖掉手中筹码而受到了惩罚。

确实,也有人把市场看作恶魔,它一心想把谨慎的投资者卷入投资泡沫,以便侵吞他们辛苦积攒的储蓄。但事实是,群体心理具有强大的吸引力,群体会展示其有很多人欣赏的特点。群体是强大、公正的,居于支配个人的地位,并且会显示同侪压力——使得个人更容易放弃自主性，并且任由利好因素冲昏头脑。在牛市鼎盛时期，情况就是如此：人人盼望做多已久，群体感觉自己最强大的时候也是群体最固执的时候。

然而，世界上再坚挺的市场，一旦需求得到满足，就可能在一夜之间变成最疲软的市场。从逻辑上讲，一旦人人都已满仓，那么剩下的就是潜在的卖家。

梦想真会成真？

只要有买家存在，价格就会继续上涨，而且这种状况持续的时间可能比大多数人认为的时间还要长许多。如果有人在 2000 年说，金价能涨 10 年，那么一定会被人嘲笑得无地自容。在笔者写这本书的时候(2013 年年中)，情况已经完全不同了，那些坚定的看多者正在出示需求已经饱和的证据。美国国库券收益从 1998 年起一路走低，而且一场关于持续 33 年的牛市是否已经结束的争论正进行得如火如荼。日本股市自 1989 年冲顶以来一直处于长期的熊市之中。虽然这轮长期熊市曾经被一些令人印象深刻的周期性上升趋势所打断，但直到 2012 年，总体趋势仍偏向于表现不佳。日本政府现在正全力以赴要打破通货紧缩周期。无论是牛市还是熊市，两者都能创造绝好的赢利机会，但读者一定要牢记，尤其是在别人忘记的时候，长期熊市后面肯定会出现一轮长期牛市，而且没有永远上涨的市场，这一切就像夜去昼来那样千真万确。

有时候，想买的人都已经买进。中央银行采取行动提高利率，并且通常会降低银根宽松程度，这是股市达到顶点的预兆，而且这种情况的出现会使我相信，说不断上升的利率比其他任何东西更能扼杀牛市，毫不为过。原油价格大幅加速上扬能够产生相同的影响效应，因为它会像一种消费税那样产生作用。

以上讨论的这些因素——毫不犹豫地坚持牛市的假设、凭空想象的预测、股票供给的不断增加、短期利率的不断提高以及能源价格高企——的影响效应，在加拿大萨斯喀彻温钾肥公司(Potash Corp. of Saskatchewan)的例子中一览无遗，这家公司的股价在不到 2 年的时间里从不到 50 加元上涨到了 250 加元(见图 6—6)。在这个例子中，激励投资者的故事是世界粮食正在耗尽。这家公司主导生产的化肥为提高谷物产量所必需。低收入、多人口国家经常因食品短缺而发生骚乱，人们开始相信钾肥价格只会朝着一个方向变动。回顾过去，我们可以认为，农民没有如此雄厚的财力来负担这种肥料如此昂贵的价格。化肥价格飙升与利率和油价上涨一起推助了需求的减少。然而，随着价格加速上涨，该行业吸纳了来自世界各地的新资金，而投资者们都在寻求一种能够规避正在影响全球经济并且已经能被感觉到的通货膨胀威胁的安全工具。

图 6－6　1999～2008 年加拿大萨斯喀彻温钾肥公司股票价格走势
（多伦多证券交易所和纽约证券交易所）

（4）转折点（前后倒置）

主要的顶部和底部是另一个重要话题，但从心理感知阶段来看，标志着牛市最后阶段的欣快就是熊市的起始阶段。在这个阶段，大多数市场参与者根本不相信价格会跌。

市场参与者终究会因相信价格会跌而得到很好的回报。即使是关于价格为什么不能继续上涨的最理性争论，也会遇到这样的回答："很好，但我们还有几个月的时间？"或者"好的，但再给我创个新高"。这就是我们能够听到的回答。

大多数牛市反对者会被作为异教徒来对待，受到蔑视或嘲笑。正是这个原因，宗教经常被作为从众心理产生作用的例子来列举。狂热分子的狂热信仰被非常有效地移植到金融这个竞技场上，并且至少能够部分解释，投资者在市场不再有利于他们时为什么会变得好斗。

黑格尔的主奴辩证法

让我们花点时间来思考牛市如何转变为熊市和熊市如何转变为牛市的情绪

机理。这个转变过程中有很多类似于黑格尔(Hegel)在1760年发表的《精神现象学》(*Phenomenology of Spirit*)中对主奴辩证法所做的描述。黑格尔的主奴辩证模型被应用于不同的学科已有200多年,它描述了最终对换角色的支配方和顺从方之间的紧张关系。下面做一粗略的介绍。

两人争夺支配地位。为了避免相互毁灭,输家接受从属地位,而赢家则扮演主人角色。双方都必须适应彼此之间的新关系。但是,事情的进展似乎并不令人满意。尽管赢家对输家拥有统治权,但赢家因为输家提供的服务而变得越来越依赖输家。如果得不到输家(奴隶)的承认,赢家这个主人什么都不能主宰。随着奴隶不断改造自然生产产品供主人享用,并且看到自己的作用在自己的创造物上得到了体现,奴隶的被奴役地位正在逐步得到改善。奴隶作为唯一一个有能力养活自己的人,赢得了更大的控制权和支配权。就这样,双方最终进行了角色对换。

黑格尔辩证法的最后推导结果会达到双方作为个体存在的程度。但是,金融市场不会出现这种情况,因为在金融市场上,每个买家必有一个卖家对应。也就是说,在持久存在的市场上,新一轮牛市必然会像凤凰涅槃一样从上一轮熊市的废墟上获得重生。看似全能的牛市,就像因飞得太高而跌回地球的伊卡鲁斯(Icarns)那样坠地身亡。

这时的风险感知绝不会低于市场筑顶时的风险感知。一种策略被视为能够制胜可能已有多年,而所有怀疑这种策略的人都已经被证明是错误的,但这种情况不可能永远持续下去。尽管空方明显无力回天,但他们的影响其实在不断增强,而不断增多的多方则都是潜在的卖家。

很少有人能成功地在市场位于顶部时卖出。一旦大家都认定市场已经达到顶部,那些曾因有先见之明而成名的人等到价格上涨时常会被作为怪人抛弃。现在,他们在新生的空方阵营中扮演着领导角色,因为他们代表着市场人气。

当牛市结束时,大多数人不愿接受好时光就此离他们而去这个事实。就像在日常生活中,人们面对一种具有挑战性的情景会做出不同的反应。有些人会设法直接面对并卖出手中的筹码,这些人往往不是做事非常认真就是很少受到群体情绪的影响,很多人则希望推迟到以后某天再做卖出的决策。没人愿意清仓,仅仅是为了看到新的高点并且希望新的高点能够持续。所以,他们怀着“行情会变的”希望观望和等待。但是,在顶部附近,拖延是一种冒险策略。在日常生活中，有多少人会把今天实际能做完的事放到明天去做？有多少人要等到最后一刻才动笔写论文，临近考试时才开始复习或者准备方案，而其实他们在被迫行动前有充足的时间去从容完成这些工作？或者，请想想那些拖欠信用卡欠款不还的人。有多少人不愿拆看信用卡账单？他们知道欠款可能很大，但直到他们看到眼前的白纸黑字时仍有一种虚幻的感觉。他们知道欠款利息会不断增加，但他们就是拖欠不还，直到不能再拖为止。在金融市场上，拖延几乎要以相同的方式付出代价。那些对于投资有点多愁善感的人常常不急于卖掉手中的筹码，因为他们希望市场能带来不确定的好处，就像他们希望给自己所爱的人带来惊喜一样。

当一轮牛市结束时，即使是那些在止损和资金控制方面很有一套的人，也会因控制不住情绪而过早回购。他们没有惨痛的经历，并且在比较接近顶部的价位上全身退出。他们会继续观察市场，而不是忘记这个市场去寻找新的猎物。通常，当市场下跌时，他们会密切关注并且发现自己坚持的牛市观，除了价格有所下跌外，大部分仍然有效。所以，他们认为这肯定是一个买入机会，并且开始了再次投资。那些自负或傲慢的人会投入更多的资金，因为他们想比上一次赚更多的钱。他们常常最终会把自己赚的钱大部分都投进去。用群体心理学的话来说，他们仍然强烈认同相关的投资工具，但没能明白他们所属的投资群体已经丧失了内聚力。

所有这些人都不会相信一切真的变了。不管出于什么原因，是决策拖拉还是否认令人信服的证据并且断定这只不过是市场再次飙升前的暂时下挫，他们没有卖掉手中的筹码。

以过度自信和欣快为特征的牛市心理感知第三阶段的结束，总是意味着下一轮熊市的开始，因为熊市情绪也一样可以很容易地被解释为无知和傲慢。随着新一轮熊市的开始，空方开始赚钱，他们的假设赢得了信任，一批志同道合的人开始结成群体，而最坚定的牛市假设追随者这时还在否认熊市，或者开始对价格走势做理性解释，以便使价格走势符合他们所宠爱的理论。

下面让我们以苹果公司为例来加以说明。

也许从未出现过苹果公司这样的股价走势(见图 6－7)。苹果公司在史蒂夫·乔布斯(Steve Jobs)的领导下彻底革新了音乐、手机和个人电脑市场。该公司每种新产品投入市场后的增长轨迹甚至都超越了大多数分析师的最乐观预期。大批隔夜排队等候新产品发售的苹果粉丝就是对苹果公司音乐播放器(iPod)、手机(iPhone)、平板电脑(iPad)和一体机(iMac)品牌的最权威赞许，但主要是产品质量和使用便利的证明。随着苹果公司股票从 2004 年的相对默默无闻到 2012 年变成史上市值最大的股票，那些投资于苹果公司股票的人获得了丰厚的回报。

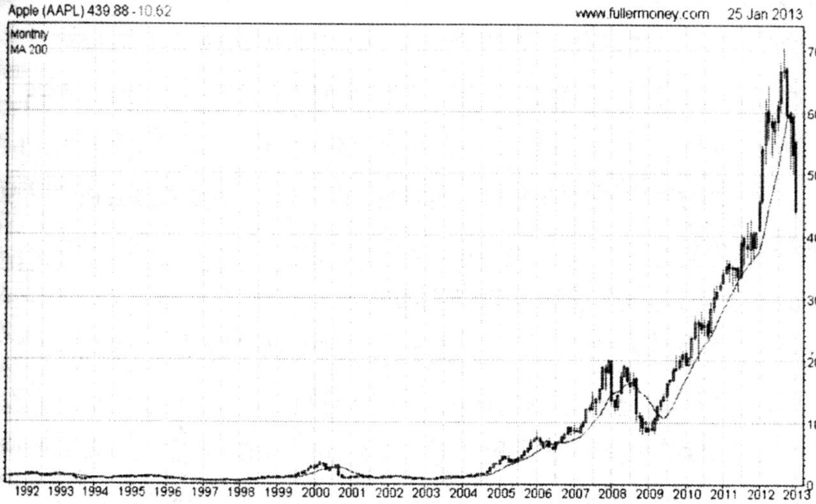

图 6—7　1992～2013 年苹果公司股价走势

当苹果公司股价刚撤离在上升通道中首次达到的 600 美元区域，并且很多市场专家声称苹果股价年内将涨到1 000美元时，笔者正在旧金山的“图表研讨班”讲课。当时，没人愿意承认苹果股价越来越有超涨之嫌，至少回归均值的可能性在不断增大。苹果公司资产负债表的稳健状况、其产品取得的成功，公司在手机、音乐播放器和平板电脑市场上占据的主导地位以及公司巨大的现金储备，合理地说明了该公司股票价格的走势。

苹果公司的股价从 2009～2012 年初一路持续稳定走高，一波高过一波的盘整走势后来变成了更加活跃的上升趋势。投资者竞相买入并持有该公司股票等待股价继续飙升。2012 年 4 月，苹果公司的股价经历了一次 5 年多来的最大下挫，在 5 月找到了支撑点并且反弹到了 700 美元，但没能守住，很快回到了跌破回调低点逐步上涨的格局，并且经历了实质性的较大幅度的调整。

至少，苹果公司的技术出现了退化，市场对它的信心已经动摇，两者都需要时间来修复。

(5)接受[“转眼回到现实/噢,是重力……”——埃米纳姆(Eminem)]

当价格上涨时,养老基金或共同基金投资委员会不会召开会议;投资业务一旦受到影响,投资委员会就会召开紧急会议。当出现这种情况时,你可以想象会议讨论的内容。有些与会者会对价格走势做出合理的解释:“是的,价格已经走得太远、太快。所以,我们会看到某种创出新高前的整理。”另一些与会者会表示不同意见:“实际上,基本面已经发生变化,价格上涨增加了供给,而需求已经在减少。所以,价格会回落。”在开过这样的会议以后,至少有些基金会在情况变得比较明朗前停止买入。一旦大机构停止买入,市场就失去了一个重要的新需求来源,这也意味着别人会介入并取代它们。

散户投资者通常会扮演填补机构投资者撤走后留下的空缺的角色。他们往往要用更多的时间才能听到宏大的投资故事,他们也代表着一个此前从来没有亲身经历过大牛市的重要群体,因此不大可能提前卖出。然而,当大玩家停止买入并且开始减仓时,短期内价格再创并守住新高的可能性就极其有限。

价格第一次大跌会动摇多方的信心,并且提升突然开始赚钱的空方的形象。然而,大多数在牛市某段时间里做多的人仍有相当可观的账面利润。经历价格大跌就类似于碰上一次意外的停市措施,市场震荡多少会动摇他们的信心,但不可能造成永久性伤害。在价格日复一日、周复一周地走高时,或者在我们发现投资赚钱比正常工作快时,很多人,包括笔者本人,就会想着如何花钱,也许是买一辆新车、一艘新游艇甚或在阳光充沛的地方再购置一栋度假别墅。但是,当我们的投资组合受到第一轮大冲击时,我们就开始质疑这些梦想能否成真,有些人可能还不准备马上放弃这些梦想。但是,一旦有充分多的人变得比较谨慎,就会导致多方的能量由增强变为减弱。

这时还会有很多人不愿承认市道已经发生了变化,并且还在继续买入。然而,如果市场已经实际触顶,那么他们就不可能把市场推到一个重要的新高。一旦价格开始下跌,空方的形象就会随着多方开始经历利润流失而不断提升。投资者开始不再考虑下一次什么时候买入,而是考虑如何保本。利润流失总是令人讨厌,说得婉转点,会对投资者的情绪产生不利的影响。如果仍有利润可赚,有些人也许还会持仓观望一段时间。但随着利润连续几日或者几周不断摊薄，情况就会变得越来越紧迫。利润流失会令您夜不能寐，使投资者觉得市场已经“发疯”。（请注意，市场似乎只有在不利于我们时才会“发疯”。）无能为力、困惑不解和面临威胁等感觉会纷至沓来，市场似乎故意在和我们作对。当压力变得太大时，最简单的解决方法就是抛弃原来的牛市假设，采纳新的熊市观并卖掉手中的筹码。但是，出于情绪的原因，而不是技术原因，卖掉手中筹码是一种冒险策略。

随着市场的恶化，多方要经历从恐惧到希望的种种不同情绪，自信与价格会恢复上涨的乐观情绪一样受到严重打击。因此，即使没有回报，投资者也会在相对有利的价位上清仓。随着投资本金开始损失，恐惧情绪会迅速加剧。我们每个人都有所谓的情感资本储备，它能帮助我们应对进行投资尤其是杠杆投资的压力。当一切顺利时，我们对自身能力的信心就会增强，有时会增强到不应有的冒险地步。当利润流失时，我们的情感资本储备会持续减少。一旦我们的策略被证明是完全错误的，空方会强烈指责为什么会有看多的傻瓜。一旦市场最终表现出触底的迹象，我们有情感资本（暂且不说资金）建立新仓的可能性也会下降，因为我们还没有忘记上次发生的事情。

金融犯罪与大众情绪

“退潮以前无法知道谁在裸泳。”

——沃伦·巴菲特

大多数牛市的结束会导致一些不可告人的勾当真相大白。事后，我们总感到不可思议，自己怎么就没有发现这些犯罪行径呢？安然公司、伯尼·麦道夫(Bernie Madoff)和许多金融机构提供了几乎在每个大熊市中遭到惩罚的例子。潜在的罪犯总是利用宽松的信贷便利和受托责任感的下降来进行自我粉饰，以隐匿自己的罪恶商业勾当。当一轮牛市结束时，以上援引的沃伦·巴菲特的话一定是正确的。一旦信贷条件收紧，那些依赖宽松信贷和监管的人就会遭殃，而投资者因为他们蒙受了经济损失而开始寻找并声讨罪魁祸首。如果你寻找得充分仔细，那么就能发现几乎每次牛市过后都有金融欺诈浮出水面，因为每次牛市都会出现至少在一段时间里带来回报的犯罪条件，这些条件被证明对于某些人具有不可抵挡的诱惑。

一旦罪行败露，相关消息就会对大众情绪产生实质性的影响。空方会自鸣得意，并且会谴责罪犯并设问怎么会有人蠢到相信他们的谎言；而坚定的多方则看到了牛市假设存在重大漏洞的确凿证据。这时，大家都在担心，说不定有更多的罪行会败露，并且会进一步损害每个人手中的投资头寸。于是，他们又多了一个卖掉手中筹码的理由。

空方的步调

市场下跌常常快于上涨。从群体心理的角度看，这是因为一个投资题材需要时间才能赢得大量的追随者，而群体的扩大取决于新追随者的不断加入。一旦没有新追随者加入，形势很快就会发生逆转，因为人们发现像凝胶一样把参与者凝聚在一起的某个题材其实不值得信任。有很多名言说的就是这种情形，“信任像橡树那样生长，但像橡子那样坠落”，“树立声誉 20 载，毁它只需 5 分钟”。价格下跌，利润流失，明白乌托邦的未来观是错误的，揭露某些牛市英雄其实是骗人的罪犯，曾经是媒体宠儿的狂热者居然也幻想破灭，恐惧、压力和失望，所有这一切在合力增加卖家的人数。在熊市心理感知的第二阶段，多方人数在减少，而空方不但人数在增加，而且变得更加自信。

随着价格的下跌，市场人气也会不断下降，媒体会去寻找能够解释价格走势的基金经理和评论员来说明原因，而基金经理和评论员自然会偏向于那些最悲观人士的熊市观。于是，这些人因有既得利益而倾向于描绘最可怕的世界末日图景，因为他们常能从下跌行情中赚钱，并且还希望能持续这么做。空方阵营会继续招纳新的信徒，那些做空的人开始在做杠杆投资，而那些已经卖掉手中筹码、现在持有现金的人通常会按兵不动，因为他们感到风险太大。因此，那些手持现金的人减少了市场需求，并且正在帮助熊市观占据主导地位。

那些试图抄底的人因此而变得非常谨慎，“空手接落刀”的比喻通常就是用来描述这种情景的。随着风险感知的增强，投资者比在价格上涨时更可能动用止损机制，因为他们担心失去潜在的利润。一旦有人认为自己面临高风险，就会根据自己的风险感知来调整持仓规模，所以，即使仍有买家还在买入，也会坚持少量买入。随着投机兴趣的消失以及杠杆投资的退出，这种对待风险的态度会导致市场进一步收缩。到了下跌行情的心理感知第二阶段，就会出现一个人人都感觉到市场疲软的过程。

"有序下跌"

阿斯利康公司(AstraZeneca)就是一个股价以一种比较稳定的方式持续下跌的例子。这家公司的股票价格没有像很多金融股在2008年信贷危机期间那样以跌落悬崖的方式急剧下挫,至少部分是因为其稳定的现金流和可靠的收益率。

在2007年末很短的一段时间里,阿斯利康公司的股价从3 500点的峰值上大幅回调,并且跌到了2 800点左右,但在随后半年的大部分时间里基本稳定在这个水平附近(见图6—8)。这是在该股持续20个月的上升趋势中出现的最大回调。这是一个明确的警示:需求主导地位有所削弱,并且可能触发很多止损盘。在这个持续20个月的上升趋势中买入该公司股票的买家可能已经揣着高额利润全身退出,即使是那些因没有做杠杆投资遭遇亏损的买家,也不可能让自己的投资本金持续蒙受严重损失。

图6—8 2003~2008年阿斯利康公司(伦敦证券交易所、纽约证券交易所)股票价格走势

由于该股几乎盘整了半年,因此,那些寻求逢低买入的人或者那些伺机利用大幅回调加仓的人可能又受诱惑,认为市场已经企稳。然而,尽管这是一种利用上升趋势的制胜策略,但供求双方的力量对比关系已经发生了变化。卖家现在占据了上风,并且正在为他们的"事业"争取追随者。

从 2006 年 12 月起,阿斯利康公司的股价已经不像在上升趋势中总能上涨那样持续突破盘整。2007 年 5 月股价结束 6 个月的盘整后出现的下挫有助于证实熊市假设。那些手中仍持有多仓的人不是继续忍受与利润流失联系在一起的负面结果,就是蒙受亏损。随着越来越多的投资者决定卖掉手中的筹码以及卖空者加仓,股价下跌不断加速。这时,越来越多的人会承认,情况确实发生了变化,而且会变得更加糟糕。

阿斯利康公司是一家制药和健康护理品大公司,源源不断的现金流增强了它的防御能力,特别是在集中表现为信贷荒的危机时期。这一点至少能够部分解释,阿斯利康公司与那些更加依赖廉价信贷推动其商业模式的公司相比,其股价下跌比较有序,并且也为该公司股价于 2009 年开始反弹做出了贡献。

突然下跌

瑞士斯特拉塔公司(Xstrata)提供了一个依靠廉价信贷推动扩展的例子。

瑞士斯特拉塔公司曾经因为利用廉价信贷大量收购、实施快速扩展而获得了巨大的利益,特别是在煤炭业和锌业积聚了大量的令人印象深刻的资产,其股价从 2005 年接近 500 点反弹涨到了 2008 年年中接近2 500点的峰值(见图 6—9)。但是,随着该公司赖以支持其商业模式的信贷逐渐枯竭,有人开始怀疑该公司是否有能力守住其收购来的各种不同资产。于是,该公司的股价迅速下跌。

图 6—9 2004～2009 年瑞士斯特拉塔公司(伦敦证券交易所和瑞士证券交易所)股票价格走势

瑞士斯特拉塔公司提供了一个凝聚在似乎能够挑战机会、大胆果敢的管理团队周围的多头群体如何无序解体的例子。该公司在一个相对较短的时期里从相对默默无闻一跃成为世界第五大矿产商，但它的股价最终没能守住2 000点，并且一路下跌，迫使多头群体迅速做出决定。与发现阿斯利康公司陷入困境相比，投资者以更快的速度意识到斯特拉塔公司陷入了困境。到 2008 年底股票价格触底时，该公司的生存问题又引起了人们的关注，很多人甚至怀疑它能否复苏。这个例子说明熊市的第二个心理感知阶段相当短，因为人们的情绪在很短的时间里很快就从相对乐观变成了消沉低迷。

(6)情绪低迷(“我真的无法忍受”)

随着亏损的具体化，随着投资者明白自己已经成为牛市群体强大影响的受害者，并且做出了一系列投资决策昏着，他们的情绪就会变得低迷。他们可能在股价上涨时买得太多，而在股价下跌时就卖不出去，并且无视那些现在大受媒体称赞的比较谨慎的权威人士提出或者通常让位于欺骗大众的谎言的警示。有些人会接受对他们行为的谴责，并且采取旨在避免重蹈覆辙的策略；而另一些人会埋怨市场并发誓再不投资，或者出于想看到市场因导致无辜投资者遭受惨重损失而受到惩罚的报复心理而加入了大肆宣传市场还会下跌的人的行列。

在股市跌到了 2008 年 10 月低点以后，笔者收到了很多富勒投资网站订户的电子邮件。他们在邮件中表示，虽然他们能够接受市场接近底部的观点，但压力实在太大，他们不得不卖掉手中的筹码。用行为学的术语来讲，这就是所谓的“停止抵抗”，因为最后一些坚持者也开始认输，并出清多仓。输掉很大比例的投资本金当然会令人不快，人们往往会选择在某个不利的价位上出货，而不是选择持有更长的时间，因为他们不愿为了损失或许会减少这个渺茫的希望而承受潜在损失增大的压力。因此，市场正在筑底的一个信号就是，那些持有牛市存货的人的希望开始破灭。那些不管周围的人都在出货仍在下跌行情中“死扛”的人，最终也放弃了市场总会回暖的希望。当然，在供求方程的另一端，一些价值投资者和逆向投资者正在构建多仓并且积蓄筹码，以帮助供求双方在底部附近恢复平衡关系。

胆量比试与价格走势

不仅卖家会采取这样的态度，由于市场如此毁灭性地恶化，因此，很多曾经做多并且没能卖掉手中筹码的人也会采取与卖家完全相同的态度。那些在下跌趋势中卖掉了手中筹码的人，会在心理上接受价格已经背离合理水平的想法。空方将会胜出，并且预示着我们所熟悉的市道的结束。

总有一些人喜欢预期最坏的可能结果。在音乐家沃特·德·巴克尔(Wouter de Backer)的世界里，“您会沉迷于某种悲伤”。对于他们来说，那么能反映牛市特点的乐观是一个完全不同的概念。当一个明晰的熊市环境变得明白无误时，他们会适得其所，并且立刻会说，“我早就告诉过您”，价格会跌。他们会成为很多新闻报道的对象，因为他们被认为是正确的，现在又被市场现实所证明。

市场主导气氛会为大多数人认为(或至少大多数人会像他们这样认为的那样行动)的“市场会跌到零，尽管他们知道这对于大多数市场来说是实际不可能的”这个矛盾提供例证。我们大家都听说过这样的预言：“市场血流成河之时就是买入之际，即便市场上流淌的血中有您的血”，或者沃伦· 巴菲特的话——“我们只要在别人贪婪时努力使自己恐惧，而在别人恐惧时努力变得贪婪”。在一个冷静、理性的环境中，低买高卖是一种相对简单的交易方式，但当市场正在触底，并且情绪正变得难以控制时就没有那么简单。我们身上的每个神经细胞都在告诉我们“这是一个糟糕的决定”，但历史又告诉我们“在极端熊市时买入多半是一项正确的长期决策”。

在市场底部，我们将会看到市场人气与价格走势相悖的明显证据。当空方情绪继续不断大胆地降低下行目标，而价格已经实际停止下跌时，我们就面对一个空方——虽然叫得越来越响，但实际上已经精疲力竭的明确信号。这正是逆向投资者做多求之不得的格局。这种格局清晰地说明，供方已开始精疲力竭，只留下了一些在场外袖手旁观的潜在买家，那些最终需要补仓的人也代表着一个潜在需求的有效来源。

错误的教训

我们总想从错误中吸取教训，在金融市场经历了导致我们损失的大幅下挫以后,我们决心做的第一件事就是不重蹈覆辙。因此,很多人会通过做本应在上一个市场周期就已做完的事情,去接近市场底部和牛市的第一阶段。一些在市场大跌后赔了钱的人会希望自己在市场"牛气冲天"时已经停止买入,或者已经采取一系列严格的止损措施保护自己的利润。而且,他们会断然拒绝在市场达到峰值后出现的第一波反弹行情中进行回补。

然而,当市场位于底部时,以上行为意味着对市场采取过分谨慎的态度。这样的投资者手中持有太少的筹码,或者把止损点设在了离他们的成交价太接近的价位上,并且在市场刚开始反弹时就卖掉了手中的筹码。结果,他们由于吸取了市场下跌时如何受到伤害的教训,因此在面对市场上涨时事事都做错。很多人采用与新市场环境的实际风险状况完全不相称的投资策略。吸取教训的一个重要方面就是应该学会如何实际应用。

复苏形态

在大熊市衰退后,随后的复苏形态取决于很多因素。货币政策、经济刺激措施、(无论是股票、债券、商品还是货币市场上的)产品需求等都是合理的相关因素。底部形成过程的发展,就像市场供给扩大、市场估价再次变得有吸引力、能够鼓舞投资者的新牛市题材自行出现一样,都需要很多时间。每个市场周期都会经历群体从解体到被接受再到作用被高估以及从作用被低估到被接受再到情绪消沉的过程,利用价格走势图可以轻而易举地观察到这个周而复始的过程。

在 2008 年危机爆发前,花旗集团(Citigroup)的股票被很多投资者看作蓝筹股中的蓝筹股。该集团的股票在 2007 年前的几年里取得了 3%～4%的有竞争力的收益率,而在之前从 2003 年起始的短时期里跑赢了标准普尔 500 指数。该集团的股票被认为是一种慢热、安全的投资工具。花旗集团在私底下举借了大量的廉价信贷。当它以高负债率大举进军房地产市场时,该集团在过去儿童聚会最喜欢玩的"传包儿"游戏式的金融反常中,以问题抵押贷款安排、抵押贷款证券化和把抵押贷款证券卖给投资者的方式,赚到了丰厚的酬金。2007 年 7 月 10 日的《金融时报》援引了花旗集团前首席执行官查克·普林斯(Chuck Prince)的话说:"音乐停止时,流动性方面的情况会变得更加复杂。但只要音乐响起,您就必须站起来跳舞。我们仍然在不停跳舞。"

但是,音乐于 2008 年戛然而止。而且,要是没有政府干预和执行不良资产救助计划，花旗集团也许已经不复存在，并且会拖累美国很大一部分经济。

当花旗集团股价从 2009 年初开始触底时(见图 6－10)，看空的时事评论员们正在预测将会出现比 20 世纪 30 年代更加惨烈的经济萧条。对于那些抄底投资于花旗集团股票的投资者来说，他们肯定有这样的感觉。然而，不良资产救助计划也把花旗集团问题视为具有全局性影响的重要问题，因此是不能让它消失的。事实上，您可以合理预期它还能生存一段时间。但由于股价下跌太深，因此，没人相信接近 50 美元的高点将会重新出现。笔者就这个问题与很多人交换过意见，他们都认为，花旗股票的历史应该会重现，因为该公司现在所面对的现实与危机爆发前的情况没有任何关系。

图 6－10　2003～2013 年花旗集团(纽约证券交易所)股票价格走势(算术标尺)

从图形来看，这样的股票可能更加适用对数标尺而不是算术标尺来标示。图 6－11 更好地反映了花旗公司股票价格自 2009 年出现低点以来用百分比表示的波动状况。

随着花旗公司股票价格从 1 美元开始反弹，投资者又受诱惑重新杀回市场，而且少数人利用空头回补赚到了相当多的利润。他们是交易者，其中的大多数人可能并不是为了长期持有而买入，他们一直在寻找机会实现利润，而不是持有它们。投资者对花旗公司股票采取买入并持有策略的稳妥性已经失去了信心。很多人持有大量的股票伺机借反弹出货，而那些表现最活跃的人都是交易者。如果有人想表达真正看好美国经济和银行业前景的观点，那么可能有也许比花

图 6—11 2003～2013 年花旗集团(纽约证券交易所)股票价格走势(对数标尺)

旗集团更好的机会可以利用，这就意味着介入花旗股票交易的兴趣可能会随着其底部扩展和参与者消散而淡薄。

结论

对大牛市和大熊市的不同心理感知阶段为我们开启了一扇解释投资者行为以及大众情绪状况如何影响其决策和意愿的窗户。

一旦掌握了这方面的知识，我们就能构建自己的投资策略，从而在别人几乎都在集中关注其他市场的时候就开始做多，等别人回过神来接受我们的想法时就采取趋势跟踪策略，并且在别人的想象力被繁荣所迷惑时仍保持原策略不变。

随着市场的恶化，不同的心理感知阶段就会凸显：不轻易改变策略在某种主要趋势让位于对立趋势的过程中有多么重要，空头多么有可能有利可图，何时应该意识到无论市场人气多么低迷只有很少的投资工具会跌到零。

第七章　过去的支撑点(或阻力点)如何变成未来的阻力点(或支撑点)

本章内容提要

- 简单地说,价格总是呈现某种趋势或者在盘整蓄势。虽然呈现趋势阶段令人兴奋,但要花时间考虑,什么因素会导致价格转入盘整以及这种转变会对市场人气产生什么影响。
- 由于盘整相对于呈现趋势阶段比较令人厌烦,因此,市场震荡时间越长,关于突破可能性的预期就越有可能恶化。
- 有5种情绪通常会伴随对盘整的突破,它们是恐惧、愤怒、自责、希望和震惊。
- 过去的支撑点如何变成未来的阻力点?过去的阻力点又如何变为未来的支撑点?

想要让一轮大牛市或者大熊市得到发展,必须存在对创造或者改变供给和需求因素的不同看法失衡。这种失衡通常是因为回应驱动牛市或熊市的经济基本面变化而出现的。不管怎样,即便是趋势已持续多年的市场,也需要大量的时间来盘整。当供给和需求暂时恢复平衡时,盘整具有重要意义。只要还没有具备突破趋势的必要条件,盘整就会继续。其间,盘整的持续时间、波幅和振幅会迫使投资者重新关注短期。盘整持续时间越长,对投资者感知(和精气神)的影响就越大。

一旦市场出现盘整倾向,至少有必要花一点时间——从投资者行为和心理两个方面——来考虑,是什么因素把价格锁定在一个完全横向整理的通道中。此时有必要注意主要趋势内部的盘整与持续很长时间的盘整市之间的区别,后者可能是投资者缺乏投资兴趣的反映,并且通常与漫长的底部形成过程联系在一起。

在一个呈现出主要趋势的市场上,价格波动轨迹会被反映供求暂时恢复平衡的临时性盘整所中断。这样的盘整在规模、持续时间和波幅方面的稳定性,是满足主要趋势稳定性的一个关键分量,而主要趋势稳定性则是我们构建市场分析框架的依据。

这种盘整与底部形成过程不同,在底部形成过程中,由于缺乏兴趣点,一个引人注目的题材或者基本面要素和充足的总供给能够合并,导致价格进入漫长的盘整期——通常要持续几年,也可能几十年。

多年来,戴维 · 富勒以他自己的方式举例分析了供给和需求,以及投资者心理出现什么状况会导致盘整。

以下例子是在已经举办 40 多年的“图表研讨班”上讨论的部分案例,很有特点。虽然它们在这里失去了课堂讨论的效果,但笔者还是很高兴能在下面讲述这些案例。

盘整市如何形成

为了能从这个例子中获得尽可能多的教益,请设身处地(即这笔交易涉及您自己的钱)地考虑这个案例。您可以来自任何一个行业或者靠管理资金谋生,但没有什么能比您自己的钱更能使您上心。我们个人的成败显然是我们个人经历的组成部分,有助于塑造我们的心理。您赚钱时,没人与您分享;但您赔钱时,责任也自负。

当您接到一个可信赖的经纪人的电话,他向您推荐买入 X 时,您正好有钱投资。为了坚定您的投资信心,他给您讲述某个投资故事。故事听起来很令人信服,就像您最近听到的别的故事一样。

我知道,当我的钱有风险时,我必须克服一定的卖出阻力甚至猜疑。所以,虽然故事听起来很吸引人,但您需要更多的信息。但是,在您最终接受投资题材后,最重要的问题就是价格。经纪人告诉您价格在水平A上。您决定在A价位上买入……而价格开始缓慢小幅下跌。

您现在正在遭受损失。这里,行为分析过程中最重要的就是您对亏损感觉如何。每个人至少会因这笔交易的初始结果而感到有点失望。如果您一点不好的感觉都没有,那么您可能读错了书!您也许会认为"我绝不应该听从……建议,他们从不好好工作"。

不过,幸好价格开始反弹,并且站上了B价位。

现在,您的感觉如何?

好一点了?也许有点沾沾自喜?

明显好多了。这时,您又接到经纪人打来的另一个电话,他认为您应该卖掉手中的筹码。

压力剧增:您现在被要求做出决策。没人喜欢变化,我们大家都希望利好消息不断。当我们被要求做决策时,我们被迫重新关注介入的理由。一种常见的反应是推迟决策或者干脆回避决策。

在这种情况下,您或许会怀疑经纪人的动机:他为什么认为我应该卖掉手中的筹码?也许是想多赚佣金?他不能连续正确两次吧?我也许应该加仓?我是否应该接受他的卖出建议?

这时您承受的压力水平取决于您已有的经历,但也要取决于您的持仓量、您所采用的杠杆比率,或者更一般地说取决于这笔交易对您经济幸福感的重要程度。

您最近的经历将扮演一个至关重要的角色。如果大盘大致比较坚挺,而您又在大部分交易中赚了钱,那么您就更倾向于"让利润奔跑"。如果大盘变化不定,"买入并持有"受到质疑,而且账面利润稍瞬即逝,那么您就更倾向于在利润被抹去前先套现获利。

乔治·艾略特(George Eliot)在《米德镇的春天》(*Middlemarch*)中的一句绝妙的话可用来描述这种倾向:"我们的行为仍随从远方而来的我们一起去旅行,而我们的以往经历使我们成为现在的我们。"

最后,您决定,您上次已经听了经纪人的话,所以这次还是听他的。于是,您就在B价位卖掉了手中的筹码。

您会忘记这段经历吗?

笔者在很多场合曾有过类似的经历,特别是在我去度假前手中持有杠杆投资筹码时。无论在哪里或者时差如何,我肯定会关心价格,因为我需要知道价格是否回落,或者我刚刚是否卖掉了今年买入并持有的筹码!

乔治·艾略特还说过一句这里可援引的话:"愤怒和嫉妒并不比爱慕更能忍受失去自己的发泄对象。"

您对X的投资一直很好。在市场上,这就意味着这么一件事——您从中赚到了钱。所以,您不会忘记它。虽然您在X上已经没有投资,但仍有情感依恋。

X的价格开始从B回落。随着价格不断趋近于A,您的经纪人又打电话告诉您,他接到一些买单,并且问您是否想介入。您之前的买入抵触情绪有所减弱,因为您明白上次发生的事。

那么,其他市场参与者会怎么做呢?请您自问一下,第一次,这个投资工具在A这个价位上,有多少卖空者增加了自己的持仓量?不是很多。他们也记得上次发生的事。随着其他人在这个价位上开始买入,市场开始反弹,于是就吸引更多人介入,因为市场提供了第二次机会。

下次,X在B价位上,卖出的抵触情绪会有所减弱。相对而言,通过学习,现在认识有所提高。为了赚钱,我们能以A价买入X,并且以B价卖出X。

支撑这类交易环境的典型点评可能是:"这只是一轮大幅盘整行情"或者"有利就套现"。有些交易者也许会想等X的价格回落到B后再改做空头。随着X的价格不断趋近于B,那些持有多头头寸的人也开始变得谨慎起来。

下次,当X眼看就要回涨到A时,您会主动打电话给您的经纪人,而不是他打电话找您。您可能正在加仓,以便能从这轮盘整行情中有所收获。价格在A的附近找到了支撑点,并且又朝着B上行,于是,您决定卖掉手中的筹码,并且建仓做空。

这实际上就是一个巴甫洛夫所说的条件反射过程。您的行为被认为产生了预期效果,并且明显可以复制。随着价格第三次向A回调,您就会平掉空仓。您对X的价格找到支撑点并蓄势反弹的预期大幅提升。您也许觉得自己可能发现了一种可靠的赚钱方法。有些人可能甚至会任由自己的虚荣心膨胀,认为自己"对这个市场有了感觉"或者"只愿在这个市场上交易",因为他们真的了解这个市场。

随着信心的增加,您通常会扩大持仓规模,甚至可能用卖空所赚的利润来融资,以扩大下次做多的规模。当 X 第四次考验价位 A 时,您正在进行高比例融资交易。市场在 A 这个价位附近停顿了一段时间,但这已经不再令我们担心。市场普遍认为,反弹只是一个时间问题。但是……

市场突然下跌。您现在会有什么感受?这个问题的答案非常重要,因为您刚刚遭受了创伤。您在情绪上如何做出应对,这会对您如何以自己的市场地位来做出回应产生强烈的影响。

一旦发生类似的事件,我们可能会经历 5 种不同的情绪……

市场大跌时可能会引发的 5 种不同情绪

在经历了市场大跌后,我们经历的首要情绪将是极度恐惧,因我们投资而产生的恐惧、因担心葬送职业生涯而产生的恐惧、因害怕我们的行为可能对家庭幸福产生不利影响而产生的恐惧。在账面利润蒸发或者遭遇亏损后,我们会不切实际地胡思乱想,如果账面利润没有蒸发,如果没有遭遇亏损,那么自己会如何花这些钱。一笔融资投资损失有可能很快转变为一次沉重的打击。

否认也许是最初始的心理防御机制,它反映一种至少暂时没有能力应对的变化量级。然而,在金融市场上否认一个快速演化的现实,有可能危及您的财富。对于杠杆交易者来说,否认更是一种承担不起的奢侈品,因为到时候必须缴清保证金,所以他们的行动受到保证金的制约。

愤怒是一种几乎可以肯定会出现的反应。在一种原先行之有效的交易策略不再起作用时,我们也会感到愤怒;在市场欺骗我们陷入虚假安全状态时,我们会感到愤怒;在经纪人最初向我们推荐投资工具时,我们会感到愤怒;或者在我们任由自己的情绪左右我们的行动时,我们会感到愤怒。愤怒的情绪常常会蔓延开来。当然,愤怒直接针对我们自己是最合适的,但不能针对我们的同事、配偶或者宠物。当我们的行动存在明显愚蠢的地方时,我们几乎肯定会感到愤怒。

自责是愤怒减弱后的必然结果。我们的信心受到了打击,除了自责我们别无选择。我们用来支撑自己介入市场的情绪资本储备也在日渐枯竭,重拾信心需要时间。

尽管恐惧、愤怒和自责都具有负面性，但是，希望是情绪这辆“过山车”的一个重要组成部分。我们之前已经见过大幅回调的例子，有些人推动了回调，而另一些人则进行了补救。可能，仅仅是可能，市场就此开始反弹。俗话说，“散兵坑里没有无神论者”，但这句老话也同样适用于陷入困境的金融市场。大多数投资者和交易者可通过祈祷来移情，“上帝，请保佑市场再涨10点！我绝不再这么做了！”

市场大跌引发的震惊可能有麻痹作用。如果我们在最大胆的梦想中认为，价位A完全可能下跌10点，那么我们绝不会在这个价位上进行杠杆投资。震惊总是这种体验的一部分。

> 笔者在“图表研讨班”讲课时有趣地发现，研讨班学员表达的情绪状态承载着一种与他们国家股市最近的交易状况强相关的关系。一次大幅回调后，负面情绪总是先被表达出来。但是，当市场总体坚挺时，希望回调的情绪占据主导地位。这正好说明我们受最近经历的影响有多么大。严谨的方法基本上都是关注事实，而不是情绪。

有人可能会理直气壮地争辩说：“您可对自己的头寸设置止损机制。”在这样的情况下，这样做肯定是聪明之举，但也意味着一种后见之明。投资者是否设置止损点，通常取决于他们对投资工具潜在表现的信心。在这个例子中，我们相信X仍将继续在这个盘整区间内交易，我们能够继续从其现状中获利。毕竟，即使您认为X的价格不会继续在盘整区间内交易，您也只能设置一个止损点。如果X没有在盘整区间内交易，那么您也很难像您以上做的那些交易。

我们再回到我们的例子上来，由于这种或者那种原因，市场开始朝着价位A反弹。在经历了X从价位A下跌10点所造成的情感创伤后——再加上您仍持有多仓，您的思路因此而开始混乱。大量的小问题向您袭来：怎样管理手中筹码？货币政策又会如何变化？美元兑欧元、英镑和日元的汇率会如何波动？美国的赤字状况如何？收益如何？不过，有一个大问题会压倒所有其他问题而浮现在您的脑海中。

我是否要平仓出局呢？

很少有人愿意第一个在价位A上买入，因为他们还记得上次发生的事。您决定绝不再增加手中持有的多仓，您在这个价位上已经吃进很多筹码。这意味着只需几个比较大胆的卖空者或者某个大基金决定买入就够了:市场可能会在A这个价位遇到阻力,并且开始朝着以A减10点为潜在支撑点的第一个新的区域回落。

案例1 1997年曼谷证券交易所股票指数

泰铢贬值是1997年亚洲金融危机的导火索。1997年6～12月间,泰铢兑美元的汇率从1美元兑25泰铢下跌到了1美元兑55泰铢。随着泰国国内经济的崩溃,曼谷证券交易所股票指数在这一年的很多时间里一路稳步下行,后来又因市场人气低迷到了令人联想到世界末日的低点而加速下跌。

在图7－1中,我们观察到了一连串的盘整。图7－1中所示的盘整序列在明确下行之前,有的持续了几个星期,而有的甚至持续了几个月才结束。随着这种趋势的不断发展,市场参与者获得了市场疲软的信息。从5月份开始,市场明显加速下跌。在随后的一年里,大盘跌幅超过50%。不过,这一时期的大盘走势最具稳定性。

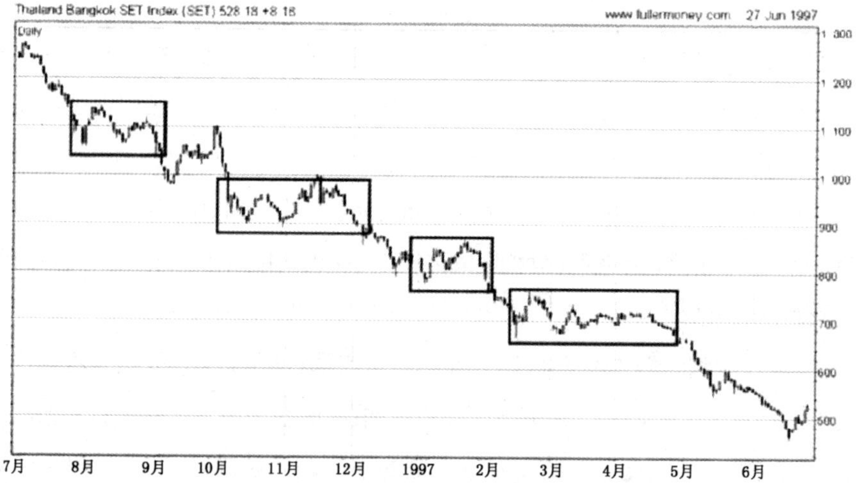

图7－1 1997年曼谷证券交易所股票指数走势

过去的阻力点常会变成未来的支撑点

正好与过去的支撑点变成未来的阻力点相反,过去的阻力点也常会变成未来的支撑点。一个界限清楚的盘整形态的上限可以表征价格绝不会成功向上突破,但盘整区间的上限一旦被穿透,前市的阻力区域就会变成上例中出现的过程逆转的第一个潜在支撑区域。

案例2　蒙大利兹国际公司(Mondelēz International)

卡夫公司(Kraft)于2012年10月更名为蒙大利兹国际公司,并且把它的美国业务剥离给了卡夫食品集团(Kraft Food Group)。公司的股票现在只代表其国际业务。尽管大盘向好,但是,导致一轮盘整行情形成的心理调整过程在2010～2012年间公布的每起合并案上都有所体现(见图7—2)。

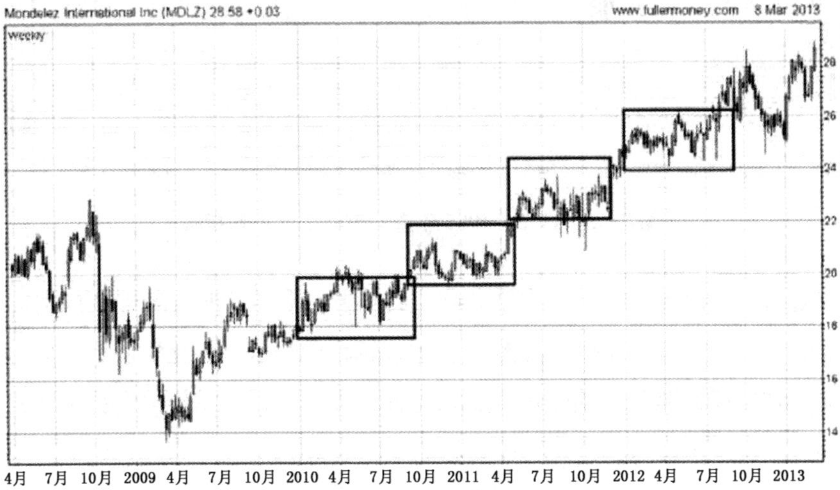

图7—2　2008～2013年蒙大利兹国际公司
(纽约证券交易所)股票价格走势

案例3　1975～1985年的道—琼斯工业平均指数

虽然以上关于盘整格局形成以及投资者回应突破的例子都具有中短期行情的特点,但完全相同的供求格局在很长的时期里也显而易见,这说明市场行为的分形性质。换句话说,在短期内和很长的时期中都能观察到完全相同的供求格局。

道—琼斯工业平均指数提供了一个绝好的例子。整个20世纪70年代和80年代初期,这个指数经历了一个长达一代人时间的估价收缩和股息收益率上涨的过程(见图 7—3)。当时,很多人都认为,1 000点是一块“玻璃天花板”。一旦成功突破1 000点这块“玻璃天花板”,股价就能在1 000点上方找到支撑点,并且开始新一轮牛市。

图 7—3 1975～1985 年道—琼斯工业平均指数

过去的支撑点变成未来的阻力点以及过去的阻力点变成未来支撑点的倾向,可以在市场上毫不费力地观察到。被理解为创造以上转化条件而出现的投资者心理过程和供求之间的相互影响,是评价投资大众根据价格走势采取的行动的一个必要步骤。

第八章　突破如何发生？

本章内容提要

- 与趋势呈现阶段相比，盘整也许令人厌烦，但我们将看到每次盘整如何蓄势待发。
- 盘整是一个创造位于盘整区间以上的供给真空区和位于盘整区间以下的需求真空区的决策过程。价格一旦进入这些真空区就会震荡，直到供求重新恢复平衡。
- 失败的突破表明，位于盘整区间以上的供给区或位于盘整区间以下的需求真空区还没形成。
- 失败的突破的动态性质会向我们提供显示逆趋势波动可能有多么明显的线索。
- 漫长的盘整会随着一次重大——规模令市场参与者惊讶——突破的出现而结束，这是底部形成过程结束的最重要证据。
- 一次对盘整的突破并不会改变市场基本面因素，但会改变对市场基本面因素的看法。
- 在市场经历了长期的盘整后，有关市场未来上涨和下跌可能性的预期都会恶化。

当某个资产市场在横向盘整时，必然有业绩表现较好的其他行业或者资产。投机兴趣就可能转向其他行业或资产业绩表现较好的投资工具，这又会把注意焦点从正在盘整的市场转向其他市场。例如，基金经理会进行相对价值比较，有些经理还会断定其他投资工具价格上涨的可能性大于正在盘整的市场上的投资工具，于是就离开正在盘整的市场。

只要市场还处在盘整过程中，那些继续留在这个市场上的人不得不接受市场动能减弱的现实。在中期趋势中，与趋势呈现阶段相比，盘整阶段令人厌烦。一旦我们被惹烦，我们的参与积极性就会受到影响。

盘整过程会降低我们的预期。不管怎样，我们都知道每一个市场不是在盘整就是在呈现趋势。因此，不管某次盘整持续多长时间，相关的预期有多低，我们最终总会迎来一个趋势呈现阶段。每次盘整都是以一次重大上升突破或者下跌突破来结束。戴维·富勒早就把盘整定义为“蓄势待发”。

在上一章里，我们考察了引发一轮盘整行情的投资者和交易者心理调整和行为。另一个值得关注的问题是，发生什么情况才可能引发突破？

供给与需求

根据定义，当市场在震荡区进行交易性盘整时，供给和需求会重新恢复至少是暂时的均衡。与趋势呈现阶段相比，盘整阶段的市场表现令人厌烦；而且市场盘整时间越长，预期就越坏。观察市场参与者的思维过程，有助于发现出价低于市价的潜在买家、报价高于市价的潜在卖家以及在盘整期间也有人介入市场。随着时间的推移，那些想持有这种投资工具的人必须做出决策，他们有很多选择：

1. 确定市场已经形成明显的盘整格局，并且有可能下跌到他们所期望的水平，因此，他们会提高出价并参与到盘整行情中去。

2. 拒绝提高自己的出价，认定这种投资工具不值得提价买进并持有，而是支付他们愿意出的价格，因此保持原来的出价不变。

3. 认定市场发生了很大的变化，不再能看到投资价值，因此就完全退出市场。

随着盘整的持续，那些有兴趣持有这种投资工具的人会在以上三个选项中选择一个。另一种描述盘整行情的方法就是决策过程法。随着时间的推移，市场参与者会选择提高自己的出价、取消自己的出价或者维持出价不变，这些行动会减少出价低于市价的需求,从而构建位于盘整区间下方的需求真空区。

在供给端,市场上存在报价高于市价的潜在卖家。价格一直在盘整,市道比较令人厌烦,预期已经下调。这时会出现一个选项集合相似的决策过程:

1. 他们可能会认定市场已经形成顶部,不可能反弹到他们所期望的价位。因此,他们会降低自己的报价并介入市场。

2. 他们可能会保持目前的姿态,并且拒绝降低报价,因为他们相信未来能够在他们期望的价位上卖掉手中的筹码。

3. 他们认定自己低估了价格上涨可能性,并且带着价格会持续走高的希望撤销自己先前的所有报价,从而有可能变成"重生的多方"。

随着盘整的持续,这个决策过程会减少报价高于市价的供给,从而创建一个高于盘整区间的供给真空区。

只要供给和需求仍处于均衡状态,震荡区交易性盘整就会继续,而反映震荡区特点的决策过程最终会创建高于盘整区间的供给真空区和低于盘整区间的需求真空区。一旦价格在这两个真空区里波动,就会出现引发需求(在牛市的情况下)或者供给(在熊市的情况下)新来源的井喷式行情。

牛市情景

供给真空区一旦形成,无论出现什么样的高于盘整区间的报价,都会轻而易举地被需求吸纳;而市场在经历了一次只算得上适度的初始突破后便会大幅飙升。对于一种国际交易投资工具,这种行情至少能吸引以下四种新的需求来源。

1. 正在等待价格下降的买家。如果他们想避免支付更高的价格,必然会急于买入。

2. 看到突破并断定"又该出手"的动能买家。

3. 空头回补。市场上会出现一些人做盘整市交易,并且在盘整区间上限附近做空。

4. 报价高于市价的供给趋向于提高报价。在上涨行情中,卖家有选择如何卖掉手中筹码的奢侈。

熊市情景

需求真空区一旦形成,一次创造新低的小幅波动通常就是价格随着出价真空的出现进一步小跌所需的全部条件。价格会一直下跌到供求再次恢复平衡。如果这是一种国际交易流动性很大的投资工具,那么这种波动至少也能为市场吸引四种供给来源。

1. 很多想以高于市价的报价卖掉手中筹码的卖家如果想离场出局,那么现在就不得不按这个较低的价格卖出。

2. 动能卖家会看到价格跳水,并且设法在弱市中做空。

3. 那些在盘整区间价位上买入的买家和在盘整区间下限买入的买家通常会在最近的新低以下止损。这些止损点现在已经触发,因而会增加供给。

4. 那些想以低于市价的出价买入的买家也许现在会重新考虑,他们有机会等待更好的价格,并且会压低自己的出价或者干脆就离场。

在牛市和熊市这两种情况下,突破会一直持续到供给和需求重新达成新的均衡。到了那时,又可能出现另一次震荡区交易性盘整。

每次盘整都是一次蓄势待发,无论是持续多年的牛市或者熊市中的盘整还是日内盘整都是如此。市场参与者会体验到相同的情绪,采取相同的行动,而且不受时间框架长短的影响,唯一的不同就是延续时间。非杠杆长期投资者会与短期造市者体验到相同的情绪系列,但前者的情绪体验要延续多年,而后者的情绪体验可能在一天内反复多次。

失败的突破

每次交易性盘整最终都以一次强劲的持续突破来终结。然而,有些盘整要走过一条比另一些盘整更加曲折的路径才能实现突破。对于很多投资者来说,买盘突破或者卖盘突破通常被作为等待这些条件的策略在充分发挥作用。然而,所有的突破并不相同,而且有些突破会以彻底失败而告终。让我们花点时间来考察供给和需求会发生什么情况,以及把情绪扩展到这样的情形会发生什么情况。

在市场盘整一段时间后,有人通常会认为,一旦出现突破,报价高于市价的供给和出价低于市价的需求就会停止减少。但是,如果不能吸引几种典型的需求新来源,价格会怎样跌回盘整区间呢?

有必要了解这方面的情况,下面举两个例子加以说明。

例 1

在这个例子中,大盘向上突破,然后回调考验盘整区间上限。结果,大盘还是跌回了盘整区间,但过程比较温和,而且那些在大盘向上突破时买入的买家并没有因这次经历而感到恐慌。因此,大盘仍有很大的概率找到支撑点、出现反弹并继续向上突破,因为这次失败的突破产生的心理影响相对比较温和。

例 2

大盘向上突破,但遇到报价高于市价且势不可挡的供给。这是一个表明认为报价高于市价的供给会减少的情况并没有出现的明确迹象,市场价格会快速回落到盘整区间。那些在大盘突破期间买入的买家只是经受了一次严峻的现实考验,短期造市者可能会持这样的看法:市场不涨即跌,并有可能转为熊市。这种走势会对市场参与者产生直接的创伤性心理影响。在这种情况下,价格找到支撑点、回调到盘整区间上限并再次向上突破的概率要小于例 1。

因此,戴维·富勒的一条经验法则,也是已有数十年历史的"图表研讨班"的一个特点,就是:"如果突破失败的动态影响大于突破的动态影响,那么,大盘至少回落并考验盘整区间另一界限的概率会大幅增加。"

如果大盘在经历了一次失败的突破以后转而考验交易性盘整区间的对面界限,那么问题就在于,位于盘整区间这个对面界限上的供给或者需求真空区是否已经形成?笔者曾在多个场合观察到,针对盘整区间某一界限的突破失败能够导致针对另一界限的突破。因此,失败的突破是关注主要趋势的一个潜在原因。

马格尼特(Magnit)是俄罗斯最大的超市连锁公司,它的股票价格走势提供了一个从界限清晰的交易性盘整区间突破以及以一波高过一波的系列盘整为特点的逐步向上的上升趋势例子(见图 8－1)。

图 8—1　2010～2013 年马格尼特超市连锁公司(伦敦证券交易所和印度大宗商品交易所)股票价格走势

1. 失败的向上和向下突破

在 2011 年的很多时间里,马格尼特公司股票价格主要是在 26～32 美元之间盘整;4 月向上突破失败并转而考验盘整区间下限;5 月没能持续向下突破盘整区间下限,并且反弹回升到了 32 美元的区域,但又未能再度向上突破。连续的向上和向下突破失败反映了供求之间的持续搏杀,并且说明报价高于市价的供给和出价低于市价的需求真空区还没有形成。

马格尼特公司股票价格没有在从 2011 年 7 月 32 美元开始下跌的基础上从 26 美元区域反弹上扬,而是突破 26 美元区域一路下跌,并且于 10 月下跌到了一个接近 16.80 美元的低点。该公司股价的盘整明显变成了下降趋势,部分是因为连续的向上和向下突破失败迫使越来越多的市场参与者断定,已经不值得再为这只股票等待。

2. 逐步向上的上升趋势

逐步向上的上升趋势具有这样一个特点:市场在供求暂时恢复平衡前会暂时出现反弹。盘整在市场参与者适应价格上涨现实的区域形成,从而允许报价高于市价的供给真空区和出价低于市价的需求真空区再次形成,并且为下一次成功突破的出现创造条件。

从趋势跟踪的角度看,这种市场环境反映了一种比较容易监控的需求居于支配地位的中期形态。倘若每次连续盘整结果转变为向上突破,那么在没有相反证据的情况下,就应该认为这种向上突破能够取得成功。

底部突破

如果我们回到盘整就是蓄势待发这个前提,那么盘整持续时间越长,随后的突破就可能越强劲。正是由于这个原因,对一个长期形成的底部的突破可以被视为一种可靠的调整形态。这一假设可成为实施以下这种策略的依据:市场在经历了漫长的盘整后创下新高,市场参与者开始做多。他们相信突破会持续并且不断向上,从供给和需求的角度看,对一次持久、界限清晰的盘整的突破告诉我们,形成盘整的均衡条件已经发生了变化。因此,突破是一个证明需求恢复主导地位的证据。

澳大利亚上市公司伍尔沃斯(Woolworths)提供了反映以上现象的有趣例子(见图8—2)。2007年,该公司股票价格加速上涨到了接近35澳元的峰值并且急剧回调,该股票在随后的6个月里就损失了35%左右的市值。后来,该股在以后的5年里主要是在25～30澳元之间盘整。股价在2011年的大部分时间

图8—2 2003～2013年伍尔沃斯公司(澳大利亚证券交易所)股票价格走势

里一路下跌，在形成一次没有成功的向下突破前有一段时间甚至跌破了 25 澳元。后来，该股的价格有所上升，在创历史新高前反弹回到了盘整突破的上限。该股价格长达 5 年的盘整反映了一个无心恋战的持有人让位于信心更强的持有人以及报价高于市价的供给真空区促成了一次强劲突破的决策过程。

一次突破能否改变基本面

那么，一家公司的基本面通常是怎样实际变化的呢？收益报告最多也就产生季度影响，而新产品线是相对比较罕见的事件，但价格会大幅波动。至于货币能否构成基本面因素，仍存在很大的争议，但与外汇市场相比，国内生产总值变化的影响较小。债券市场的基本面是基础经济波动或者相关企业变动相对较少但价格大幅波动的另一个例子。像黄金、石油这样的大宗商品的基本面相对于它们的基础价格走势而言比较稳定。（像谷物或者其他粮食这样的软商品易受有可能直接影响基本面的气候事件的影响，因此这些大宗商品市场有所不同。）

由 B 到 C 逆着图 8－3 的方向变动不会改变市场的基本面，但会改变对市场潜在走势的看法。

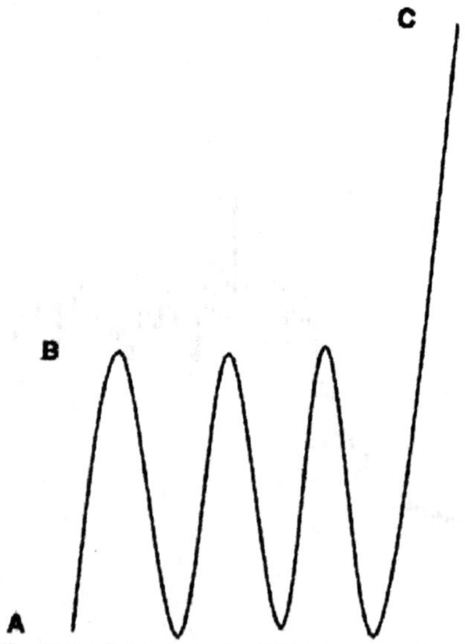

图 8—3

如上所示,一次成功的向上突破会给市场带来四种主要的新需求来源。盘整期间,市场预期有所下降,而投资者兴趣会随价格的上涨而被重新激活。正是因为兴趣恢复,所以媒体看到突破成功后就会认为有必要对这个市场进行评论。在电视财经频道,受访者被要求发表他们的看法,而那些看多的人士会被赋予更多的说话时间。因为关于这个市场,他们有更多的话要说。在经历了一次向上突破后,多方能够说出这只投资工具刚刚向上突破站上新高的许多原因,而旨在吸引更多眼球的基金经理会很高兴地谈论他们如何在突破前买入了这只投资工具。

记者们必须为他们各自的报刊编写故事,并且寻找他们在金融界的关系,直至找到一个看多的内行,然后援引他或她的话来努力解释故事情节。在金融业,基本面分析师被预期会发布报告。除非他们关于市场将背离共识运行的看法有充分的依据,否则,自我生存的本能促使他们根据牛市假设来阐释标的投资工具的基本面。在价格走势明显支持牛市观时,他们不这样做还能做什么呢?

那些不了解宏观行为技术分析错综复杂性和没有费心寻找某个懂市场的内行的人,也许会把突破归因于"技术性买盘"、"黑箱买盘"或者无处不在的"高频炒家"。然而,这一切都是盘整通过减少出价低于市价的需求和报价高于市价的供给为突破创造的条件。在一个需求占主导地位的市场环境中,价格通过突破来进入供给真空区,这有助于驱动反弹。

突破没有改变基本面,而是改变了对基本面的看法。有人会把一次向上突破作为牛市实例来说事,因为向上突破支持了价格走势。投资者对牛市观更感兴趣是可以理解的,因为牛市观有助于振振有词地解释价格走势,而大众对市场的看法也会向好。

熊市观现在只有较少的追随者,但也不会被突破实质性地改变。

当然,在发生向下突破的情况下,这一切正好完全颠倒过来。空方会说出一长串价格可能继续下跌的原因。股票评论员会质疑公司董事会的诚信、公司的发展计划和市场份额等。在债券或者外汇市场上,一只债券或者一种货币的价格走势也许可归因于相关国家陷入了经济困境。如果是大宗商品,那么就会归因于供给飙升或者需求骤减。记者和分析师们倾向于关注熊市观,因为这种观点反映了价格走势。不过,基于供给和需求的解释是:价格进入了低于盘整价格的需求真空区。

基本面何时会变

虽然单次突破不会改变一个市场的基本面，但是，持续多年的牛市或熊市趋势有可能出现。

金融市场上的真正大行情由改变世界的投资题材驱动，这种题材的故事真正会改变投资工具市场的基本面。在价格已经反弹了很长一段时间后，供给就会受刺激做出回应。在股票市场上，有更多的私人公司为了募集资本而寻求上市。当收益率处于历史低位时，企业和政府都会匆匆锁定低成本资本。如果某国货币在很长一段时间里持续走强，那么这个国家的竞争力就会下降，并且有动机增发货币。在大宗商品价格经历了长时间的回升后，企业就会为了增加新的供给而进行投资。在以上每一种情况下，长期趋势会实际改变市场基本面，最终导致市场走势逆转。

结 论

我们一旦了解了促成盘整行情的供求互动关系以及创造盘整过程终结条件的心理活动机理，那么就掌握了据以实施趋势跟踪策略的基础知识。趋势形成、盘整和成功突破是稳定性特征的基础，而稳定性特征则是宏观行为技术分析的基石。

第九章　稳定性特征

本章内容提要

- 供给和需求失衡越严重,就越有可能发展成稳定的趋势。
- 分析图表时常犯的错误:(1)近视;(2)您可在一张图表上看到您希望看到的东西、您认为您能看到的东西和实际存在的东西。
- 您的第一印象几乎总是您的最好印象。
- 我们采用一种严谨的方法就能看到实际存在的东西,这意味着要提出以下正确的问题:(1)市场是处在大牛市还是大熊市阶段?(2)市场是在呈现趋势还是在盘整蓄势?(3)趋势是否稳定?(4)如果趋势稳定,那么有哪些稳定性特征?
- 例案1:黄金。
- 例案2:标准普尔500指数。
- 例案3:美国国库券。

我们把趋势分解成它们的组成部分,那么趋势就是由一系列盘整构成的,盘整因成功的突破而结束,而突破则在另一次盘整形成前有所发展。在第七章中,我们考察了供给和需求如何塑造行为因素以形成盘整性整合和分布的问题。在第八章中,我们考察了报价高于盘整价格的供给和出价低于盘整价格的需求如何减少以及创造为形成突破所必需的条件等问题。在这一章中,我们也先考察突破如何改变投资者关于市场会如何表现的看法，然后介绍一种允许我们认定任何趋势稳定性特征的方法。

彻底了解一种趋势的稳定状况，是我们构建投资于相关市场的策略的基础。就像没有完全相同的两首曲子，也不存在两个完全相同的趋势。不过，我们在听曲子时能够识别曲子的韵律。经过一定的实践，当我们看到一种趋势时，也能识别它是不是一种稳定趋势。

趋势稳定状况能告诉我们关于供求互动的大量信息。如果价格有强劲的趋势表现，价格走势图就可能显示非常稳定的价格走势，因为供求严重失衡。在这种情况下，就很容易识别稳定性特征，可以实施趋势跟踪策略；也很容易判断止损点应该设在哪里，在管理投资头寸方面也会遇到较少的困难，而且还能知道可能取得怎样的结果。

2005～2007 年初，铀价提供了一张无与伦比的反映趋势稳定性特征的价格走势图(见图 9－1)。价格只涨不跌，显然应该采取买入并持有策略，直到主要的稳定性特征发生变化。2007 年，铀价在经历了加速上涨后出现了稳定性特征变化的情况。当时，我们还能把握十足地认为，牛市已经结束，至少在中期内不会再出现，而刺激铀市两年多的供求失衡发生了明显的变化。

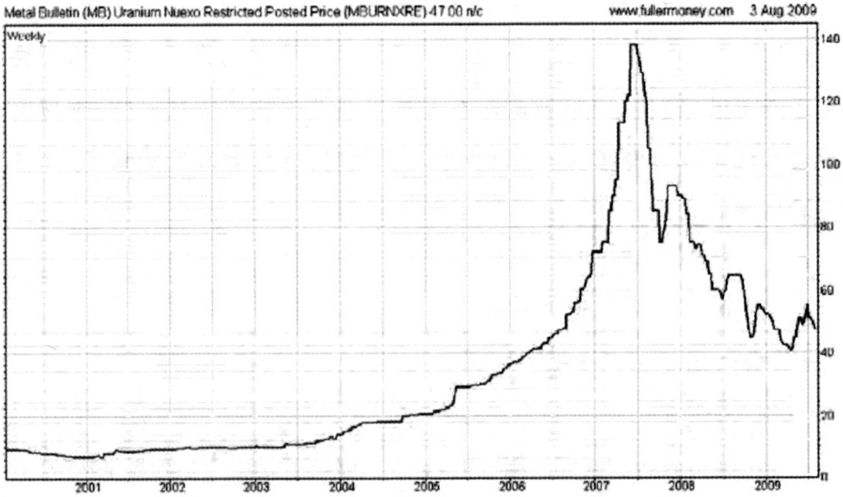

图 9－1 2005～2009 年铀价走势

2005～2007 年初的铀市虽然是一个极端例子，但成功传递了这样一个事实：最具稳定性的价格走势源自最大的原动因素。这种幅度的上涨和下跌并非闻所未闻,而用心观察趋势的稳定性特征,就能发现如何制定交易或者投资策略的线索。

如果价格趋势很弱或者以一种起伏不定的方式盘整,那么供给和需求之间的关系会更加趋向于平衡,而相关趋势则可能会缺乏稳定性。这样,我们就要判断是否应该投资于这个市场(或者,如果我们手中持有多头筹码,就要判断是应该加仓还是清仓)。我们的操作策略必须根据特定情况量身定制。

长期波动、盘整阶段通常会出现在主要顶部和底部,因为供给与需求还在较量。在主要底部,先前的下降趋势的稳定性大幅下降,我们必须去寻找稳定性特征,因为它们不再一眼就能看到。在这种情况下,我们也必须记住,如果先前稳定的下降趋势变得不那么稳定了,那就说明供给居于主导地位的大势正在发生变化。要知道,宽大的底部才是孕育下一轮牛市的温床。

此时,相反的情况正出现在大幅盘整、起伏不定的顶部,而卖家和买家正在继续较量。不过,在这种情况下供给会占据上风。先前上升趋势的稳定性已经在逐步丧失,而下一轮大熊市正处于萌芽状态。

在以上每一种情况下,对稳定性特征的全面了解和后续的用心观察有助于我们决定是否建仓、加仓、持有、减仓和平仓。

看图时易犯的常见错误

宏观行为技术分析首先是一种美学。我们大家都身负一定的情绪包袱,每当我们准备分析任何——与市场或其他相关的——情况时,都必须把这一点考虑进去。我们在开始分析图表前,应该先了解那些常犯的错误。一旦对它们有所了解,我们就会以较好的心态去识别稳定性特征。

1. 三重视觉

我们在看图时至少能看到三种东西:

(1)看到我们想看到的东西。一旦建仓,我们的客观性就立刻就受到影响,这一点无法避免。因此,当我们从情感而不是理性的视角去解释已有事实时,必须认识到这一点。当我们手中持有多头头寸时,自然会希望对价格走势做出尽可能好的解释(如果我们手中持有空头头寸,那么情况则正好相反)。认真观察图表所反映的客观事实，是避免把我们偏爱的解释强加于自己的唯一方法，而我们所宠爱的解释也许与实际发生的事实不符。

(2)看到我们预期能看到的东西。许多经验不足的分析师和投资者常会掉入这种陷阱，他们可能通过媒体或者从某个受尊敬的评论员那里了解到某种投资工具正处在大牛市或大熊市中。无论出于什么原因，他们就是没有勇气相信自己的判断力，并且把诸如自己认为应该怎样之类的东西加入他们的解释。避免这种诱惑的唯一方法就是从了解真相、不理睬市场噪音的角度去观察市场。

(3)看到实际存在的东西。为了确保我们看到实际存在的东西，相信自己的第一直觉常常是明智之举。心理分析中的"自由联想"要求我们用言语表达大脑所考虑的东西，而不是审视我们的思想。在图表分析中，我们的态度应该接近这种初步趋向:相信自己的直觉。否则，我们就有可能冒这样一种风险:不顾合理的初步分析，通过添加个人对市场的偏见来妄谈自己的观点。

2. 近视

当我们对一种投资工具感兴趣时，就可能认为最新的数据是最重要的。当我们手中持有以杠杆方式构建的仓位时，相对较小的价格波动就能对我们的损益产生重大影响。所以，我们倾向于关注短期数据。当我们熟悉某种投资工具时，就可能自以为了解它的较长期走势，因此可能会把注意力放在较短期的数据上。所有这些情况都会导致我们去关注细节，并且夸大与大局相关的短期数据的重要性。从观察时间框架尽可能长的对象开始任何分析，是解决这类问题的一种简单方法，而且需要制图软件，但并不需要很多时间。

近视也可能是一个读图以外的问题。当我们把大部分资金都投在了某个行业或者某种资产类别上时，往往就会关注这个行业或资产类别，而疏于评估其他行业或资产类别正在发生的情况。笔者在自己的分析中有时也会出现这种错误的倾向，而有这种倾向是要承担机会成本的。2008 年初，笔者个人主要做大宗商品交易，结果就写一些有关大宗商品交易的东西。总的来说，笔者不看好欧美银行业。由于笔者手中没有银行业的投资，因此没有给予银行业应有的重视。

此外，被笔者称为"模型近视"的东西促成了 2008 年信贷危机之前和期间某些最严重的失败交易。由于金融建模得到了优先关注，因此常识性的东西受到了冷落。证券化模型被用来对不良信贷进行包装和再包装。在雷曼兄弟公司和美国国际集团破产后出现恐慌性抛盘期间，过度依赖以信用违约互换为核心的狭隘的信用模型导致了比实际可能存在的风险更为严重的违约风险感知。

我们在自己的分析中甚至在自己的生活中所犯的近视病，是我们必须始终警惕的一种错误。花时间观察大势总是值得的。

思考正确的问题

一旦充分了解了在读图方面最常见的错误，就必须确保为避免这些错误而思考正确的问题。

大多数人往往急于开始分析，他们考虑的第一个问题通常就是“价格会走向哪里”或者“自己的目标是什么”。其实，这些都不应该是最先考虑的问题，而是最后考虑的问题——因为我们试图把趋势如何继续或者结束编成故事。

没有两个相同的趋势，但趋势有很多共同的特点，我们可以把它们作为发现广泛的供求关系发生任何变化的线索来观察。在以下的例子中，我们给一个盲目提问的人讲解图表上反映的稳定性问题。

案例 1　黄金

盲目提问者：那么，图 9－2 和图 9－3 中黄金现货市场是处在大牛市还是大熊市周期中？

图 9－2　1992～2013 年黄金现货价格走势(对数标尺)

图 9—3 1992～2013 年黄金现货价格走势(算术标尺)

事实阐释者:1982～2000 年,黄金现货市场经历了一个大熊市,但从 2003～2011 年牛市特征明显,并且在 2013 年出现了一次深度回调。

盲目提问者:市场是正在形成趋势还是正在盘整?

事实阐释者:市场可能要经历几次漫长的盘整,但一旦能够突破,就会加速形成趋势。无论是向上突破还是下降突破,情况都是如此。

盲目提问者:市场趋势是属于稳定还是不稳定呢?

事实阐释者:在从 2008～2011 年初期间,市场处在上升通道中,走势非常稳定,此后就变得不那么稳定。事实上,从 2012 年 9 月开始,市场呈现下降趋势。

盲目提问者:上一个问题能否解释得更清楚一点?

事实阐释者:从 2001 年起,一系列主要回调低点不断走高,它们分别出现在 330 美元、410 美元、545 美元、682 美元、1 044美元、1 308美元和1 462美元的价位上。1 532美元是从 2011 年底开始的盘整区间下限。后四个回调低点从 2008 年底开始出现,而前三个低点出现在 2003～2008 年间。2009～2011 年 9 月期间,金价上涨速度有所提升,使得图 9—3 中的走势变得更加稳定。

从 2011 年 9 月开始,金价进入另一个漫长的整理过程。在这个过程中,金价守住了大部分增幅,但也经历了一次自 2008 年以来持续时间最长的盘整,并且于 2013 年 4 月向下突破。

盲目提问者:能多给我谈谈您所说的回调吗?

事实阐释者:金价到了 2004 年初反弹涨破 400 美元,并且在大多数时间里一直在这个价位以上持续盘整到 2005 年第 3 季度。后来,金价于当年 9 月向上突破,到了 2006 年 5 月加速上涨到了 730 美元附近。

随后的回调于 2006 年 6 月在以前盘整区间的上方找到了支撑点,金价又进入了另一轮漫长的盘整。后来,金价于 2007 年 9 月再次向上突破,并且在 2008 年 3 月反弹涨到了略高于1 000美元的水平。

此后的回调在先前接近 730 美元的区域找到了支撑点,但又短暂跌破这个价位。后来,金价又迅速反弹考验这个高点,于 2009 年 9 月向上突破,并于 2009 年 12 月反弹到了一个略高于1 200美元的峰值。

这个持续近一年半的整理形态在 2010 年 9 月出现成功突破后加速上扬。

金价在经历了一次较短的整理后,于 2010 年 5 月实现了突破,并且形成一轮波动幅度达 108 美元的盘整行情。金价主要在 1 200 美元以上的高位一直盘整到 2010 年 9 月,然后持续反弹到1 400美元。

接下来的一次回调幅度达到 121 美元,并且持续了 6 个月。金价于 3 月向上突破,在1 400美元上方整理了 1 个月,随后一路反弹并于 2011 年 5 月站上了 1 541 美元的高位。

随后,金价回调并且以 115 美元的幅度盘整,直到于 2011 年 7 月向上突破并加速上涨到了 1 921.50 美元的峰值。

然后,金价又急剧回撤,经历了自 2008 年以来幅度最大的回调,并且在接近 1 530 美元的 200 日移动均线区域找到了支撑点。

所有这些回调所找到的支撑点一个高过一个,从而创造了一个持续 10 年的连续稳步上扬的上升趋势。

但从 2012 年 10 月开始,金价守住了一系列持续走低的反弹高点,并于 2013 年 4 月加速走出了持续了 19 个月的盘整。

盲目提问者:您能不能给我说说金价所经历的各次上涨?

事实阐释者:2010 年前,每次盘整都被一次大幅向上突破所终结,随后就出现加速上扬。2005 年底、2006 年初的那次突破幅度达到了近 275 美元。2007 年底、2008 年初的那次突破幅度更是达到了 320 美元。从 2009 年 9 月开始的那次上涨幅度也有 226 美元。从 2010 年起,金价在加速上涨前基本停留在上一个峰值上。从初次突破算起,2010 年中以后的三次反弹幅度分别为 220 美元、143

美元和335美元。在过去的10年里，金价在经历一次加速后就停顿较长时间的情况不在少数。

盲目提问者：相对于像200日移动均线这样的趋势均值而言，金价的表现如何？

事实阐释者：直到2012年，金价常常在200日移动均线附近找到了支撑点。之前唯一的一次例外出现在2008年的金融危机期间，金价持续5个月低于趋势均值。在那段时间里，金价守住了上文所说的持续上升趋势的稳定性。从2009年初起，金价的200日移动均线是识别潜在支撑区域的屡试不爽的试金石。

在许多场合，金价相对于其200日移动均线严重超调。为了便于比较，请允许笔者用百分比来引证金价的超调。金价在2006年、2008年和2011年分别上涨了28%、29%和26.8%。前几次相对于200日移动均线的大幅超调通常很快就结束，然后，金价就用相当长的时间来构筑支撑点。

2012年有3个月黄金以低于200日移动均线的价格交易，后又重新突破200日移动均线，并且在遇到阻力前反弹到了1 800美元。后来，金价在先后跌破1 532美元附近的低点和跌到1 321美元前回落到了200日移动均线以下。

盲目提问者：请让我来概述一下金价走势的稳定性特征。

- 2013年前，金价经历了一系列持续走高的大幅回调低点。
- 2012年前出现了一系列持续走高的高点。
- 之前，金价经历了长达18个月的整理，但从2009～2011年，随着趋势稳定性的提升，整理期有所缩短。随后一次长达19个月的盘整就没有2009～2011年的整理稳定。
- 对于金价来说，相对于200日移动均线而言，幅度超过25%的超调总体来说比较罕见。
- 从2011年9月开始的大幅回调主要是由于下调幅度较大，因此相对于长期趋势而言，在此前30个月的时间段里金价表现就不稳定。经过19个月盘整后的向下突破表明，金价走势稳定性显著下降。

以上任何一点是否都意味着持续多年的供不应求的状况已经发生了变化？

事实阐释者：从长远看有这种可能性。一系列持续走高的回调低点连续被突破，在金价没有反弹突破200日移动均线以及突破自2012年9月以来明显持续走低的反弹高点的情况下，根据年度趋势稳定性可得出的唯一结论就是持续

图 9—4 1963～2013 年美国国库券收益率走势(算术标尺)

10 年的牛市已经结束。

案例 2 10 年期美国国库券收益率

盲目提问者:请问美国国库券市场是处在大牛市还是大熊市阶段?

事实阐释者:上一个收益率大牛市(价格熊市)于 1981 年结束。此(价格牛市)后,美国国库券收益率就处在一个长期熊市中。

盲目提问者:美国国库券市场是正在形成趋势还是正在盘整呢?

事实阐释者:美国国库券收益率从 1981～1986 年的峰值上一路下跌,在过去的 26 年里呈现出一个陡峭的下降趋势。我们观察对数标尺的美国国库券收益率走势图(见图 9－5)就能发现,下降趋势在 2008 年出现加速态势,并且于 2011 年再次出现。经过这两次加速下跌,美国国库券的收益率跌掉了一半,并且出现了在过去 25 年里从未出现过的波动性。随着供求较量的持续,在从 2011～2013 年中这个时期的大部分时间里,美国国库券的实际收益率变成负值。

盲目提问者:由于我们是在考察一种计息投资工具,因此为了更加全面地了解在这么长的时期里投资者投资于美国国库券的动机,采用一种总回报率指数来衡量难道不更加合适?

事实阐释者:我同意您的观点,总回报率指数应该能够提供更多的洞见。如

图 9－5　1963～2013 年美国国库券收益率走势(对数标尺)

果我们考察美林 10 年期以上的美国国库券总回报率指数,就能清楚地看到美国国库券市场几乎持续长达 30 年的需求主导型环境。

盲目提问者:那么,从图 9－6 上看,美国国库券市场是在形成趋势还是在盘整呢?

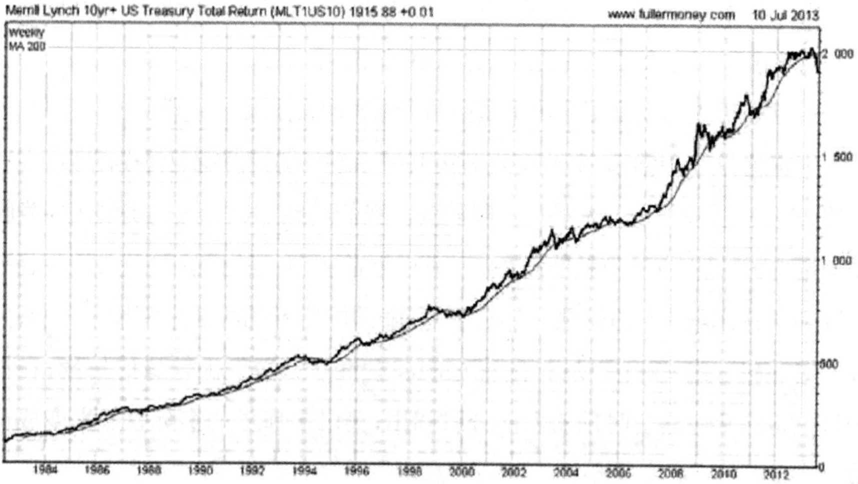

图 9－6　1983～2013 年美林(Merrill Lynch)
10 年期以上美国国库券总回报率指数走势

事实阐释者:这个指数自 1983 年采用以来已经呈现出上升趋势。

盲目提问者:这个趋势算是稳定还是不稳定呢?

事实阐释者:在大多数时间里是稳定的。在过去的28年里,这个指数经历了一系列漫长的盘整,但在2013年6月前一直完整无缺地保持着很大的上偏倚。

盲目提问者:这个指数的趋势具有哪些稳定性特征呢?

事实阐释者:这个指数在长达28年的上升趋势中出现了一系列持续走高的大幅回调低点,这种格局直到2013年6月才被突破。

一系列不断走高的反弹高点也显而易见。

这个指数在200日移动均线区域连续找到了支撑点,但在笔者写这本书的时候跌破了200日移动均线,而且跌破程度大于其总体上涨过程中的任何时候。

几乎所有的大幅盘整呈现出一轮高过一轮的态势。

盲目提问者:请给我多讲讲盘整的情况。

事实阐释者:这个指数的长期上升趋势有自己的推进节奏。自1983年以来,中期盘整几乎一直是明显一轮高过一轮。

如果不深究每次盘整的细节,那么从目前的情况看,盘整持续时间要比“正常”的长。

相对于过去的25年而言,这也是一种不稳定的表现。

盲目提问者:相对于像200日移动均线这样的趋势均值而言,该指数的业绩表现如何?

事实阐释者:该指数相对于其200日移动均线在上升趋势中经常出现幅度接近10%的超调。价格常常出现回归200日均值的超调。因此,可以肯定地说,该指数常在200日移动均线区域内而不是在该均线区域以上找到了支撑点。2013年6月和7月发生的两次回调(见图9-7)是该指数历史上对200日移动均线最大幅度的超调,因此可被视为一种重要的趋势不稳定表现。

盲目提问者:现在,我对该指数的长期稳定性特征有了清晰的了解。您能给我多谈一点这个指数的盘整规模吗?

事实阐释者:2008年第3季度,该指数在其200日移动均线区域内盘整,2008年10月开始加速上涨并出现了一个接近1 660点的峰值,然后主要是在盘整,从而缓解了其相对于200日移动均线的超买状况。

然后,该指数在2010年5月再次向上突破,并且反弹到一个接近1 800点的峰值,随后相当突然地结束了相对于200日移动均线的超涨状态,不过在200日

图 9—7　2008～2013 年美林 10 年期以上美国国库券期货总回报率指数走势

移动均线区域内找到了支撑点。

该指数在 2011 年 7 月再次向上突破,但从 9 月开始在 1 900 点附近失去了动能。这次盘整的幅度小于前两次,并且以另一次盘整性巩固为特点。指数于 2012 年 3 月在 200 日移动均线区域内找到了支撑点,并于 4 月反弹考验 2 000 点区域。然后,该指数在 2 000 点区域内盘整了 1 年多,并于 2013 年 6 月向下突破。

该指数没能延续 2013 年 4 月向上突破的势头,随后下跌并且跌破了持续 1 年多的盘整区域。在笔者写这本书的时候,该指数已经跌入了其标的物的交易盘整区域。以上这些都是在前面一个非常稳定的趋势中出现的重要不稳定表现。

盲目提问者:根据共性原则,如果我们回过头来看标的债券期货的价格走势,相对于其他主权债券基准而言,美国 10 年期国库券期货业绩表现如何?

事实阐释者:日本、英国、德国、瑞士、加拿大和澳大利亚政府债券也呈现出明显的牛市特征。所以,国债市场有高度的共性。

盲目提问者:请让我概述一下。国债市场的主要稳定性特征是,在过去的 30 年里经历了一个长牛市,收益率一直趋于下降,但不是以一种非常稳定的方式,两次加速下跌出现在最近几年。总回报率指数反映了更加清晰的牛市表征,但是之前的稳定趋势在恶化,并且可能已经达到顶点。

那么,我们现在可以得出怎样的结论呢?

事实阐释者:国债市场长期牛市持续下去的最低条件是,总回报率指数必须坚持突破 200 日移动均线的反弹。在没有出现反弹行情的情况下,我们只能断定:美国国库券市场的牛市已经结束。

案例 3 标准普尔 500 指数

图 9—8 1963～2013 年标准普尔 500 指数走势(对数标尺)

图 9—9 1963～2013 年标准普尔 500 指数走势(算术标尺)

盲目提问者:大盘是处在大牛市还是大熊市阶段?

事实阐释者:大盘在 1980 年突破了一个长时期构筑的底部以后经历了一个短暂的牛市,但于 2000 年达到顶峰,并且自那以来一直宽幅盘整。因此,从长期趋势看,过去的 13 年可被描述为一种长期盘整行情。这种停滞不前的状况也可被描述为一个类似于 1965～1980 年间发生的时间长达一代人的市盈率收缩而股息收益率上涨的过程。

盲目提问者:您能给我多讲讲 2000 年后长达 10 年的盘整吗?

事实阐释者:这轮盘整从 2000 年开始一直持续了 13 年,大盘于 2013 年 4 月才创历史新高。

在这个非常宽幅的盘整格局中出现过多次涨跌幅令人印象深刻的周期性牛市和熊市。标准普尔 500 指数曾两度跌掉一半,随后在经历多年的反弹后几乎又上涨了 100%。

盲目提问者:关于趋势形成的不同阶段,您能给我说点什么吗?

事实阐释者:从 2000 年峰值到 2002 年 10 月低点的下降趋势中,经历了多轮一轮低过一轮的盘整,但是,起决定性作用的特点是反弹高点持续下跌以及在 200 日移动均线区域遇到了阻力。在数次向下突破失败和一次逆主流下降趋势的大幅度反弹后,大盘以一个 2 型底部结束了跌势。

从 2002～2007 年 10 月的上升趋势,与一系列大多一轮高过一轮的盘整比较一致。标准普尔 500 指数连续几次在趋势均值区域找到了支撑点。随着越来越接近 2000 年的峰值,大盘开始提速上涨,但回调幅度也越来越大,最终还是没能支持上攻新高的突破。标准普尔 500 指数于 2008 年 1 月触到了 2 型顶部,然后在 200 日移动均线以下盘整,先是在 2008 年 1 月前跌出了顶部,后又从 9 月开始加速下跌。

标准普尔 500 指数以构筑 1 型底部的特点加速下跌,一直到 2008 年 11 月初为止。然后,该指数又失去了动能,并且从 2009 年 5 月开始构筑了另一个 2 型底部。

从 2009 年初一直持续到 2012 年初的上升趋势,与 2002～2007 年间的上升趋势相比波动幅度较大,而稳定性较低。大幅回调低点明显持续上涨,回调幅度也变得越来越大。这次变动形态的特点是,令人印象深刻的持续上涨让位于 2010 年 4 月和 2011 年 4 月期间发生的几次突然、快速和深度的回撤。标准普尔

500 指数从 2012 年 4 月起在 1 400 点附近遇到了阻力，但从 2012 年 11 月开始经历另一轮有力、持久的上涨行情，并且于 2013 年 4 月创出历史新高。

盲目提问者：是不是有 1 型、2 型或 3 型趋势结束特点的证据？

事实阐释者：标准普尔 500 指数也许正处在一个完成 3 型底部形成的过程中。如果这一假设能够成立，那么该指数会继续通过偶尔出现的回撤在 200 日移动均线区域寻找支撑点，并且能够支持 2013 年 4 月发生的大多数向上突破。

盲目提问者：要是那样，您会采取什么策略呢？

事实阐释者：现在，我无法知道上攻新高的突破是否能够坚持下去。在价格追加上涨能够持续前，有可能出现回归均值的逆转。

考虑到投资者意见分歧很大，如果价格能够顶住大多数向下突破，那么就能从底部向上迈出第一步。出现这种情况的可能性会随着非常规货币政策调整的取消而提高。

如果想让持续 13 年的盘整继续下去，那么向上突破必须未果，而价格继续在 200 日移动均线下方波动。

考虑到以上这些选项，风险调整后的操作策略应该是坚持持有多头仓位，并且抵制追涨的诱惑，至少在还没有证据表明新一轮长期牛市已经到来之前。

第十章　如何预测价格走势

本章内容提要

- 为了能够高效率地参与市场，我们不能被动地做出反应，而必须发展一种预测价格走势如何演化的方法。
- 稳定的趋势是最可靠的持续形态。“稳定的趋势是一种处于运动状态的趋势。”
- 共性——没有一种金融工具存在于真空中，因此，金融工具的业绩表现能向我们提供相关工具表现如何的线索。
- 相对强(弱)度和领头作用——领头者出于某种原因而挥发领头作用，领头者往往会在涨、跌两个方向起领头作用。
- 银行业的领头作用——作为流动性提供者，银行应该在任何流动性需求正在增加的环境中做出良好的回应。当银行的业绩跟不上市场时，通常必然有其重要的原因。
- 动态变化——一些足以提起大众兴趣的强劲波动，可被用来确定行情或者检验市场人气。

在数字时代，我们太容易被我们面对的信息量所吓倒，我们过去从未面对过这么多的信息、观点和推测。学会综合处理源源不断的信息流本身就是一种技能，但随着要把越来越多的时间用于信息处理，我们有可能会变得只能被动反应,而不能对我们的行为进行提前规划。如果我们要发展一种可靠的投资方法,那么就必须预期未来可能发生什么,以便提前确定应对措施。

稳定的趋势是一种处于运动状态的趋势。只要大盘的节奏没有发生变化,那么在没有相反证据的情况下,就应该能够认定趋势的发展方向。因此,一种稳定的趋势是最可靠的持续形态,因为这种趋势可望像它一直以来的表现那样继续下去。一旦我们抓住了趋势的主要稳定性特征,那么就能够继续推测趋势的可能结局。当趋势的节奏发生了变化或者中断时,它就会发出有关供求互动如何变化的信号。如果是这样,我们就要采取行动,或者至少改变分析重点。

让我们先从考察盘整开始。

如上所述,盘整可被定义为蓄势待发。既然导致盘整形成的过程同样会减少报价高于市价的供给和出价低于市价的需求,那么我们应该如何预期最终会出现朝哪个方向的突破呢?

图 10－1 没有任何显示最终突破可能朝哪个方向的信息,因此,我们需要搜集更多的信息。

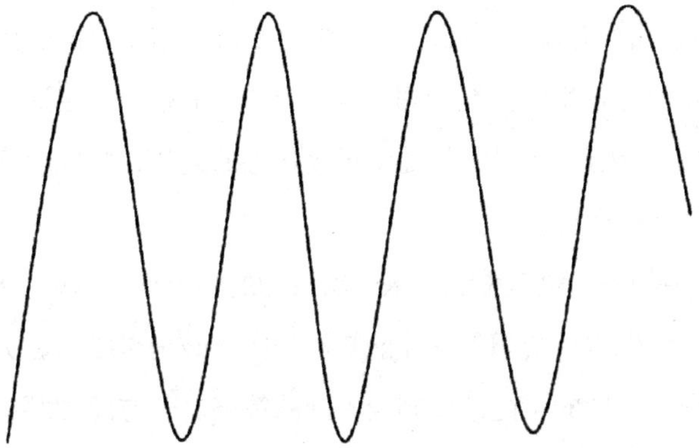

图 10－1　典型盘整

为了避免近视症,我们必须先尽可能多地回顾历史,以便了解我们目前处在整个周期的哪个阶段。我们是在一个长牛市还是长熊市中?我们是处在较长期趋势内部的一个周期性牛市或熊市阶段?图 10－2 与图 10－1 原理相同,但采用更小比例的标尺回顾了更长的历史:

这是一个高度结构化的例子,因此,稳定性特征应该比较容易识别:(1)一系列不断走高的回调低点;(2)一系列不断走高的反弹高点;(3)每个震荡区的交易

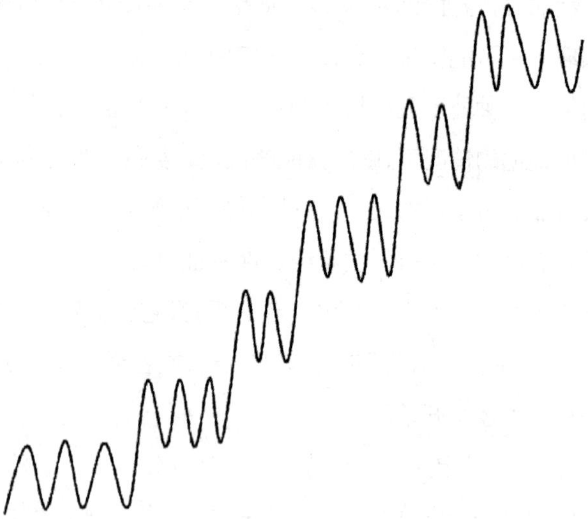

图 10－2　一轮高过一轮的盘整性调整序列

性盘整规模相对而言比较相似;(3)各次交易性盘整持续时间大致相同;(4)盘整的"阶梯"一级高过一级。

供求关系方面没有发生任何能显示情况已变的变化。介入这个市场的投资者比较乐观,也没有发生任何能动摇他们牛市信心的事情。在这样的情形下,市场人气总是向好。因此,这是一种处于运动状态的趋势,并且能在稳定性特征保持完好无损的条件下继续上行。

图 10－2 中的每一轮盘整都是以一次成功的向上突破结束。根据前面对失败突破的考察,我们也许会想怎样才能知道一次突破是否成功。实不相瞒,没法知道,但可以根据不同的可能结局制定不同的策略。一方面,如果趋势继续保持其稳定性,那么就能支撑一次向上突破。戴维·富勒曾总结过一条适合处于运动状态的稳定趋势的经验法则:"如果市场进一步上扬,那么就能支持向上突破。"

另一方面,如果向上突破没有得到支撑,就告诉我们在这个上升趋势中,报价高于市价的供给真空区破天荒地第一次没有形成。这种情况可被视为给先前由稳定趋势支撑的牛市假设亮出的黄色警示信号。由于一次失败的向上突破通常会看到价格回落并考验盘整区间的下限,因此,在盘整区间下限附近或上方找到重要支撑点就变得更加紧迫。上升趋势要重新得到支持,价格就必须有所突破并站上新高,并且保持上升势头。

一个稳定的趋势倘若因市场反复无常而中断其先前的节奏,那么这是供求关系发生变化的信号。不过,投资大众的动能通常至少还暂时能容忍趋势的中断。戴维· 富勒早就提出过另一个观点:稳定的趋势常常在倒数第二高点或者低点上失去稳定性。下面,我们来看看为什么会出现这种情况。

只要市场继续保持已有趋势稳定不变,就说明没有发生任何影响趋势跟踪者志得意满的情况。不过,如果相关的投资工具随后出现了较大幅度的回调,并且进入一个持续很久的盘整期或者加速回调,就说明曾经助推趋势的供求关系失衡发生了变化。

趋势变化尤其是稳定趋势的变化,可能标志着一波行情倒数第二高位或者倒数第二低位的出现。原因在于,虽然行为分析师认定趋势稳定性特征要发生变化,但投资大众仍可能迷恋于流行的故事。有些投资者会利用较大幅度的回调或者盘整的延长来加仓,并且常常成功地把价格推向新高。不过,导致趋势变化的事件会改变足够多的投资者的决策,从而导致供求关系失衡发生变化。趋势变化常常是在发出这样一种信号:供不应求(或者供大于求)的优势在经历了一波稳定的行情后开始走向衰竭,结果导致刺激趋势持续扩展的动力趋于减弱。

案例 1 英国富时 100 指数

在从 2003 年的低点到 2006 年上半年上升趋势的稳定性开始下降期间,英国富时 100 指数一直保持着持续上升的趋势。让我们先来看看这一上升趋势当时的状况:

(1)一连串回调低点明显持续走高;

(2)一连串反弹高点明显持续走高;

(3)在界限清晰的盘整过后,每次向上突破得到了支撑;

(4)每次盘整都能站上比前一次盘整更高的价位,因此,一个逐步向上的上升趋势清晰可见;

(5)各次盘整规模比较相似;

(6)大盘每次都能在 200 日移动均线区域找到支撑点。

英国富时 100 指数上升趋势稳定性的第一次变化就是图 10－3 中那次较大幅度的回调。在 2006 年 4 月前,这次回调幅度还不到 350 点。但在 2006 年 4～

6 月中旬,大盘回调了 600 多点。虽然对于手中持有多仓的投资者来说,这是一个关键时刻,但是,富时 100 指数在上一轮盘整区间的上限以及被相当多的市场参与者视为入市点而引发反弹的 200 日移动均线区域找到了支撑点。

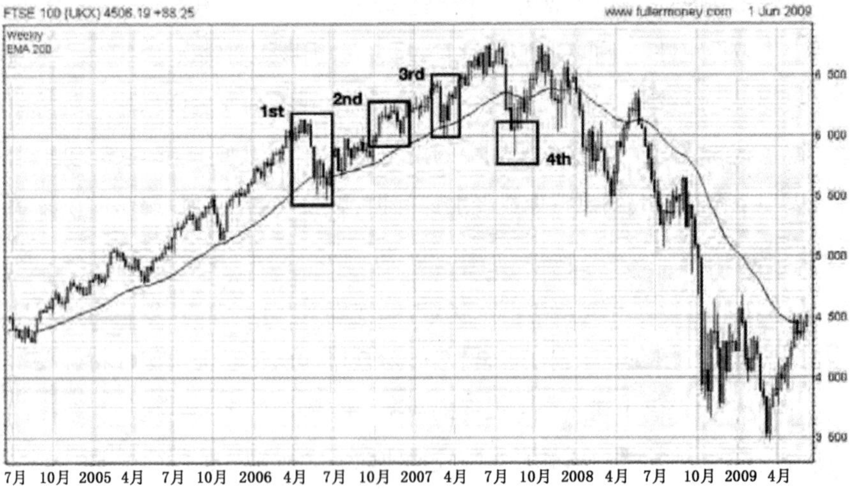

图 10—3 2005～2009 年英国富时 100 指数走势

英国富时 100 指数上升趋势稳定性的第二次变化,发生在 2006 年底与 2007 年初期间。这次盘整没有形成高过上一轮的态势,而是跌破了前高。在这个持续多年的上升趋势中,这是首次出现连续两次回调重叠的情形。由于大盘在 6 000点的心理价位上找到了支撑点,而且低点不断走高的势头仍保持不变,因此,上升趋势的稳定性变化没有导致大多数手中持有多仓的投资者出货离场。

英国富时 100 指数上升趋势稳定性的第三次变化发生在 2007 年突破 6 500 点未果后。英国富时 100 指数急剧回落,以至于上次盘整的下限受到了考验,但结果在 200 日移动均线区域找到了支撑点。

在这个阶段,英国富时 100 指数经历了一些幅度大于以前的回调。这些回调一个接着一个,导致几次向上突破失败。

这个上升趋势的主要稳定性特征变成了一连串持续走高的回调低点、逐步走高的高点,并且在 200 日移动均线区域找到了支撑点。

这个上升趋势稳定性的第四次变化出现在支持上攻 6 500 点的突破失败后。股价下跌,并且在这个持续多年的上升趋势中出现了第一个下降的回调低点。然后,大盘在 200 日移动均线以下盘整了 2 个月,后又反弹考验——而不是超过——先前的峰值。在这段持续 4 个月的时间里，仅剩的一些稳定性特征也没有保留下来。

在这个波动加剧、上升趋势的每一个稳定性特征受到挑战并最终丧失的时期里，英国富时 100 指数把 2007 年的大部分时间都花在了盘整上，真是应验了“一路持续上涨很少是一种可靠的持续形态”这句话。为什么会这样呢？

原因就在于，一路持续上涨以后，供求关系就会重归均衡。继业已成熟的上涨行情后的波动加剧，就是供求较量重启的一个信号。根据市场结构，我们不必成为工程师就能看懂走势图，其走势开始变得看上去给人以头重脚轻的感觉。虽然这种状况并不意味着价格不能再次成功突破，重新确定上升趋势并且继续冲击新高，但是，要使这些情况真的发生，至少首先能够支持一次向上突破。

在一次这样漫长的盘整——这次盘整持续了 1 年多——中，任何潜在的买家很可能已经买入。那些通常被认为有可能出价低于市价的买家由于需求没有得到满足，因此很可能对相关投资工具的热情没有趋势呈现阶段那么高。原因就在于，他们有 1 年多的时间考虑自己的投资策略，但并没有被迫做出决策。越来越多的人不愿继续等待回调，而是撤回了自己的出价，并且希望看到突破以证实牛市假设，而不是在没有相反证据的情况下承认牛市假设。

对于那些已经做多的人来说，与趋势呈现阶段相比，盘整阶段令人厌烦。他们在上升趋势中做得很好，并且希望通过再次证实牛市假设来获利。但是，他们也想确保账面利润，因此，合乎情理的做法就是引入止损机制，大多数人会把他们的止损点设在最后一个回调低点下方。

大盘正在盘整，眼下供给至少与需求势均力敌，对应于每个想买的人总得至少有一个想卖的人。曾经需求占据上风的大势现在受到了挑战。熊市观开始赢得一些信徒，尽管忠实的信徒此时还相对较少。

止损点设好以后，买家开始等待，重新结集的空方开始赚钱，而期盼大盘向上突破的希望再次表现为大量有助于此时支持大盘的因素。2007 年 12 月出现的低于前高的高点以及 2008 年初出现的低于前低的低点，就是新一轮下降趋势的第一个稳定性特征。由于大盘从 2008 年 5 月起失守 200 日移动均线，因此新一轮下降趋势得到了确认。

后来，下降趋势稳定性在 2009 年筑成的底部附近发生了明显的变化。英国富时 100 指数从 2008 年 10 月开始逐渐失去动能，波动加剧，并且在大盘处于低位的 2009 年 3 月经历了一次失败的向下突破。随后的反弹考验了低位盘整区间的上限，但出现了一个较高的回调低点，并且支撑了 7 月出现的向上突破，从而开始了新一轮上升趋势。

共性分析

任何事物都不是孤立存在的。戴维·富勒在 40 多年前就指出，如果我们想考察一种投资工具，那么就应该拿它与类似的投资工具进行比较，以拓宽我们的视野。共性分析是宏观行为技术分析师工具箱里最有用的工具之一，因为它有助于我们获得更多的信息；如果没有它，我们就可能无法得到这些信息。笔者可以毫不夸张地说，本人最准确的市场预测有些就是基于揭示新的投资题材的共性分析。

例如，在一个主要是窄幅盘整的股市中，我们能够观察很多全国性指标的表现。如果大盘向下突破大多趋向于下跌，但有越来越多的次数在支持向上突破，那么我们就能推断需求正在开始超过供给。

当我们要寻找市场正在筑底的证据时，经常会受诱惑关注问题的核心部分。其实，这样有可能患近视症。通过观察为数众多的市场来寻找领涨的市场，我们就能收到更好的效果。先行者能向我们提供复苏可能性的线索，因此，关注先行者远比关注滞后者重要。我们正在寻找供大于求正在向供不应求过渡的线索。最早向上突破的市场显示出更高的新牛市假设敏感性，而新牛市假设随后可能激发更多投资者的投资兴趣。

这种方法同样也适用于熊市。例如，如果股票市场的指标显示股市主要是在盘整，并且越来越频繁地向下突破，那么我们就能推断供给正在开始超过需求。当我们寻找市场正在筑顶的证据时，关注领跌股的业绩要比关注周期后阶段领涨股的业绩更加重要。其实，我们又在寻找某一市场参与者群体的优势地位转变为另一群体的优势地位的证据。

戴维·富勒早就提出的另一句格言就是，“在熊市中，投资工具是被一个个拉出去‘枪毙’的”。造成这种状况的原因就是，我们在观察多个市场时会发现，投资工具不会同时上涨或者下跌。不过，随着熊市情绪的确立，在没有相反证据证明的情况下，投资者会变得越来越不看好市场会逆转上行。更多的投资者会设置止损点。随着止损点被触及，其他市场的人气也会恶化，并且会引发连锁反应。在美国贝尔斯登公司(Bear Stearns)破产后，一个类似的过程显而易见，市场参与者开始寻思接下来该会是哪家公司破产。

共性分析同样可用于其他资产类别。对于主权债券，我们不但要观察某个国家的债券，而且还要观察很多国家相似期限的债券。对于公司债券，我们必须了解同一信用等级公司的信用或者不同国家同一行业公司的信用。对于货币，我们必须了解我们的基础货币与很多其他货币。对于股票市场，我们可以比较多个不同指标的业绩表现。在行业层次，我们可以比较国家和地理区域之间的行业指标，或者比较同一行业不同个股的价格表现，并且与其他国家同一行业不同个股的价格表现进行比较。

对于贵金属，我们可以比较金、银、铂和钯；对于工业原料金属，我们可以比较铜、铝、镍、锌、铅和锡。此外，我们还可以观察铬铁、铟、锰、钼等稀有金属。在能源领域，我们可以比较在不同交易所交易的原油价格表现。我们还能拿原油和民用燃料油、汽油、煤炭甚至天然气进行比较。

在农业领域，可采用的方法稍微有点复杂。对于粮食，我们可以比较玉米、大豆、小麦、燕麦、稻谷等。不过，在咖啡市场上，只有罗布斯塔和阿拉比卡两种咖啡豆可以比较。可可豆、食糖、橙汁、棉花、木材、橡胶等都是一些在很大程度上受其自身基本面支配的独特市场。然而，共性分析还可以应用于软商品，因为当我们看到软商品价格在同时上涨或下跌时，就能掌握综合商品指数基金或者大宗商品市场跟踪者正在做什么的线索。

下面是一个笔者曾在 2010 年 9 月 6 日介绍过的云计算共性分析例子：

“笔者于 3 月 5 日完成了一项观察纳斯达克 100 指数成分股 20 年价格走势图的研究，旨在发现可进行长线操作的股票。现在回过头来看，虽然当时科技是一个重大题材，但正在逐渐变得明朗，思杰系统公司(Citrix Systems)、抽点检验软件技术公司、高知特信息技术公司(Cognizant Technology Solutions)、詹博网络公司(Juniper Networks)和甲骨文公司(Oracle)都有一个高度一致的共性，那就是都与下一代数据储存技术有关……

“……总之，以上这些上市公司虽然自 4 月以来把大量的时间用于谋划未来，但都忙着发展能使美国的技术优势卓尔不群的技术解决方案。它们的相对强弱，特别是过去一个月的相对强弱明确显示，投资者们正在对这些具有中长期成长潜力的股票下注。”

在这个例子中，共性分析被用来识别一组刚刚开始展示其底部形成过程完成和业绩较好的股票。为数可观的这类股票后来出现了引人注目的反弹。

共性分析是我们常用的一种宝贵分析工具，至少是笔者进行有关市场大势预测的决策的一个组成部分。我坚信，花在考察相关市场上的时间绝不是浪费；共性分析是宏观行为技术分析的基本内容之一。

相对强弱与领头作用

相对强弱和领头作用是宏观行为技术分析的两个重要主题。为了对两者进行区分，笔者把相对强弱作为一种业绩测度指标来刻画其特点，而把领头作用作为一个时机选择标准。因此，虽然某种投资工具可能是一种领头工具，同时又显示了其相对强度，但两者之间存在很大的差异。

相对强度常用于观察业绩跑赢行业或者更大资产类别的投资工具，而相对弱度则用来观察下跌行情中业绩低于大盘或者其所属资产类别的投资工具。

领头作用是一个时机选择标准。领涨的投资工具会先找到支撑点，先于其他投资工具向上突破，重要的是常先于行业或者大盘触顶；而领跌的投资工具则会提前出现峰值，率先完成筑顶过程，而且常常先于大盘筑底。

大牛市或大熊市的领头者也常通过上涨或下跌行情中业绩跑赢大盘来显示自己可观的相对强度，它们在牛市或熊市的早期阶段经常表现出最漂亮的跑赢大盘的业绩，因为它们较少受到此前上涨或下跌行情的影响，并且在回应趋势跟踪投资者方面看似很有吸引力。不过，随着主要趋势的发展，其他行业或者投资工具开始追赶上来，并且意味着早期的领头者很难在整个牛市期间守住不受挑战的相对强度地位。其实，最可能出现的情况是，早期的领头者虽然在牛市的大部分时间里有可能守住领头地位，但总要在一个中期的牛市或熊市过程中经历业绩跑赢其他行业和资产类别然后又输给它们的阶段。

案例 1　1994～2013 年微软公司（纳斯达克）股价走势与纳斯达克 100 指数走势比较

用绝对值表示，微软公司股价比大盘早 3 个月达到峰值，但也比纳斯达克

100 指数早 3 年探底(见图 10－4)。

图 10－4　1994～2013 年微软公司(纳斯达克)股价走势与纳斯达克 100 指数走势比较

微软公司股价与纳斯达克 100 指数的比率表明了微软公司与大盘(纳斯达克)在科技泡沫泛滥的绝大部分时间里的相对强弱(见图 10－5)。微软公司经历了几个业绩输给大盘的次要阶段,但总体趋势是,在 10 年考察期的大部分时间里,微软的业绩常常跑赢大盘,并且在 1999 年 4 月达到了一个重要的相对峰值。虽然微软公司的相对强弱从 2000 年 9 月起逐渐变为正值,但这更多是因为

图 10－5　1990～2013 年微软公司股价与纳斯达克 100 指数比率

纳斯达克 100 指数走弱，而不是微软公司股票走强。后者在从 2010 年到 2013 年初期间业绩表现不如大盘，说明该公司在一个其手提电脑操作系统被大大冷落的环境里遭遇了竞争失败。

案例 2　标准普尔银行指数与标准普尔 500 指数走势比较

标准普尔银行指数与标准普尔 500 指数之间是一种略有不同的比较，因为它是拿一个行业股票价格的走势与大盘的走势进行比较，而此前的例子是关于一只科技股与一个技术引领指数的比较。

在 2007 年前的 10 年里，银行股经历了占标准普尔 500 指数的权重由中到大的变化。两种指数走势重叠图（见图 10－6）表明，20 世纪 90 年代末，银行股几乎比大盘早两年达到峰值。银行特别容易对美联储在高科技泡沫破灭后采取的流动性注入措施做出回应，银行股在大盘于 2000 年登顶时早已开始反弹。

图 10－6　1994～2013 年标准普尔银行指数与标准普尔 500 指数走势重叠

在标准普尔 500 指数于 2002 年探底并且显示出可观的早期相对强弱时，标准普尔银行指数已经开始在逐步走高的价位上找到了支撑点。用绝对值表示，银行指数在 2007 年比大盘早 6 个月触顶，并且随后以快于大盘的速度下跌。

标准普尔银行指数与标准普尔 500 指数比率走势图（见图 10－7）显示，银行业在 20 世纪 90 年代的大部分时间分享了牛市。银行股业绩从 1998 年4 月～2000 年 3 月输给了大盘，但随后一直到 2002 年 8 月都是业绩最好的行业。用相对值表示，银行股从 2004 年起与大盘相比一路走低，并且从 2006 年起加速下跌。

图 10－7　标准普尔银行指数与标准普尔 500 指数比率走势

银行领头作用的重要性

大牛市和大熊市往往由一个吸引投资者投资兴趣多年的题材的发展及随后的衰退所驱动。美国西海岸开发驱动了一轮以铁路为核心的牛市，第二次世界大战后的复兴在 20 世纪 50 年代驱动了又一轮牛市，20 世纪 80 年代亚洲“四小龙”和日本推行的出口导向型制造业发展模式驱动了这些经济体的股票和房地产市场的大牛市，高科技和互联网在 20 世纪 90 年代驱动了纳斯达克和美国的巨大牛市，而由各世界人口中心经济崛起引发的全球消费者崛起有可能是未来 10 年最受欢迎的投资题材。

牛市需要能够捕捉投资者想象力的重大题材，但一个题材自身还不足以驱动一轮牛市。资本市场必须有足够的深度来吸纳足以促成国际大牛市的资金。在没有信贷推动投资者精气神的情况下，任何牛市都不可能发展，这就是任何牛市都离不开银行的原因所在。就如我们在标准普尔银行指数与标准普尔 500 指数比较的例子中看到的那样，银行股虽然并不一定起到领头作用，但至少必须有与大盘一致的业绩表现。

银行的基本作用就是提供流动性，这是一个常识性观点。在任何大牛市中，无论是通过向新企业贷款、安排首次公开募股、组织并购活动、发行新债券还是投资于其自身的资产负债业务等，银行都应该有众多的赚钱机会。如果银行股的表现不如大盘，并且实际朝着相反方向发展，那么我们就应该认真寻找造成这种状况的原因。

从相反的方向看，在银行业成为一轮牛市领头行业的大势中，银行股的后续大幅下跌先会导致撤走信贷，银行用来赚钱的商业模式不再起作用，银行的恢复会对大盘产生冲击作用。直到银行业实际触底，不利于大盘的因素才会消失。

由于以上这些原因，我们必须密切关注银行业的业绩，因为银行股常常是大盘称职的领头股。我们已经考察过美国银行股先于大盘登顶的例子，银行股代表着风险中心，同样也会领跌。现在让我们来看 2003 年日本银行股与日经指数的走势情况(见图 10－8)。

图 10－8　1995～2007 年日经 225 指数与东京证券交易所银行业指数走势比较

下面引用戴维·富勒早在 2003 年就银行领头作用发表的观点：

“如果银行股没有相对较好的业绩表现，股市就不可能在熊市的低点大幅反弹。在日本银行股占大盘的市值跌到了 7％(而大多数其他市场的这个比率是 20％)后，日本银行股在过去两周里开始扭转长期业绩不如大盘的颓势。”

日本银行股在 2000 年、2001 年和 2002 年连续 3 年业绩不如大盘，但在

2003年初反弹突破了此前一系列不断走低的反弹高点,业绩也开始明显优于大盘。从2006年初开始,日本银行股同样先于大盘登顶。

在2013年前,日本银行股完全丧失了上涨势头,尤其是在2006年达到峰值以后,但从2011年起再次开始跑赢大盘。在笔者写这本书的时候,日本银行股继续显示其领头作用和相对强弱。只要日本银行股业绩表现至少与大盘持平,那么日本经济复苏的前景就可能是积极的。

图10—9 1992~2013年东京证券交易所银行指数/东京证券交易所指数相对走势

动力分析

动力是指一种因其规模及其对市场一般心理状态产生的显著影响在图表上清晰可见的波动所产生的作用力。

牛市情景

上行动力表示市场人气旺盛。在一轮上升趋势中,随着价格触及供给真空区并且急剧向上飙升,通常可在对交易性盘整的突破中看到动力。在经历了一轮持久稳定的上涨行情以后,如果大盘随后开始出现上行动力,那么这可能就是上涨行情结束的信号,因为上涨潜力已经在兑现,而需求正在耗竭。在一轮下降趋势中,如果大盘出现了一股逆势向上的动力,那么这可能是在发出需求正在开始重新夺回主导地位的信号，并且至少是一个一般熊市心理正在受到质疑的警示信号。

熊市情景

下行动力表示市场人气低迷。在一轮下降趋势中，随着价格触及需求真空区并且急剧下跌，通常可在针对交易性盘整的向下突破中看到动力。在经历了一波持久稳定的下跌行情以后，如果大盘随后开始出现下行动力，那么这可能就是一个下降趋势结束的信号，因为下行潜力已经在兑现，而且供给正在耗竭。在一轮上升趋势中，如果大盘出现了一股明显的逆势向下的动力，那么这可能就是一个供给正在开始重新夺回主导地位的信号，或者至少是一个显示一般牛市心理正在受到质疑的警示信号。

在一个交易性盘整区间内，随着供给或者需求占据暂时的主导地位，我们能够观察到上行动力或者下行动力。戴维·富勒早就提出的一条经验法则就是："在没有相反证据的情况下，我们就可认定最新的动力，直到或者除非它被抵消。"

我们观察到，当价格急剧反弹或者以动力形式穿透盘整区间下限，但以较慢的速度从盘整区间上限回落时，牛市震荡会出现在交易性盘整区间内。这种状况表明，买家正在退缩中聚集，并且在减少利用盘整中出现的反弹来释放手中的筹码。从预测市场将朝哪个方向突破的角度看，牛市震荡通常表示向上突破。

下面这张道—琼斯工业股平均指数走势图(见图 10－10)很能反映大盘的动力变化。

1. 2008 年 10 月出现的大幅加速下行是下降趋势最稳定的部分，因为它一路下跌，并且至少连续 5 个月一直在消耗供给的能量。虽然这股从顶部一路下行的动力并没有创下绝对新低，但发出了已接近整个下降趋势尾声的信号。

2. 2009 年 2 月连续出现的 4 股下行动力耗尽了供给能量，而 3 月初的逆势向上的动力表明，随着空方开始面临压力，大盘已经触摸到一个至少具有短期意义并最终具有中期意义的低点。

3. 在经历了从 9 000 点向下回落后，大盘在短期盘整区间的下限出现了上行动力，这是一个牛市震荡的典型例子，而且也有助于确定需求将回归 200 日移动均线区域，并且意味着持续走低的中期反弹高点序列正在被突破。

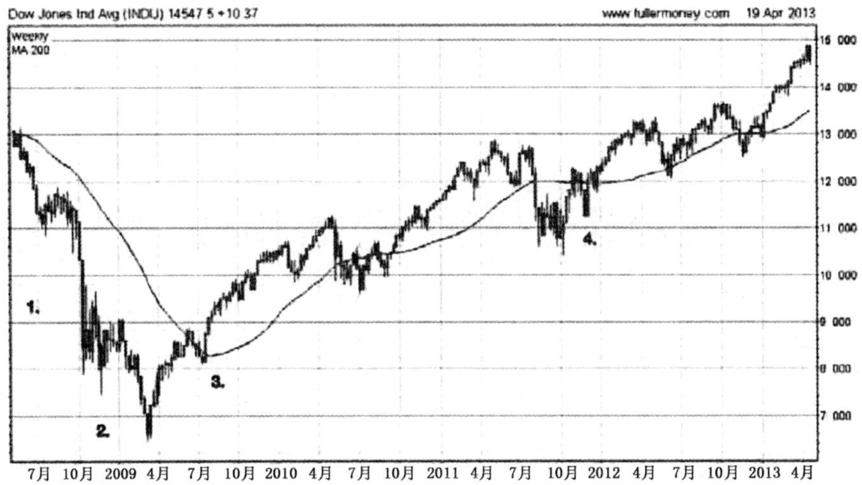

图 10—10　2009～2013 年道—琼斯工业股平均指数走势

4. 2011 年 8 月，道—琼斯工业股平均指数出现了一股从持续了 6 个月的盘整区间向下突破的巨大下行动力，并且主要稳定在 10 500 点的上方，而震荡区的内部动力在这个点上变化无常，常常是这周上涨下周又下降，这就意味着供给与需求正在展开较量。10 月失败的向下突破随着一周后上行动力的出现而得到巩固。随后，道—琼斯工业股平均指数再次以动力形式在 11 000 点上方找到了支撑点，而此后的走势逐渐变得越来越稳定。

结 论

从本质上讲，金融市场就是不确定的。有时，价格波动速度能迫使市场参与者做出反应。不管怎样，如果我们能掌握本章所讨论的各种方法——稳定性特点分析、共性分析、相对强弱分析、领头作用分析和动力变化分析，那么我们就能在预测价格走势方面赢得一定的优势。

第十一章 移动均线

本章内容提要

- 移动均线可被定义为“明显滞后的趋势平滑曲线”。
- 200 日移动均线被认为是一种最有用的趋势均值曲线。
- 关于市场,我们掌握的最接近物理现象自然法则的知识就是,价格在背离均值后最终会回归均值。
- 移动均线还能提供趋势走向的原始线索。

戴维·富勒常把均值回归描述成“我们在投资者人气这个社会科学领域掌握的最接近物理现象自然法则的知识”。随着市场人气在一个趋势内部的起伏,我们总能看到价格会背离均值,并最终回归均值。这种现象经常会以一种有节奏的方式出现,而这种有节奏的方式是市场运动稳定性特征的组成部分。只要能够意识到这种运动的必然性,我们就能处于从中获利的有利位置。

在一本把大量的篇幅用于价格走势分析的书中,只给技术指标留一章篇幅的情况似乎并不多见。无论如何,笔者认为有必要指出,按比例计,本书留给技术指标的篇幅大致接近于本人在日常分析中考察它们所花的时间。事实上,笔者常用的唯一技术指标就是 200 日移动均线,因为它能近似反映趋势均值。

很多投资者有一整套自己心爱的指标,并且能够富有成效地把它们应用于自己的分析中。最成功的交易者和投资者会创建适合自己性格的交易或投资策略。本书无意劝说读者改变自己心爱的指标或者要贬低读者心爱的指标,而是要简单地介绍笔者自己运用这些工具的方法。

在彭博社供职时,笔者曾在欧洲很多国家举办的研讨班讲课。不管怎样,当有人问笔者为什么某个指标有其作用时,笔者会本能地回答说,因为这条线与那条线相交,或者这个价位超过了某个百分比。然而,这样的回答十分空洞。事实上,笔者已经接受了采用在某些场合起作用而在另一些场合不起作用的指标得出的结果值,开始淘汰一些自己无法用常识解释清楚的指标。这么一来,艾略特波浪理论、江恩理论和迪马克的大部分技术分析指标就统统被搁在了一边,因为这些理论和指标不是倾向于依赖主观阐释,就是具有一些笔者根本无法向缺少经验的观察者解释清楚的使用规则。笔者只保留了为数很少的自己能够解释清楚的指标,其中一些指标可用于盘整市,而另一些能用于趋势市,但没有一种指标可以在任何形式的市场上使用。说实话,笔者对技术分析的信心在下降,并且已经开始对它不抱幻想。

笔者很幸运能在 2003 年改投公司荷兰销售团队麾下,而且第一次去阿姆斯特丹出差就能享受旁听戴维·富勒讲课的特殊待遇。富勒关注图表所反映的事实,而不是注重理论。在富勒看来,如果我们准备看图,那么就得承认,必须知道的关于价格走势的一切,图上都有。富勒的观点使笔者产生了共鸣,并且大大加快了笔者的分析能力的发展。

笔者明白,如果能在不设"应该在图上看到什么"或者"认为应该在图上看到什么"的预想的情况下研究价格走势,那么就更可能成功识别表明趋势正在结束的不同方面。添加趋势线或者其他技术叠置线,并不会带来很多附加价值,却可能成为障碍。笔者开始明白,自己以前对指标的依赖就像是走路要依靠拐杖,因为笔者不准备在没有另一种工具帮助的情况下分析可获得的数据。后来,笔者决定扔掉这根拐杖,现在不再经常使用技术指标。不过,对移动均线仍然值得做一些深入探讨。

移动均线

如果把趋势线定义为一根用来在图上连接两个或更多关键节点的曲线,那么,一条移动均线可被视为一条连接多个节点的趋势曲线。戴维·富勒把移动均线定义为“明显滞后的趋势平滑曲线”。由于移动均线都是趋势平滑曲线,因此它们往往非常适用于趋势市,而不太合适盘整中的震荡市。

由于宏观行为技术分析是一门社会学科,因此,以下问题没有绝对的答案,原因就在于:每个市场和每个投资者目的不同。关于移动均线的使用也存在很多学术争论,笔者不准备在这里谈这些问题。这一节从移动均线有益于行为技术分析或略为大一点的角度去讨论移动均线使用的问题。

在详细阐述移动均线使用问题之前,我们必须先回答以下这些共同的问题:(1)应该使用哪种移动均线?(2)应该采用哪个周期的移动均线?(3)应该使用几种移动均线?

应该使用哪种移动均线?

有多种不同类型的移动均线。我们可以绘制简单移动均线或者加权移动均线。数据越新,加权移动均线就会赋予越大的重要性。指数加权移动均线赋予数据的权重以指数方式从较新的数据点到较旧的数据点依次减小。从个人和学术的角度看,笔者偏爱指数加权移动均线,因为笔者认为数据越新,就应该被赋予越大的重要性。凡是读者在本书图中看到的移动均线都是指数加权移动均线。据说,程序交易平台提供者们也较多使用指数加权移动均线,因此它们更具有心理学意义。

应该采用哪个周期的移动均线?

几种最常用并且最具心理重要性的移动均线是 5 日(1 周)、20 日(1 月)、50 日(1 季度)和 200 日(1 年)移动均线。根据计算均值的软件,如果我们观察周走势图,那么以上数值可能要为周移动均线进行调整,这样,5、20、50 和 200 日移动均线就变成了 1、5、10 和 40 周移动均线。无论是采用日线还是周线,指标结果值的形状都是相同的。

在富特投资公司图表库——本书所用的每一张图表都取自该图表库——里,所有的移动均线都是日线,因此,200 个周期的移动均线总是 200 日移动均线,不管我们看的是日走势图、周走势图、月走势图还是季走势图。

如果市场参与者目的不同,那么上面这个问题的答案就大相径庭。有人会花很多时间去事后检测各种不同的数据集,以确定哪组移动均线最适合某一特定投资工具。其实,这是在假设历史会重演。在趋势稳定不变的情况下确实有这种可能性,但忽视了“再稳定的趋势最终也会结束,而且通常是以一种出人意料的方式结束;根据定义,移动均线总是滞后”这一事实。

移动均线最适用于强劲的趋势市,但在笔者看来,最好把它用于持续几年的相当长的期限和上升趋势。短线交易者倘若采用技术分析指标,一般倾向于采用各种有助于识别短期超买和超卖状况的震荡指标。对于趋势交易者来说,更适合使用期限较长的移动均线。

笔者倾向于采用 200 日(40 周)移动均线,因为这种移动均线被广泛采用,因而具有心理价值。它代表 1 年交易历史的近似均值,所以可被描述为“可用来观察超调状态回归可能性的均值”。对于做较长期限投资的趋势跟踪者来说,200 日移动均线是一个最适中的指标。它能相当灵敏地显示什么时候一种趋势已经逆转并充分偏离原先的轨迹,因此只有出现大幅波动才可能扭转。

应该使用几种移动均线?

笔者出于分析的目的只采用一种移动均线,即 200 日指数加权移动均线。笔者知道很多交易系统采用一种以上的移动均线,但笔者认为,这些系统过于机械,并且与被作为行为技术分析基础的稳定性特征不太协调。

超调、回归和趋势走向

超调

200 日移动均线代表可利用数据的均值。如果我们采用一种简单标准差的钟形曲线(见图 11－1),那么,落入距离均值较近区域的概率最大。根据定义,如果现值不在均值附近,那么说明现值多少有点超调。在与移动均线相关的极端值上,我们由数学公理知道,价格不会无限期地处在超调状态下不变,均值回归只是一个时间问题。

相对于一条移动均线的超调就好比拉橡皮筋,橡皮筋受力越大,松开后回弹就越快。从行为分析的角度看,在于移动均线上下方出现极端超调的时期非常重要,因为它们与出现人气极端状态的时期相吻合。

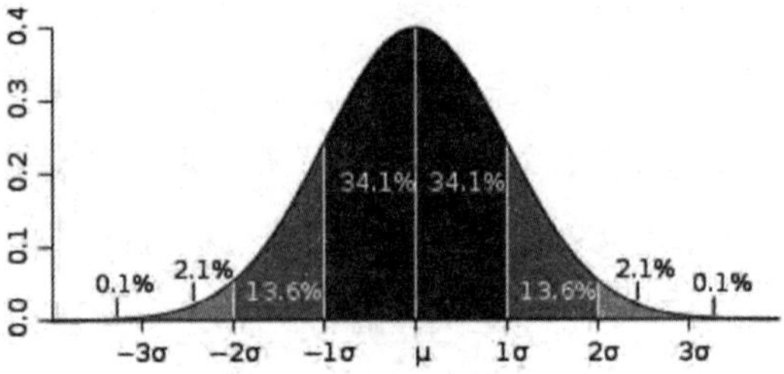

图 11－1　统计学钟形曲线

必须出现某种把供求失衡推向另一极端的状况，才能使价格相对于均值发生超调。在牛市中，随着牛市假设越来越受到注意，价格相对于均值的超涨通常是为了回应流入市场的资金；而在熊市中，价格之所以会相对于均值超跌，常常是因为供给过多，而且市场本身的状况也受到了质疑。

2008 年 10 月，标准普尔 500 指数快速下挫，以至于发展成为相对于其 200 日移动均线的极端超跌(见图 11－2)。

图 11－2　2006～2008 年标准普尔 500 指数走势

为了显示标准普尔 500 指数这次超跌达到了如何极端的程度，笔者从指数值中减去 200 日移动均线值并编制了以下这个指标。2008 年 10 月，标准普尔 500 指数的这次超跌幅度大于该指数此前所经历的任何一次下跌(见图 11－3)。

以下是笔者当时写下的文字：

“标准普尔 500 指数相对于其 200 日移动均线从来没有如此超跌过，此

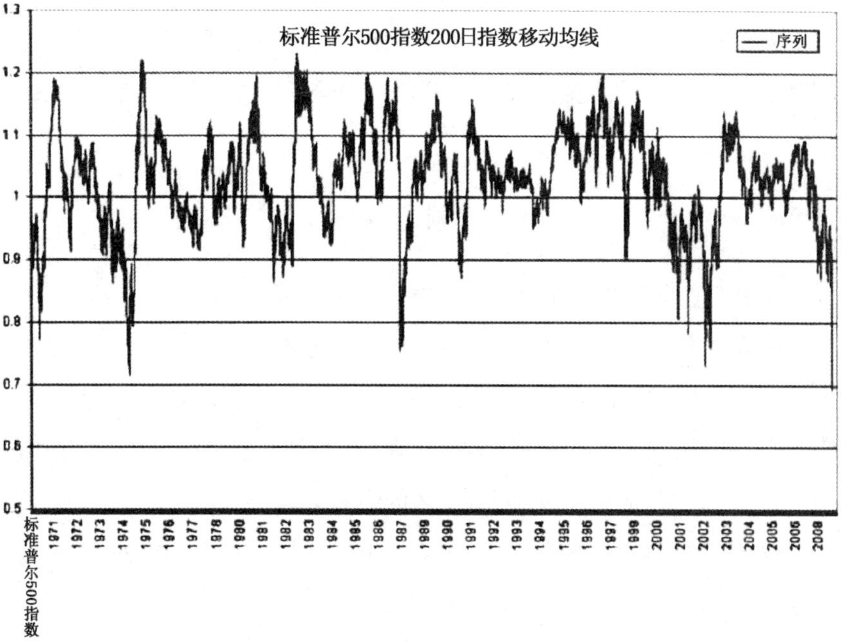

图 11－3　1970～2008 年标准普尔 500 指数 200 日超调震荡指标

前分别在 1973 年、1987 年和 2002 年出现的 3 次比较接近的情况，都为大盘创下了意义深远的低点。虽然我们还没有证据能够证明标准普尔 500 指数找到了支撑点，但是，超跌越深，当人气开始旺盛时，回补性反弹就可能越猛烈。”

这次历史性超跌并没有向我们表明标准普尔 500 指数已经触底，但的确显示出这个指数已经接近底部，因为大盘加速下跌已经迫使很多投资者离场出局，而卖空者正变得越来越咄咄逼人。在评估下跌趋势的稳定性时，加速下跌因其规模和供给所处的明显优势，所以是一个下跌行情结束的信号。但是，这种压倒一切的优势不可能超越短期持续下去。

当大盘相对于其趋势均值出现如此明显的超跌时，我们就应该明白这种情景是不可能无限期持续下去的。本例中的超跌状况并没有向我们显示下降趋势的终极低点，却意味着我们处在一个极端的价位上，出现回归性反弹的可能性很大，而且回归性反弹因大盘相对超跌而可能十分强劲。至少，我们必须明白，在这样一个关键时刻跟风进入一种极端的熊市状态，是与大盘所呈现的风险—收益状况背道而驰的；也就是说，出现回归性反弹的可能性大大超过追加下跌的可能性,尽管市场人气正好表示了相反的情况。

如果在价格走势图上添加一条 200 日移动均线,那么我们就能很快看到大盘相对于它的均值是否变得多少有点超跌。这样,我们就能得出有关供求关系的结论。

回归

相对于均值而言的超调,是一个不要轻易超越短期跟随大盘主导人气的信号。这种情况被认为在一个中期上升趋势中至少会出现一次,也可能出现多次。从提供可行入市点的角度看,相反的过程——回归——也值得我们注意。如果回归变成了趋势逆转,那么之前一定会出现(以下要讨论的)三个主要趋势结束信号中的一个,并且是一种趋势已经结束的绝对证据。

从数学的角度看,价格相对于趋势均值越是超调,就越有可能回归均值。不过,虽然知道这个过程十分重要,但记住行为分析是一门社会学科,而不是纯数学学科这一点也很重要。移动均线并不会提供被奉为神明的支撑位和阻力位。价格可能而且通常凭借回归性波动来实现超调,而断言大盘"必然"在哪里找到支撑点或者遇到阻力点的教条态度被证明无助于我们的分析。

回归可能以如下不同的方式出现:(1)允许移动均线赶上的价格盘整;(2)价格迅速回归相对静态的均值;(3)以上两种方式的某种组合。

在一个相对比较稳定的上升趋势中,我们能够看到所有以上三种不同的回归,但比回归方式更重要的是,价格于回调的后期阶段在 200 日移动均线区域找到支撑点。让我们以 2005～2010 年间的巴西股市为例来加以说明(见图 11－4)。

1. 2007 年 1～3 月间出现的回归在很大程度上以盘整为特点,但一连串持续走高的回调低点在整个盘整过程中保持完整无损。这种盘整相当于反映 1 型回归特点的盘整性整合。

2. 在经历了 2007 年年中的上行加速以后,巴西博维斯帕股指突然回调,并且在不到 4 周后结束回调。这次回归的速度以及移动均线在此期间几乎没有变化这一事实,把这次回归变成了 2 型回归。

3. 出现在 2007 年 11 月～2008 年 1 月间的回归保持了大部分上升势头,并且盘整了 3 个月,从而允许下行的移动均线至少能部分追赶上来。随后,股指急

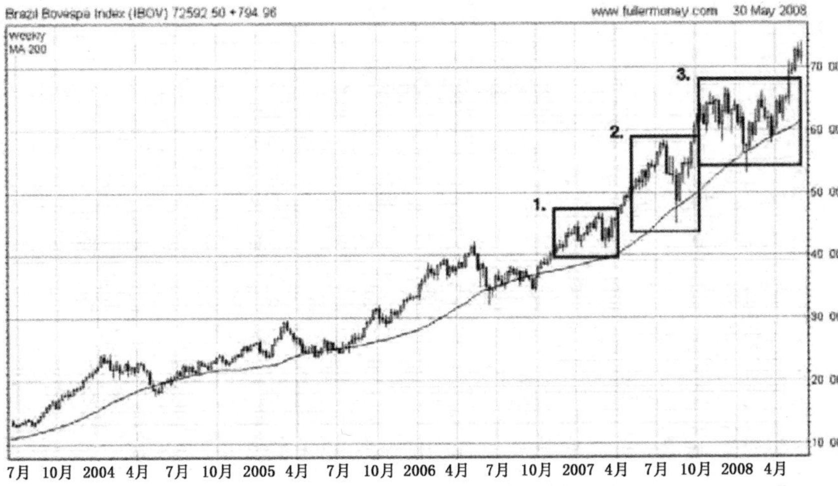

图 11－4 2004～2008 年巴西博维斯帕股票指数走势

剧下跌到了 1 月份的低点，并且完成了回归过程。这次回归相当于一次 3 型回归。

读者一定会注意到，这一趋势中出现的回归具有回调到 200 日移动均线以下的倾向，从而在心理上对市场参与者产生了负面影响，因为这样的回归会引发对上升趋势完整性的不必要怀疑。但不管怎样，坚持总有回报。关于巴西博维斯帕股票指数在 200 日移动均线区域找到了支撑点以及回跌到该均线下方这种状况没有持续下去的证据，为趋势跟踪投资者提供了近似最佳买入的机会。

回归形态没有明确的标准，有些回归在情绪上要比另一些回归更难应对。如果价格仅仅是盘整，并且允许均值追赶上来，那么只有很少的利润会流失，而相关的情绪可能偏向于急躁或者厌烦。但是，如果回归以一种更加迅速、突然的方式出现，那么恐惧和自我怀疑更有可能占据主导地位。

无论是在上升趋势出现趋向于升序均值的回归性下跌时进行买入决策，还是在下降趋势出现趋向于降序均值的回归性反弹时进行卖出决策，时机选择都非常重要。在进行这两种决策时还应该关注其他因素，如价格走势图总体形态是否稳定、共性分析是否支持您对市场的看法，或者趋势结束的特点是否明显等。

趋势走向

移动均线的走向能提供额外的分析线索，特别是关于趋势正在开始或结束的线索。大盘登顶和触底往往会表现出供求对抗的特点，结果是供求两个阵营会对市场产生截然不同的看法。随着新一轮上升趋势的开始，需求阵营会预见新一轮牛市的来临，而供给阵营则会预测一波熊市反弹行情的到来。相反，随着新一轮下降趋势的开始，需求方会继续希望出现能创新高的反弹，而供给方则声称牛市只是空中楼阁而已。

这样的争论能够持续数月甚至数年，具体取决于造顶或者筑底的进展情况。关于这类事态的争论往往聚焦于一些与价格走势现实无关的问题。

然而，在新一轮上升趋势初露端倪时，尽管移动均线滞后于大盘的实际探底，但是，如果移动均线随后抬头向上，那么就能提供一个具有绝对意义的事实：平均而言，价格在上涨。在一轮下降趋势开始时，市场的牛市人气也可能寻找回调中出现的买入机会，并且拒绝接受相反的市场证据。不管怎样，如果移动均线转而掉头下行，那么就无可争议地说明，平均而言，价格正在下降。

因此，移动均线的走向尽管滞后，但可能是一种趋势变化的真实性检验手段。

结论

移动均线可能滞后于价格走势，但提供了一种宝贵的真实性检验手段，特别是在价格朝着另一方向强劲反弹时。倘若我们能够保持情绪平衡，那么一旦认识到没有永恒不变的趋势，就能处于有利的获利位置。

第十二章　目标、逆向指标、整数恐惧症和心理水平

本章内容提要

- 没人能确定无疑地知道明天、下周、下月或者明年某种投资工具会在哪个价位上交易。
- 不管我们觉得自己多有能耐，但无法控制市场的交易价格。
- 倘若我们能够接受这些局限性，那么就能通过观察别人对其自己的预测有多少信心来获得关于市场潜在动向的线索。
- 一般来说，了解别人拿自己的资金做何投资，比了解价格最有可能走向哪里更有意义。
- 整数恐惧症是指市场表现出来的至少停顿在某些被投资者无意识地作为目标心理水平的整数区域的倾向。

没有人能够知道大盘今天、明天、下周、下月或者明年将会报收于哪个价位。我们都知道未来不可预测，但是，分析师、基金经理、职业交易员、专家学者、媒体记者和投资者都会花太多的时间用于猜测市场在任何一个给定的时间框架内会在哪个价位上完成交易。如果人们一般都善于这样的预测，那么也无可厚非。然而，学术研究表明，情况并非如此，而且实际正好相反。

以下是古斯塔夫·托恩格伦和亨利·蒙哥马利(Gustaf Törngren and Henry Montgomery)发表在2004年《行为金融杂志》上的论文的节录：

“评价金融分析师预测的研究对他们的预测效度往往得出相当悲观的结论。早在20世纪30年代，考尔斯(Cowles，1933)证明了很多金融服务机构推荐的股票在1928～1932年间业绩表现如何不及一般普通股。这种趋势一直持续到今天。德波特(De Bondt，1991)对一项纵向研究(1952～1987年)的结论进行了分析，并且发现专家们本可通过采用历史均值而不是特定的估计数值来改进他们的研究结论。同样，马尔基尔(Malkiel，1999)研究发现，从1988～1998年，美国股票型共同基金的平均年回报率要比同期的标准普尔指数低3.3%。”

古斯塔夫·托恩格伦和亨利·蒙哥马利的这项研究表明，人类通常并不善于预测，但偏偏就是对于自己的预测能力表现出不应有的过度自信。

我们如何看待一个市场的前景，直接与我们过去的经验有关。如果我们最近的投资活动取得了积极的结果，那么就可能倾向于看好市场前景。因此，倘若现在我们被要求给这个市场设定一个目标，那么就可能设置比较令人鼓舞的目标。用行为学的术语来说，这可能与心理锚定有关。

“锚定”可被定义为一种描绘人们如何评估概率事件的方式。麻省理工学院的丹·艾瑞里(Dan Ariely)举了以下这个锚定的例子：

“一组被试者被先要求写下自己的社会保险号码的最后两个数字，然后模拟对葡萄酒和巧克力这样的商品报价。结果，这个组中社会保险号码最后两个数字较大的一半被试者报出的价格比另一半被试者报出的价格高出60%～120%，并且也远高于随机报价。想到前一数字这个简单行为会对后一数字产生强烈的影响，尽管两者并无相关性。”

在建仓前，我们必然会对市场有一种看法。但重要的是，我们必须明白自己的希望、期望、愿望和信心只不过是一些推测而已，价格表现才是实实在在的东西；而且我们无法控制价格走向。挑战就在于要量身定制我们的策略，以便在市场发生有利于我们的变化时能够获利，而在市场没有发生有利于我们的变化时能够减少亏损。

如果我们能够承认从一开始自己就处于预测某个市场会找到支撑点或者遇到阻力的心理劣势，并且考虑到实际可能受到的限制，那么行为因素就能大幅增加判断某个市场可能在哪个价位上交易这种预测的价值。

逆向指标

既然我们个人的确不善于预测某个市场可能的变动方向和程度，那么我们可以把大众人气作为逆向指标来观察。观察逆向指标是一种有志向的逆向投资者必须掌握的基本技能，而明白这种技能的局限性也十分重要。

当市场人气的极端状况在市场经历了大幅波动后发展起来时，当人们明确表示对价格上涨或下跌的信心时，这通常就表明市场参与者已经在做什么，而不是打算做什么。

在市场经历了大幅下跌以后，市场人气具有预警意义，因为投资者正在蒙受损失，空方放出了某种投资工具多么糟糕的消息，而那些已经在较高价位上卖掉手中筹码的卖家有情绪上的既得利益进一步看跌市场。这就告诉我们，很多对这种投资工具感兴趣的人早已卖掉了手中的筹码。那些想给市场设定目标的人会推测价格走势，甚至预测价格会进一步下跌。不管怎样，这种投资工具的潜在供给正在快速消耗，只需一次小幅反弹就能对空方施压，从而有可能导致空头回补和潜在的逆转。

在一波大幅上扬的行情之后，市场人气十足，因为投资者现在很快就赚到了钱。那些手中持有多仓的人就会放出新的消息，他们同时有经济和情绪利益看好市场。新的买家也必须相信价格会继续走高，以便证明现在买入正当其时。倘若市场人气已经高到了一个像牛市时的极端水平，就说明很多投资者正在做多。因此，潜在需求至少短期内就会耗竭，而一次幅度相对较小的下跌就能触及杠杆交易者的止损点。

在掌握了大众人气极端状况很少是可靠的持续形态这一知识以及评价趋势稳定性特征的结果以后，我们就有了评价市场潜力和保护利润的宝贵工具。

以上这些分析仍有局限性。有时，故事是由那些寻求关注他们偏袒的行业或者资产类别的人散布的。互联网和社交媒体又导致这样的故事受到的关注大于它们本该受到的注意。看似高度可信的投资题材很可能成为当下的热门话题，倘若能很好地得到资金支持，那么就能在政治阶层赢得人气。在过去的10年里，我们迎来了大宗商品市场和新兴市场的真正牛市。但在这个过程中，很多并不重要的题材也受到了注意，并且成为很多媒体报道的对象，但就是没能创造题材营销者们应允的超额利润。

没有必不可少的信用扩张、作用大到足以令投资者感到欢欣鼓舞的故事和证明前景乐观的基本面,任何牛市都不可能出现。我们运用宏观行为技术分析的四大支柱来破译怎样的市场会转变为牛市以及哪些因素会导致牛市逐渐消失的密码。但有一个基本前提:价格走势必须支持故事内容。如果故事精彩动人,而股票按兵不动,那么就不能当即激发投资者的兴趣。不过,这并不意味着故事就不能在以后某个时候取得成功。但是,如果价格走势看上去不像能支持大牛市的立刻出现,那么大牛市可能就不会立刻出现。在牛市正在蓬勃发展的当口,对照观察价格走势也很重要,因为我们能够据此识别正在蔓延的欣快症。如果我们没有持续围绕价格走势调整我们的策略,那么也同样会冒离场太早的风险。

控制力谬误

除了对自己的预测能力过度自信外,控制力谬误是另一个障碍。笔者定期接受电视访谈,而在每次访谈中最先被问到的问题之一就是,“您的目标是什么?”

这是一个有趣的问题,因为它从行为学的角度假设,不但在市场动向方面,而且在变化程度上,市场参与者都有一定程度的控制力。在现实中,目标是针对射手而言的。他们能控制手中用很大的推力把子弹发到所预期目标的枪。射击高手会考虑距离、风速和反作用力,因此能够经常击中目标。其实,投资无论如何也不能简单地按照这种方式来操作。

行为技术分析不会告诉我们,一种投资工具在某个给定时间框架内按哪个价格水平交易,任何其他分析也不会告诉我们这种信息。但是,如果我们知道某个趋势的稳定性特征分析结果,那么就能做出这个趋势最有可能如何发展的结论。

牛顿第一运动定律告诉我们:“任何物体都会保持匀速直线运动或者静止状态,直到外力迫使它们改变运动或静止状态为止。”

戴维·富勒说过:“稳定的趋势是处于运动状态的趋势。”这句话的意思就是:供求关系继续会以某种有序的相对可预测的方式发展,直到受到某种外力的作用为止。因此,只要一种趋势能保持其稳定性,我们就能预期现状将保持下去,而运动节奏也会继续下去。

实际上,如果一个市场稳定地呈现出一种界限清晰、规模比较相似、一轮高过一轮的盘整趋势,那么我们就能预期这种状况会继续下去,直到情况发生变化。

在盘整市中,如果市场在前几次盘整区间的下限上找到了支撑点,那么推测这个支撑点随后会再次下跌就不足为奇了。

整数恐惧症

戴维·富勒把“整数恐惧症”定义为“市场至少有停顿在整数区域的倾向”。

大多数较有经验的投资者可能还记得,曾经有那么一次,一个他们感兴趣的市场正在接近一个大的整数。位于10 000点上的道—琼斯工业指数、位于1 000美元的黄金价格、位于1美元上的加元兑美元的汇率或者利率为4%的英国金边债券,都是一些市场停顿或者回归到心理意义深远的整数的例子。个人和群体都赋予这样的整数价位重要意义的原因有一个常识性的解释。

让我们来考察这样一种倾向背后的心理机制。当一种国际交易金融工具的价格走高时,人们自然会开始考虑如果除了他们可能参与外没有其他原因,那么这种金融工具的价格会涨到多高。如果被问到他们的目标,他们更可能给出紧挨着当前价位的下一个整数,因为我们中的大多数人都还没有迂腐到用分数来表达。我们更可能说1 000美元或者10 000美元,而不是982美元或者9 941美元。这么说的人越多,市场停顿在某个整数价位上的可能性就越大。

西得克萨斯州中质原油提供了一个从2007年起价格停顿在整数区域的很好例子。

原油价格于2007年初在50美元这个整数价位上找到了支撑点,并且开始反弹。在这个趋势中的每级台阶都表示为接近10美元的增量。随着价格的上涨,一个自然而然的问题就是,油价下一步会涨多高?100美元被认为是一个重要的心理价位。在2007年的大部分时间里,油价趋向于持续走高,但就在100美元下方遇到了阻力,并且在这个价位以下盘整了近6个月,随后又向上突破。因此,100美元就成了一个支撑区,下一个目标就变成了150美元,而油价于2008年在147美元的价位上达到了最高点。

图 12－1　2006～2008 年西得克萨斯州中质原油价格走势

在金融市场这个不确定的环境中，整数提供了投资者据以设定其目标的锚点。因此，行为技术分析师必须知道这些整数区域有可能成为上升和下降趋势的停顿点，并且也是潜在的逆转点。

其他心理价位

整数提供了支撑区和阻力区，因为大众赋予这些价位以重要意义。不过，同样的情况在其他兴趣点上也显而易见。参与任何给定投资工具交易的投资者都已经习惯了他们曾经赚过钱或赔过钱或者被市场走势所迫据以做出决策的价位。

几年前，在伦敦举办的“图表研讨班”上，有一个投资者提到，几年前，他在 10 000 美元附近购买了镍，并且看到价格再次回到这个价位附近又采取了相同的行动。这个例子同时说明整数的心理重要性以及在这样一个难忘的价位上赚到了钱的正增强效应。

同样，随着一种投资工具的价格回升到之前的一个峰值，在做多者中间，尤其是如果他们最近一次对价格已经达到峰值的投资工具也做了多头，那么显然就会产生这样一个问题：“这回，这种投资工具有能力支撑一次价格向上突破吗?”这是一个作用大到足以促使投资者随着价格接近某个旧高而停止加仓的问题,它提高了市场停顿在某个旧高附近的潜在可能性。

此外,随着某个市场向一个先前的旧低回跌,投资者开始寻思市场是否会再度在这个价位上找到支撑点。就这样,简单的寻思可能有助于卖空者降低止损点并且不增加仓位。

英国富时 100 指数提供了一个在过去的高点和低点上发生了类似情况的例子(见图 12-2)。

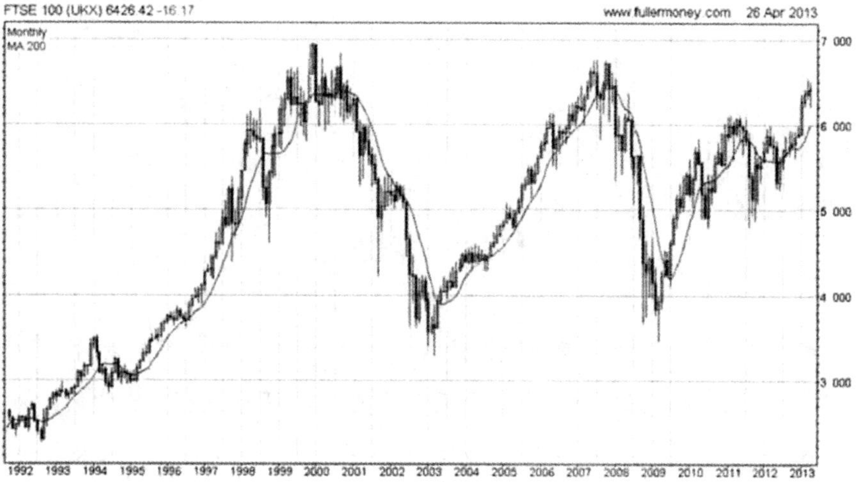

图 12-2 1992～2013 年英国富时 100 指数走势

如果曾经做过某种投资工具交易的人现在又遇到了曾经是这种工具走势转折点的价位,那么,以前的高点或者低点会产生较大的心理影响,因为它们更有可能影响他们的行为。以前的高点或低点距离现在越远,它们的意义可能就越小,因为记住它们的人会随着时间的推移而减少。

结 论

戴维·富勒早就建议我们必须具备允许市场任其发展的谦逊。一旦我们不再相信自己对价格走势有一定控制力的谬论,就能使我们对别人对其自身目标完美性的自信变得敏感。如果大众都不愿接受任何形式的含糊其辞,那么这通常就表明大众情绪已经达到一个极端水平,而市场也许正趋于逆转。

第十三章　止损与资金控制方法

本章内容提要

- 风险感知往往在市场触底时达到最大，因为人们往往会对曾经遭受的损失记忆犹新。他们往往会在止损上高度自律，因此更有可能清仓离场。
- 一个上升趋势持续时间越长、积累的利润越多，人们对未来看涨的预期就越高。这种状况有助于降低风险感知。投资者往往担心在一个他们相信仍有很大上涨潜力的市场上无意中卖掉手中的筹码，因此会通过设置停止交易点来加以防范。
- 停止交易策略必须根据相关投资工具的特定稳定性特征来量身定制：(1)普通止损策略——在投资初始阶段执行；(2)保本止损策略——在可搭便车时执行；(3)中点危险线止损策略——在某一投资工具投资生命周期的中晚期阶段执行；(4)跟踪止损策略——在加速市或者超调市中执行。
- 仓位规模确定——仓位规模应该根据所谓的对趋势的“正常”反应来确定，而不是根据我们想通过投资赚多少钱来确定。
- 成本平摊——低买高卖是最简单的准则，但也是最难执行的准则之一。成本平摊是一种相对比较简单的方法，它能确保我们在价格处于低位时多买，而随着价格的上涨逐渐少买。

关于如何、何处和何时设置交易停止点的问题常常存在争议，这是一种主观方法。我们倾向于如何处理这个问题，至少部分由我们最近的市场体验和市场周期所处的阶段来决定。

许多交易新手对于执行正确的交易停止策略没有信心，因为他们通常意识不到情绪陷阱。情绪陷阱会在新的投资开始产生最初设想的利润之前就葬送了这笔投资。

有很多成功停止交易的策略，但我们必须先解决何时为某个仓位设置交易停止点比较适当的问题。对于与宏观行为技术分析相关的几乎所有问题，我们都将把设置交易停止点这个主题与某一特定趋势是否稳定联系起来。

风险感知

最大的风险感知通常是在经历了一波大跌行情后，或者更确切地说，在市场参与者经历了利润流失或者遭遇亏损后才会体验到。然而，如果很多人已经卖掉手中的筹码，那么底部形成的可能性就会提高。因此，在考虑任何形式的交易停止策略之前，有必要先对下降趋势是否稳定进行实事求是的评估。

由于风险感有所增强，又受到媒体宣传的悲观情绪影响，投资者更有可能把严格的交易停止点设在市场底部。他们最近经历了一波急剧下跌的行情，并且担心因持有多仓而再经历一次这样的体验。然而，根据定义，如果一个市场进入了筑底阶段，那么潜在下降趋势可能就被限制在底部下限区域，因此，这就意味着，从投资者的角度看，遭遇损失的已感知风险与市场所表现的现实存在矛盾。

当供给与需求在经历了市场急剧下挫后恢复均衡时，就会出现底部形成过程。因此，供给和需求为了争夺有可能持续很长时间的优势地位而进行较量，但重要的是，从为多仓设置止损点的角度看，筑底过程会出现反复。价格起伏不定的状况要求采取一种波段交易策略，并且意味着止损点的使用可能达不到预期目标，因为有较高的概率在相对于入市价格的一个亏损点上触发止损机制。面对这种现实，我们必须做出判断：是在价格进一步下跌的风险下容忍价格波动，还是为了等待需求居于主导地位的证据出现而接受入市价上涨。

底部风险感知较之于实际亏损风险为高，就意味着那些为初始仓位设置严格止损点的人仍有可能蒙受亏损，并且会导致根据经验证据产生高风险感知和减少投资者情绪资本储备的副作用。在这样的情况下，如果某人真的投资，那么就得有坐视较大波动的忍耐力;如果动用止损策略,那么就应该设置宽松到考虑潜在波动的止损点。后一种情况通常意味着必须把止损点设置在底部最低点以下。合乎逻辑的推论就是在确定仓位规模时,必须考虑波动的潜在可能性,而不是考虑所希望的投资回报。

在价格上涨一段时间后,风险感知会处于最低水平。然而,当趋势开始丧失其稳定性时,特别是在经历了一波大幅上涨行情以后,风险感知有可能达到最高水平。牛市假设随着正投资结果的取得而得到进一步的支持,牛市人气通过媒体又重新在投资大众身上得到反映,而风险感知就会处于低水平。人类不喜欢变化。我们希望利好消息不断,并且在没有利润流失的情况下极有可能无视背离我们主要情绪的证据,这种状况有助于触发接近顶部的最宽松止损点,前提当然是已经设置这样的止损点。对踏空任何可能出现的进一步上涨行情的担心,会导致对下跌风险感知变得麻木。

市场的顶部会在供求恢复平衡时形成,在以下几章里,我们将考察市场如何筑顶和构底。现在,让我们来关注总是低于底部风险感知的其他风险感知。因此,总有一种形式的止损策略最适合顶部正在形成的情况,但必须根据投资工具来量身定制。

从逻辑上讲,如果一个市场或多或少朝着同一方向形成的趋势已久,那么就比较临近一次大幅回调,而不是处在趋势开始阶段。但从情绪上说,我们倾向于相信相反的情况。了解了表面风险和实际风险之间的差别以后,我们就会试图执行一种既允许我们保护账面利润又有助于我们从趋势正面发展中获益的策略。

现在已经有很多谈论这个主题的书,而笔者在本书中只用一章的篇幅来讨论,目的在于通过讲述涉及构成宏观行为技术分析主旨的稳定性特征分析技术来简化这个过程。

让我们先来考察大多数交易者或者投资者会在何处设置止损点,因为我们希望避开他们的策略。

笔者经常听说投资者提倡使用10%的止损策略。然而,尽管笔者能理解这有助于保护资本金,并且需要一个较大的回调才能触发止损点,但只实际适合较少出现的幅度大于10%的回调行情。

实际上,更多的交易者或投资者会在做多时把止损点设在最近一次回调的低点以下，或者在做空时把止损点设在最近一次反弹的高点以上。这样设止损点，至少从趋势稳定性特征的角度看是有道理的，但能否成功，取决于我们在建仓时处于市场周期的哪个阶段以及仓位规模两个因素。

我们可以通过观察反映相关投资工具历史价格的长期走势图来确定我们处于市场周期的哪个阶段。由于市场探底、形成趋势和触顶阶段的供求关系不同，因此必须采用不同的止损策略来适应市场周期的不同阶段，并且可以按顺序实施不同的策略。

不同止损策略的执行顺序

1. 普通止损策略——在投资于某种投资工具的初始阶段执行；
2. 保本止损策略——在搭便车时执行；
3. 中点危险线止损——在一种投资工具投资生命周期的中晚期阶段执行；
4. 跟踪止损策略——在一种投资工具投资生命周期的后期阶段执行。

1. 普通止损策略

投资者在没有就相关市场的未来走向形成自己的看法之前，就不会在金融市场开仓投资。然而，由于我们中间没人能够做到万无一失，并且我们必须“先吻几只青蛙才能找到我们的王子”，因此有必要对初始投资实施一项限制损失的策略，以免我们的启动资本在等待有节奏的趋势形成过程中遭遇损失。

如果我们准备进入一个已经盘整一段时间的市场，那么就会设法在盘整区间以内建仓，或者采取等待确认的策略，等到市场实现突破后再建仓。

在盘整区间以内建仓，能大幅降低遭遇市场下滑的概率，因为你正在对市场进行预测，但由于相同的原因，从心理上讲做起来要困难许多。这种情形下的多仓止损点必须低于盘整区间的低点，而空仓止损点则必须高于盘整区间的高点。

等待市场突破的心理压力较小，因为您有市场表现可以依靠，并且会与投资大众一起做出调整。不过，遭遇市场下滑的风险较大，因为您特意用一个较好的初始价格来换取心安。在这种情况下，就适合采取中点危险线止损策略。

由于这些都是初始仓位，因此，倘若我们对市场的看法是正确的，并且趋势就像我们所预期的那样发展，那么我们就有大量的机会补仓。如果我们对市场的预测是错误的，那么我们就会受到惩罚，但不会持续遭遇重大损失，而且还能在利用下一次机会前重新评估自己先前所做的分析。

2. 保本止损策略或者价内止损策略

一旦投资仓位出现净利润，并且技术背景也支持市场会继续朝着我们所期待的方向发展的看法，那么我们就会想把止损点至少提高到初始建仓价格。这是一种理想的情况，因为我们自己的资金不再有风险，并且还有所谓的“便车”可搭。

如果趋势继续朝着有利于我们的方向发展，那么我们就能奢侈地有很多选项可以选择。我们可以撒手让我们的仓位去“奔跑”，或者提高止损点来保护更多的利润。如果趋势就如我们所希望的那样发展，那么我们就可以考虑继续买入(不论趋势稳定性是否证明此举合理)以及我们希望冒险赚到多少利润(无论建仓和补仓的平均价格上涨能否受到一个在技术上可被证明为合理的止损点的保护)。

3. 中点危险线止损策略

稳定、有节奏、有序的趋势会因为我们承担了可接受的风险而给我们带来最佳的赚钱机会。那么，常识难道没有告诉我们：如果我们可以执行一种在一定条件下能实现低风险、高回报的策略，就最好把时间用来寻找这些条件并且采取趋势跟踪策略，而不是用于把我们的机会限制在相对较少的投资工具上并且根据条件来制定策略？毕竟，在牛市中赚钱比较容易。

戴维·富勒提出的中点危险线止损策略比较适合我们在上一章中讨论的逐步持续向上的上升趋势，而且也适用于市场实现突破后开建新仓的情况。只要趋势保持不变，趋势跟踪投资者可以持续采用这种策略来建仓或补仓，而且还应该能够采用这种策略来保护已经产生的任何非杠杆投资利润。如果趋势在一波加速行情中结束，那么中点危险线止损策略就不再适用，我们就应该改用一种跟踪止损策略(请看下文)。但是，如果趋势以大跌的方式结束，那么就会在比较接近顶部的价位离我们而去。

那么，中点危险线止损策略该如何执行呢？

当我们在考虑把止损点设在哪里时，也许应该先考虑别人把止损点设在了哪里。如果一个市场正在触顶,那么我们希望的最后一件事就是在一个明显的价位上设置止损点,如果市场下跌耗尽了供给,那么通常会直接通过无担保止损产生供给缺口,而卖单最终会在预期价位以下成交。从相反的角度看,空头回补性反弹可能同样也会突然出现,因此,我们必须避开在一个明显的价格区域为空仓设置止损点。

让我们来考察一个层层推进的逐步上升趋势的牛市例子。这个上升趋势的特点表现为一个明显层层推进的盘整序列。在这样一种情景下,大多数投资者会把止损点设在最近一次盘整的下限附近。原因在于:如果市场进入另一次盘整,他们希望避免止损离场;如果市场向下突破,那么就止损离场。对于趋势跟踪投资者来说,这样想是完全合理的,不过,实施这种策略要承担失败风险,因为很多投资者都会以相同的方式思考问题。所以,我们必须采用一种替代策略。

我们已经识别到趋势的稳定性特征,这是一个逐步上升的趋势,轮廓清晰的交易性盘整一轮高过一轮。如果这是一个处于运动状态的趋势,那么应该能够支持向上突破。我们不希望把止损点就设在市场正在交易的价位附近,以免在市场再次确定上升趋势前短暂跌入盘整区间而冒止损离场的风险。但是,如果市场突破失败(关于突破失败更详细的内容,请参阅第十三章),那么我们无疑正面临趋势变化。这是一个曾经支持上升趋势的供给/需求动力变化的信号,并且至少是一个必须更加谨慎的警示信号。

戴维·富勒关于突破失败提出的一条经验法则是:"如果失败的动力大于突破的动力,那么至少市场回调并考验盘整区间下限的概率已经大幅提高了。"

在一个有节奏的上升趋势中,我们知道止损点大多就设在最近一次盘整的区间下限以下。突破失败意味着至少这个区域可能要面临考验,因此,手持多仓的人很可能止损离场。在这样的情况下,把止损点设在盘整区间的中点上就能确保:如果突破得到支持,那么多仓就会完好无损;但如果突破轻微跌入盘整区间,那么止损点就会被触及。而且,这后一种情况在绝大部分其他止损点受到威胁之前就会出现。

4. 跟踪止损策略

有人充分幸运,开建一种投资工具的仓位后,这种投资工具的价格就朝着他们所期望的方向加速变动。在这种情况下,跟踪止损是利用价格继续上涨的机会保护利润的最令人满意的策略。

在上升趋势中，跟踪止损策略就是跟在不断上涨的价格后面不断向上设置止损点的策略，目的是要在保留多仓且不放弃价格继续上涨潜在机会的同时，保护尽可能多的利润。

在下降趋势中，跟踪止损策略就是跟在价格后面不断向下设置止损点的策略，目的是要在持有空仓的同时保护来自空仓的最大利润，并且赋予空仓价格进一步下跌的空间。

于是，我们立刻就会想到这样一个问题：跟踪止损点应该距离价格多远？

如果我们再回到跟踪止损策略的目的这个问题上，那么只要加速势头能够持续，我们就有希望利用进一步赢利的潜在可能性，但一出现背离主流趋势的较大回调就可以止损离场，因而能够保护尽可能多的利润。

下面让我们来看看 2008 年油价加速向上的势头(见图 13－1)。

图 13－1　2006～2008 年西得克萨斯中质原油走势

为了确定“正常”回调的形态，我们必须观察价格走势图，并且要特别关注最近两三个震荡区的交易性盘整。

对于原油，我们假设自己希望在经历了一次突破 100 美元的初始上涨后保护手中持有的多仓。原油价格最后两次回调的幅度分别是 12 美元和 14 美元，它们就是最近需求再次确立其地位前回调的幅度。如果加速上涨的油价回跌相似的幅度，那么我们可能有希望留在主流趋势中，甚至可以考虑加仓，因为我们明白最近发生的事情。因此，如果我们跟在价格后面推高止损点，那么必须发生幅度大于“正常”的回调才能保证我们的仓位完整无损。

一次幅度多少大一点的回调，特别是在价格加速上涨后发生的回调，可能就是趋势变化的信号，它表明趋势的动力至少短期动力已经耗尽，中长期动力也可能会被耗尽，具体取决于我们处在市场周期的哪个阶段。对于原油，接近于 15 美元或者 16 美元的跟踪止损点可以保护多仓到 2008 年 7 月。当时，紧接着一次失败的向上突破后面出现了一次较大幅度的回调；这次回调跌破了一连串此前持续走高的回调低点——所有这些回调低点都导致主要趋势多次变化。

止损策略的实施

在一种理想的情况下，以上介绍的各种止损策略可以按顺序执行；而在现实中，我们可以随着趋势的发展为其量身定制止损策略。倘若在趋势呈现阶段的后期，震荡区中各交易性盘整区间之间的距离扩大到了中点危险线止损策略不再适用的程度，那么就应该改用跟踪止损策略。如果市场趋势进入另一轮盘整并且再次突破，那么我们可以重新采用中点危险线止损策略。

亚力克公司(Aggreko Plc)提供了一个如何执行量身定制的止损策略的很好例子。

亚力克公司股价从 2008 年 10 月起开始逐渐失去动能，从 2009 年初起在一次背离主要下降趋势的大幅回调中实现了令人印象深刻的反弹，并且逐步形成了一个 2 型底部(见图 13－2)。该公司的股价随后又回撤考验底部下限和 200 日移动均线，然后开始了一个令人印象深刻的持续向上的上升趋势。

从 2009 年中起，对于这家公司的股票，很适合采取中点危险线止损策略，因为股价的每次盘整规模比较相似，而且向上突破也得到了支持。

从 2010 年初开始，随着股价上涨速度的加快，改用跟踪止损策略更加合适。在股价上涨过程中出现了幅度达到 150 点的最大回调，因此，对于非杠杆投资仓位，在价格加速上涨时更加适合采用跟踪止损策略。

由于每一次连续的盘整都以显著的向上突破结束，因此，随着股价的反弹并且远离最大的盘整区域，我们可以引入中点危险线止损策略来取代跟踪止损策略。中点危险线止损策略一直到 2010 年 8 月可以很好地发挥作用。当

图 13—2　2007～2012 年亚力克公司股票价格走势

时，随着股价跌回前一盘整区间，一次幅度大得多的回调可能会触发中点危险线止损点。

继令人印象深刻的股价上涨以及一个相对于 200 日移动均线而言的实际超涨后的第一次较大幅度回调，意味着中期意义的停顿正在发展。从 2010 年第 3 季度起，趋势稳定性发生了变化。供求失衡状况不再那么稳定，从而对如何设置止损点以及在已知与价格走势相关的下降风险的条件下持有多大仓位才算合理产生了影响。

持仓规模与资金控制规则

我们大家都希望看到自己的投资运行良好。如果我们认为投资不能赚钱，那么就绝不会投资建仓。从逻辑上讲，接下来的一个问题就是，投资多少或者建多大的仓位。然而，这是一个无法回答的问题。因此，我们在决定投资建仓时应该考虑的不是我们希望赚多少钱，而是在我们承认自己的投资假设是错误的之前准备赔多少钱。更加恰当的问题是：我们应该根据止损策略来确定仓位规模，还是根据仓位规模来确定止损策略？这个问题的核心就是，我们应该对投资或者交易头寸采取技术性止损还是经济性止损？

下面让我们来考察两种情景。

情景1:经济性止损

一名投资者投资赚到了账面利润,希望通过设置止损点来加以保护。根据他看好市场的假设,到现在为止,他在一个上升趋势中断断续续几次买入筹码建仓,并且获得了较高的利润。这个投资者信心十足,并且主要是在最近比较集中地买入,而不是在上升趋势中分段买入,因为他相信价格有可能加速上涨。然而,由于最近希望从进一步上涨潜力中获益而进行了大量购买,因此,总投资仓位的平均价格比较接近目前的市价。在这种情况下,如果这个投资者想保护利润,那么就应该把止损点设在比较接近市价的价位上,因为把止损点设在其他价位上有可能导致太多的利润流失,并且有可能导致总投资由盈转亏。在这种情境中,对整个投资头寸实施止损离场的可能性很大,具体取决于相对于总体上升趋势的次要回落幅度。

在投资领域,你得为你吸取的教训付出代价,让笔者来与读者分享一个自己曾经犯的错误,希望读者能避免这种错误。2005年,笔者在相当活跃地做黄金交易,一不小心构建了一个自己不得不采取经济性止损的仓位:笔者的分析结果导致自己相信金价正要向上突破,并且会大幅上涨。笔者在金价向上突破前买入了很多筹码(对于笔者来说),并且都是在预期会导致一波重大上涨行情的盘整区间下限附近的价位上买入的。当时,笔者已经赚到了5位数的账面利润,便用它来加仓。不过,这就意味着笔者必须为自我保护设置的保本止损点距离从市场技术性上涨的角度来看合理的市场交易价格太近。不管怎样,金价差不多回落了13美元,触到了笔者设置的止损点,但几天后又向上突破。那次,笔者的自尊受到了伤害,笔者丧失了全部的账面利润,并且还不得不在金价后面追涨,结果在这波行情中只赚到了比严格管理能赚到的少得多的利润。

情景2:技术性止损

一名投资者赚到了账面利润,想用止损策略来加以保护。在密切关注上升趋势的过程中,他确定了趋势的稳定性特征,并且了解“正常”调整的结果。这样,这名投资者就能实事求是地评估应该把止损点设在何处,以确保“次要”回调不会把他逐出市场。他可以根据趋势的节奏(根据均值回归原理)和对平均买入价(对于空仓就是平均卖出价)的影响来实施买入。倘若这名投资者能够采纳这种严格的资金控制方法,那么只要趋势保持不变,他就能保持其仓位完好无损。如果趋势稳定性发生变化,他就能止损离场,并且保住大部分利润。

下面是笔者亲身经历的另一个例子。当时,笔者在做恒生指数交易,该指数在2004年的高点附近整理了9个月后向上突破成功。笔者就在这次突破前买入了恒生股指产品,而且十分幸运,价格一路上涨,笔者跟着一路加仓,并且时刻注视平均买入价,对每次买入构建的仓位都设置保本止损点或者价内止损点。在大盘第一次出现较大回调时,笔者就清仓离场,并且几乎保住了全部利润。笔者用这笔交易所赚的利润为妻子买了一枚订婚戒指,并且还支付了婚礼的全部费用。

这个例子说明,技术性止损不但有益于平掉一种价格走势已经失去稳定性的投资工具的仓位,而且还有助于保持对资金进行严格的控制。笔者清楚自己在刚入行时所犯的主要错误就是认为,要想赚钱,就必须进行正确的分析。经历赔钱或者一看到价格反弹马上就止损离场的错误做法,笔者很快就认识到了这个错误。笔者终于很快就明白,想要赚钱,就必须提高自己合并执行资金控制策略和保持执行规则的自觉性。

就如我们已经看到的那样,制定这样一种策略在理论上并不难;但是,一旦做出决定,就必须坚持执行,这可能比较费劲。难的是,记住为什么要把止损点设在某个点上,并且抵制胡乱修改的诱惑(即没有正当的技术理由)。笔者认为,可以毫不夸张地说,成功的投资都离不开进行正确的分析、严格控制仓位规模和实施技术性止损。

根据利用趋势稳定性特征并在加仓前实施技术止损以保护利润等基本原则来建仓,对于要考虑保证金和资金来源等很多问题的杠杆交易者来说,是一种合理、可靠的策略。不过,以上所用的方法只对非杠杆长期投资者有效。

以下是戴维·富勒在富勒投资网站2009年4月17日的"当日评论"中所说的话:

"投资没有交易那么难,但这并不是说投资容易。投资需要的分析技能与交易要求的分析技能相同,两者的主要差别在于杠杆化以及交易者对短期时机的需要。例如,非杠杆投资者能够平摊成本。对于我来说,投资实质上就是低买高卖,而大众情绪的极端表现则是反向指标。"

成本平摊

市场的主要底部由恢复平衡的供给和需求决定，结果可能是价格起伏不定，尤其是缺乏稳定性。这些条件对于动用止损策略并不理想；而如果我们利用杠杆比率进行交易或投资的话，那么就特有挑战性。

在这样一种情境下，如果非杠杆投资者形成了市场正在筑底的看法，那么买入成本平摊就是一种根据低买高卖原则建仓的合理、低风险方法。

这种方法背后的逻辑相对比较简单。如果一个非杠杆投资者决定在一种投资工具上配置100 000美元，那么在如何配置资金方面有很多选择：他可以大笔买入，这需要确定时机的技能和大量的运气，或者根据价格在底部形成过程中上下波动的特点决定分段买入。如果选择后一种方法，那么即使投资没有他所希望的那样成功，他也有机会改变主意。

让我们以标准普尔 500 指数迷你合同为例来加以说明。在经历了 2008 年纽约股市加速下跌后，我们也许会断定大盘开始筑底，但由于支撑证据仍不明显，价格走势异常波动，因此，我们也许可以采用一种成本平摊方法。从 2008 年 11 月开始分 10 次每月等额买入 10 000 美元，结果可能会像图 13－3 所示的那样。

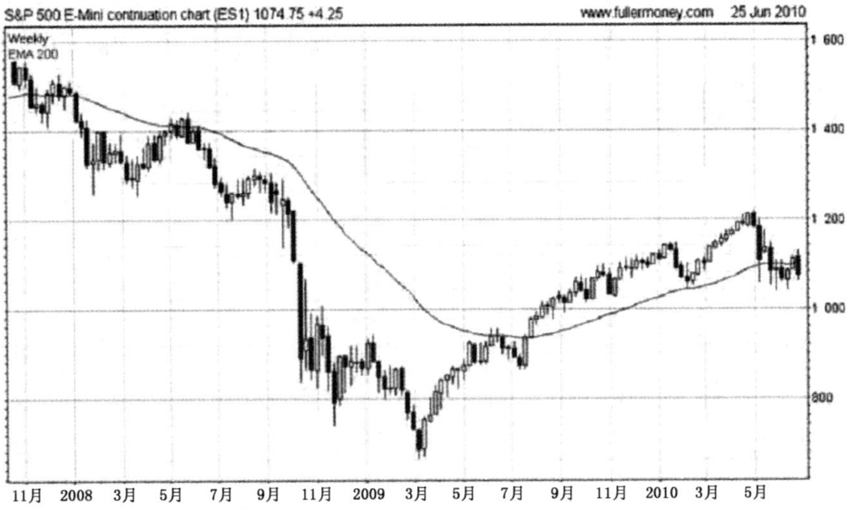

图 13－3　2008～2010 年标准普尔 500 指数走势

股价下跌就多买，股价上涨就少买，这样有助于降低总投资平均成本。结合实事求是的趋势稳定性特征评估能够方便地推行这种资金控制策略，随后就可实施技术上合理的止损策略。

执行任何买入计划都有两个主要危险，第一个危险是在投资工具前景预测方面犯错，跌势持续且有增无减。在这种情况下，实施分段买入的成本平摊策略允许我们随时冷静评估策略执行结果。第二个危险是市场预测正确，但执行成本平摊策略有误。有很多原因会导致这种情况，但价格持续走高以及在执行该策略时以贪婪和急躁取代规则是其中最可能的原因。想得到即刻满足的欲望是对成本平摊策略的最大威胁；立刻想看到投资结果的愿望，而不是静观市场变化的意愿，常常作用巨大并且导致过错。

如上所述，在风险感知处于高水平时，我们常常会考虑采取成本平摊的买入方式。随着初始买入决策被证明是正确的，投资者在看到有账面利润积累后就可能受诱惑偏离既定策略而盲目加仓。我们必须认识到这种偏离的实质其实就是变投资为赌博，初始策略根植于“低买高卖”这个真谛，而变“低买高卖”为“高买更高卖”是一个重大偏差，有可能对平均买入价造成上涨压力，从而增加风险因素，而且还有可能对随后实施经济性止损而不是技术性止损的需要产生严重影响。

因此，这里可总结的教训是坚持行之有效的策略。无论我们是依靠止损策略来进行杠杆投资还是采取成本平摊策略来进行非杠杆投资，偏离行之有效的策略，从技术分析的角度看是没有道理的。即使这种偏离在短期内能使我们得到情绪上的满足。

结 论

一旦我们识别了一个有前途的市场，就必须为适应这个市场的现实情况量身定制我们的策略。无论我们对这个市场的感觉有多好，客观的稳定性特征评价必须成为我们随后与这个市场互动的基础。倘若我们基于技术分析而不是自己的情绪制定策略，那么就处于比较有利的位置，不但能够从这个市场上赚到账面利润，而且还能够保住利润。

第十四章　1型趋势结束
——加速变动与关键逆转

本章内容提要

"加速变动总意味着结局的到来，但时间尚不能确定。"

——戴维·富勒

● 加速变动总意味着一种趋势的结束，但时间尚不能确定，因为大众情绪正在激化，而刺激加速变动的可用流动性正在快速耗尽。

● 一次随着已经发展良好的趋势出现的加速变动行情是一种结局性特点。请不要把这种加速与标志着漫长的交易性盘整结束的加速相混淆，因为盘整是一种蓄势待发，而且一旦盘整结束，我们就能见证一波特大行情。

● 何时卖出正确，是加速时期需要考虑的最重要问题，因为情绪诱惑可能会导致继续买入。不管怎样，我们应该知道这样一个事实：尽管加速市显示出一种力量先兆，但这种市道是经历了一个疲软期后才加速的。因此，随着价格的加速变动，至少对部分仓位实施跟踪止损是合适的。

● 关键日逆转——"关键的关键是规模。"关键日逆转经常出现在重要的峰值和波谷上，特别是在经历了加速以后，因此是宏观行为技术分析师工具箱里的一种有用工具。

有时,价格朝着某个方向几乎不间断地变动几分钟、几小时、几天、几周,在极端情况下甚至是几个月。只要加速能够持续,那么至此仍是任何趋势最稳定的特点。然而,正是由于这一事实,加速背离了趋势之前的稳定性特征,因而可被视为趋势的一种初始变化。

在加速上涨期间,那些已经手持多头头寸的人能比任何其他时候更快地赚钱。这种情况也是很多动能投资者所期盼的,他们甚至试图通过利用杠杆比率来赚取更多的利润。如果我们想要保住如此快速积累的利润,就必须清楚从大众心理学的角度看是什么因素在驱动这波行情、供求两股相互对立的力量在如何相互影响。

有人也许会不无道理地质疑附加在以上这个命题上的"时间尚未确定"的条件性质。但是,如果我们能花一点时间来考察市场的分形特点,那么就能轻而易举地接受这一观点:加速行情总是预示着结局的到来,但我们无法知道一旦行情轨迹发生变化,价格走向过多久才会发生逆转。

任何时候,出价低于市价的潜在买家和报价高于市价的潜在卖家总是为数有限的,日内交易和持续多年的趋势都是如此。因此,相同的供求互动会出现在日内交易者短暂、高度紧张的时间范围内,也会发生在非杠杆投资者要长很多的投资时间框架内。加速在各种时间范围内都可能发生,并且总是意味着结局的到来,因为它表征了主流大众情绪的暂时激化。

在上升趋势中,一旦所有提交买单的买家都成交了,那些仍留在市场上的人就代表着供给方,而价格就会下跌,直到新的买家被重新吸引回市场,或者卖家开始撤走卖单。在下降趋势中也会出现同样的情绪激化现象。由于恐惧是一种比贪婪来得更快的情绪,因此,下降趋势一旦加速,通常会快速趋近于它们的最低点。

对于希望借力于冲着极端牛市或熊市去的投资大众的动能投资者来说,加速现象能够提供难得的机会。加速现象来势迅猛,会对大众情绪产生不断增强的影响,而且它的出现会导致严格控制投资仓位规模和设置止损点变得非常重要。虽然加速现象通常是我们以最快的速度赚钱的机会,但至少也是市场暂时过热的信号,因此也是一种结局将至的信号。

无论是加速上涨还是加速下跌,都反映了投资大众极端的情绪状态,而且只要驱动大众的情绪持续强化就会保持下去。加速以越来越快的节奏吸引新的追随者,据此来保持自己的速度。虽然加速并不是保持某种行情的必要条件,但是,加速总是反映情绪的放大。正是这种主导情绪不断强化,为逆转的发生播下了种子。

在上升趋势中,随着价格屡创新高,新的买家会转而支持牛市假设,那些出价低于市价的买家因担心落在后面而被迫按市价买入,而潜在的卖家会撤走原先的报价,并且成为重生的多方。随着价格的加速上涨,新的买家大量涌入市场;但随着反弹的持续,愿意支付更高价格的市场参与者趋于减少。当市场达到愿意支付更高价格的买家一个不剩的价位时,就只剩下愿意在这个价位上卖出的卖家了,于是就会出现逆转。这个相同的过程会重复出现在每一波上涨行情中,但加速会放大情绪对行情的影响。结果,已经达到临界点的大众情绪会变得越来越乐观,而不是越来越谨慎。

任何决定把新的资金投入加速市的投资者都深深懂得,价格不可能无限期地以这么快的速度上涨,但必然会忽视可能存在的渴望做多的焦虑情绪,而且会由衷地接受牛市假设。如果有人质疑价格怎么会涨,那么就不会买入,但不买会令人精神分裂。因此,如果有新的资金入市,价格必然会上涨,因为人们相信价格会继续走高。有人可能会用博傻理论来解释这种现象(即我现在买入可能很傻,但随后可卖给更傻的下家),但结果相同。

就在这种时候,我们常能听到对价格走势的夸张预测。于是,我们又得回到弗洛伊德论述大众如何被影响的观点:

“任何想对他们(大众)产生影响的人并不需要对自己的论点进行逻辑调整,但必须涂上最浓重的色彩,必须大肆夸张,而且一遍一遍地重复相同的东西。”

寻求出名的分析师会刻意识别大牛市或者大熊市,并且努力逼真地表达大众情绪。有关任何市场的评论都在说市场不是在加速上涨就是在加速下跌,而分析师们竞相做出最大胆的预测,目的只有一个,通常就是为他们的特定分析品牌吸引尽可能多的顾客或者信徒。

大众竞相迎合他们。新的买家对理性、保守的预测没有兴趣,而是在寻找令人印象最深刻的预测,因为只有这样的预测才能帮助他们确认对自己心仪的投资工具的看法。任何进入一个加速运行的市场的买家都会完全反对对他们的决策表示怀疑的人,新的牛市假设皈依者们常常会表现出发烧友般的狂热。

他们最没有能力承受错误决策的后果，因为他们只积累了很少的利润。他们必须全身心地投入多方的怀抱，他们用这个问题“权威”的观点来鼓励自己，“权威”们纷纷预测价格会持续上涨几年甚至几十年。如果要说这些不会持续很长时间的事件有什么现实意义的话，那么情绪激化和价格快速上涨就是加速上涨现象的全部特点。

通常，那些在牛市中被贬为怪人的分析师在随后的大跌行情中会被誉为先知。随着他们明显具有先见之明的灾难预测被认为是正确的，他们就会变成熊市的代言人。不管怎样，已经成为媒体人物的知名分析师极少能够成功地预测先前被预测已达到峰值的市场正在探底。他们的成功并不是靠代言悲观情绪取得的。如果他们改旗易帜，就会名声扫地，那些代言牛市的分析师试图预测熊市就会落得这样的下场。

因此，我们会看到一个熊市的先知者最有可能因完全改变自己长期坚持的观点而失去声望。市场触顶时情况也完全相同，在任何市场上，主导题材的代言人在电视节目中出镜越来越频繁，但这并不一定说明价格真的会向哪个方向变动，而是表明投资者已经在做什么。当价格顺着一个轮廓业已清晰的趋势加速上涨或者下跌，并且与主流情绪的显著强化不谋而合时，重要的转折点马上出现的概率就大幅提高了。

有人也许会合乎情理地问如何识别加速现象。这个问题有一个简单的答案，加速现象应该可以方便地在价格走势图上观察到。如果有人怀疑某个市场是否正在加速运行，那么很可能就是没有。在价格走势图上，加速表现为一条抛物线。

1999～2000年，思科系统公司的股票价格加速上扬(见图14－1)，令投资者感到措手不及:没有人愿意被牛市落下。当时真有这样一种感觉:如果您没有立刻买入，那么随后就得支付更高的价格。凡没有买到科技股的人都被视为笨蛋。价格上涨的速度似乎提高了牛市论的真实性，然而，潜在买家储备正在快速耗尽。一旦想买的人已经买得足够多了，那么剩下的都是潜在卖家。

在下降趋势中，那些希望以高于市价的价格卖掉手中筹码的人，眼看着价格距离他们愿意接受的价格越来越远。价格不断下跌时的唯一解决方法就是降低报价入市、卖掉手中的筹码或者守在场外观望等待。随着投资者的情绪与牛市越来越格格不入，利润严重流失或者亏损越来越严重所造成的压力导致越来越

图 14—1　1996～2000 年思科系统(Cisco Systems)公司(纳斯达克市场)股票价格走势

多的积极投资者清仓卖掉手中的筹码。随着卖家主导市场,想买的人就会降低自己的出价,而市场价格会进一步下跌。

由于那些已经卖掉手中筹码的人在情绪上希望价格进一步下跌,以证明其决策的正确性,因此,市场人气会进一步恶化。熊市假设的支持者通常是那些最可能手持空仓的人,他们会向输家炫耀并庆祝自己的胜利,并且还会预言金融市场的崩溃。这对于投资者来说是非常可怕的情景,那些想买的人会变得谨慎,而价格跌入了需求真空区。随着价格的加速下跌,市场人气变得越来越低迷,结果,价格实际跌到零的情况非常罕见这个简单的现实会支撑潜在买家的心态。

价格下跌越快,动摇不定的多方改持熊市观就越快,从而又会助推价格加速下跌。不过,随着价格的下跌,愿意以越来越低的价格卖掉手中筹码的人会变得越来越少。那些做空的人会进行杠杆交易,并且通过声称价格将跌到零来证明自己的正确性。他们也会对自己手中的筹码设置止损点以保护利润。最后,价格会跌到没人愿意卖出的水平。在这种情况下,手持现金的人大幅度增加,潜在买家触到了供给真空区,市场的基本估值会大幅度提高,而一组组高于市价的低止损点很快就会被触及。

2006～2010 年花旗集团股票价格走势提供了一个反映股价在下降趋势开始和结束时加速运行的绝好例子(见图 14—2)。从 2004 年到 2007 年底,花旗集团股票价格在一个3型顶部形成过程中，主要是在42.50美元和56美元之间盘整。前面，我们已经把盘整定义为蓄势待发，在花旗集团这个例子中，蓄势待发是指下降。

图14－2　2006～2010年花旗集团(纽约证券交易所)股票价格走势

重要的是，应该对针对轮廓清晰的盘整的强劲突破与已经发展良好的行情之后的加速进行区分。花旗集团向我们提供了一个涉及这两种情况的实例。刚下跌不久，花旗股票的价格在进入出价低于市价的需求真空区后很快就跌破了盘整区间。这次加速下跌并不意味着一个趋势的结束；相反，这次强力突破可被视为对新一轮下降趋势开始的确认，而且这正是我们希望在一次突破中看到的。

2007年10月，花旗股票价格向下突破，很快就跌到了30美元，并且在这个价位上停留了6个月。这是一次意外下跌，严重打击了投资者的信心。那些2007年中看空的人大多没有预期到这次下跌，很可能是因为他们还没有完全了解困扰该公司的全部问题。然而，随着价格的继续下跌，那些手持空仓的人因受刺激而试图探寻这次下跌的原因，于是就出现了更加明确的熊市观。到了2008年10月，次贷危机成了全球性的头条新闻，有人开始担心花旗集团会破产，并且会拖累整个金融业。在从2008年10月2日开始的7个星期里，花旗集团的股票价格从22美元下跌到了3美元。这个下跌速度迫使美联储采取行动以确保花旗集团不至于破产。虽然花旗的股价直到2009年3月还没有触底，但最后的加速下行和悲观情绪高涨证明已经达到顶点，并且发出了筑底过程已经开始的信号。

思科系统公司和花旗集团的例子都表明,加速标志着主要趋势的结束,但是,主要趋势加速结束的不确定的持续时间意味着:加速过程仅仅表明,在整个长期牛市或者熊市行情中,一个周期性峰值或者波谷正在临近。

由于白银与黄金的高β关系,白银很容易出现加速上涨和下降的情况。在过去的10年里,白银现货价格在突破并朝着突破方向剧烈变动前一直在大幅盘整(见图14－3)。投资者已经开始预期突破后的大幅加速变动行情,而2004年、2006年、2008年、2010年和2013年分别见证了银价相对于200日移动均线的极度超调。只要这些加速变动行情仍是极好的赚钱机会,那么随后就会出现同样引人注目的对均值的加速回归。在这种情况下,我们必须根据价格波动幅度来确定仓位规模。投资仓位出现利润后,严谨的止损态度确保一旦触及临界点,我们就带着大部分利润完好无损地出局离场。

图14－3 1992～2013年白银现货价格走势

何时卖出正确

如果我们发现一个有前途的市场,这个市场显示出稳定的趋势,我们又足够幸运地在一个有利的价位上入市,并且持仓看着价格上涨多年,那么怎样卖掉手中的筹码可能是件难事。不过,当我们看到价格相对某个趋势均值(如200日移动均线)开始疯狂超调时,就是到考虑至少撤走一点资金的时候了。

我们也许仍会认为,市场还会长期保持这种势头,或者背景故事仍有潜力鼓励更多的投资者入市。但是,即使情况正是如此,加速行情也不可能长期持续,较好的入市点有可能在适当的时候出现,考虑卖出的最不利时机就是价格已经朝着均值回落。如果中期趋势仍能持续的话,我们可能预期市场会在这个价位附近找到支撑点。

那么,我们应该在哪个价位卖出呢?回答这个问题,事先要进行判断性预测。我们可以根据这波行情的总体稳定性来进行决策,应该考虑这波行情开始形成趋势已有多长时间、我们的平均买入价相对于市价是高是低、再次考验均值的回调有多大的潜在规模等问题。当然,资本利得税也是很多投资者关心的一个问题。

绝大多数人都想抓住主要趋势这个机会顺势获利,但又不希望涉足太深:一种经典的买入并持有策略。然而,如果我们在出现加速上涨这样的绝好机会时拒绝收获利润,那么什么时候能够出现令人兴奋的更好机会呢?一切投资和交易都可以归结为某种形式的低买高卖。

当出现加速上涨的行情时,只要动能能够持续,价格就会逐步上涨。利用这样的机会获利,就是利用这样的行情。与积极买入联系在一起的流动性充盈,也能确保卖单得到有利的满足,当价格开始回跌时,卖单也许就无法得到有利的满足。如果趋势的稳定性特征支持这样的决策,那么当价格最终下跌时,这种策略又能保留用投资收益在更有利的价位上进行再投资的可能性。

一种利用加速上涨行情获利的替代性策略,就是在价格上涨和随后发生逆转时持有手中的筹码,以期价格在未来进一步飙升。这种替代性策略加大了多头调整过程的难度,并且在最后的高潮来临时导致卖掉手中的筹码变得更难。

在笔者看来,最优的策略可能就是持有核心投资仓位,并且获取最起码的利润。这种策略允许我们获得交易收益,并且能够在价格回归均值后的适当时候把交易收益用于再投资。至少,这种策略可以确保我们在价格加速上涨时抵制不负责任加仓的诱惑,降低总仓位的平均买入成本,并且在没有短期因素施压的情况下实施技术性止损。利用加速行情抛掉部分仓位,要求更高的分析精确性,并且有助于确保我们不会对相关投资工具产生情感依恋。

关键逆转

● 关键日向上逆转的定义——一种价格创下新低但发生逆转并在高于前一交易日高点的价位上收盘的双烛形态。

● 关键日向下逆转的定义——一种价格创行情新高但逆转并在低于前一交易日低点的价位上收盘的双烛形态。

像在生活中一样,对图表的解释被那些拒绝接受简单解释的人过度复杂化。很多开始烛台形态分析的投资者,因要处理大量说是能提供重要信息的形态而感到失望。笔者是奥卡姆剃刀原理的粉丝,奥卡姆剃刀原理可宽泛地表述为"最简单的解释最有可能是正确的解释"。

与其花很多时间来解释每日交易的意义,还不如关注这些天发生了哪些重要事情。行情变化的重要意义在于,它对大众情绪产生了多大的影响。大众只会被动做出反应,因此,一波不断增强的行情如果要改变投资者的情绪,那么其规模必须很大。不断增强的行情独自就有助于增强市场主导情绪或者显示重要的变化已经发生,这就是关键逆转的意义所在。

在上升趋势的情况下,假设价格走势相对而言在某个时期内没有发生变化,甚至创出了新高或者考验了前市阻力区。如果在发生关键逆转的当天或者那个星期价格创下了新高,并且随后下跌并以低于前一交易日低点的价格收盘,就说明市场已经出现什么情况在考验市场动能和悲观情绪。在这样的情况下,信号的强度全表现在对市场参与者的心理影响上。因此,就像戴维·富勒曾说过的那样,"关键的关键在于规模"。简单地说,逆转失败的动力足以达到警示市场参与者市场已经发生了某一重要变化的地步。

如果有人用一个放大镜来观察某一投资工具的价格是否又创新高,并且发现该投资工具以低于前一交易日或者上周低点的价格收盘,那么心理影响会明显小于已经明确形成的逆转。

共性是关键逆转的另一个重要方面。如果大众主导情绪真的发生了变化,那么就不可能只影响某个行业的一种投资工具。如果我们在一个很短的时间框架里观察到一系列相关的投资工具都出现了关键逆转的迹象,那么逆转信号的效力就会大幅度增强。

此外，关键逆转通常都出现在大幅波动的行情中，但逆转必须坚持并提升到能够确定方向性变化的程度，后续交易的跟进对于确定信号至关重要。

概括起来，识别关键逆转，应该考察：(1)关键逆转形成必须具备的条件；(2)后续交易跟进；(3)相关投资工具的共性。

那么，为什么关键逆转重要呢？它们通常出现在主要顶部和底部，足以成为我们的分析武器库里的一种有用的补充武器。耐克公司股票价格的走势为我们提供了周向上和向下关键逆转的实例。

周向上关键逆转

在 2009 年的低点上，耐克公司的股票价格刚刚向下突破。就像我们所知道的那样，当时人人都认为，这家公司的财务状况马上就要完蛋。不过，3 月中旬情况发生了变化(见图 14－4)。耐克公司的股价又创周内新低，并且以高于上周高点的价格收盘。一周后，股价反弹，并且导致向下突破失败，而价格一直反弹到了考验向上突破前盘整区间的上限。

图 14—4　2009 年耐克公司股票价格走势

周关键向下逆转

1. 在 2010 年 12 月出现的峰值上，耐克公司的股价已经持续反弹 4 个月，并且相对于趋势均值变得越来越超涨(见图 14－5)。股价在反弹到每股 90 美元的心理价位区域后又创一周新高，随后又在周内急剧回跌，并且以低于前一周低点的价格收盘。

图 14—5　2011 年耐克公司股票价格走势

2. 该公司股票在 200 日移动均线以上找到了支撑点，并且反弹考验导致另一次幅度较小的周关键逆转的峰值。股价这次下跌非常意外，后又盘整了 6 个月，但在大部分时间里是在 200 日移动均线上方盘整。

3. 到了 2012 年 3 月底，耐克公司股价相对于 200 日移动均线再次超涨，并且经历了一次关键的向下逆转，但没能继续下行(见图 14—6)。这次，下降动力的变化形成了部分缓冲，从而导致了一次深度合理的回调。经过这次周关键逆转，股价至少有 6 周保持不变。5 月失败的向上突破以及 2 周后的突破盘整区间下行证实，已经发生了较快的均值回归过程。

从以上例子可知，虽然关键逆转并不是市场筑顶或者筑底的必要条件，但是，它们往往至少能够预示不然有可能比较稳定的趋势出现停顿。由于发生很有规律，因此，关键逆转是一种有用的分析工具。

笔者经常被问及日关键逆转和周关键逆转哪个更重要，笔者认为，答案就是逆转动力的强度。在中期趋势内部，一周发生的事件比一日发生的事件重要。但是，如果某次单日逆转的动力充分强大，那么这次单日逆转就会反映在价格走势周线图上。比逆转一天形成还是多天形成更加重要的是，方向性变化是否能够持续下去，并且动力大到足以反映在周线图上。

图 14—6　2012 年耐克公司股票价格走势

结 论

但凡加速变动都是绝好的赚钱机会,利用这些机会有可能很快就赚到大钱。不过,它们也是一些难以持续的情绪强度事件。严格的资金控制策略为利用这种机会获利和确保我们保住利润所必需。

第十五章　2 型趋势结束
——背离主要趋势的大幅回调

本章内容提要

“盘整幅度扩大和持续时间延长，常常不是可靠的调整形态。”

——戴维·富勒

- 突破未果和动能减弱是反映供求失衡发生变化的线索，而背离主要趋势的大幅回调则是表明某一重大事件发生的确凿证据。逆势运动如果规模很大，就会迫使投资者重新评估大势。在这种情况下，重新评估的结果可能就是发生逆转。
- 所谓的意外事件有可能迅速发生，而投资大众需要时间来理解。因此，随着价格走势的影响被消化，2 型趋势结束通常会出现一个盘整期或者向“右扩张”期。

由于任何分析师都会进行趋势结束观察，因此，他们有能力识别加速变动的线索。虽说要是每个市场都加速变动，那么做投资和交易就会变得非常容易，但是，加速变动并不经常发生，而且我们也无法确切知道哪些市场正在加速上涨或者下跌。因此，我们还必须采取策略来利用趋势在没有加速变动的情况下结束的机会。

让我们先来回顾一下趋势的稳定性特征：低迷的市场已经在呈现稳定上升

的趋势，每次都是在一个与前几次相似的波段里整理，而且每次盘整一轮高过一轮，并且都是再次向上突破。

在这种市场上做多，没人会觉得有什么问题需要操心。趋势稳定，并且就像我们前面所说的那样，“如果市场再次出现波动，就会支持向上突破”。在这种趋势中，向上突破正在得到支持，因此，在没有相反证据的情况下，可以继续认定趋势会继续向上。大多数投资者把止损点设在最近的低点以下，一旦犯什么严重的错误，就会触发止损点。从图表上看，现在没有任何迹象表明市场可能正在筑顶，因为价格走势仍然稳定。

市场现在进入了一个更长的盘整期，稳定性特征大多仍完好无损，但现在略有不同。市场盘整更长的时间，因此，已经出现动能减弱的问题，而且还开始出现失败的向上突破，这只能说明一个问题——现在报价高于市价的供给过剩。以上这些现象都是反映供求互动关系正在发生变化的线索。

不过，至此还没有发生任何触及重要止损点的事件，大多数做多者仍然捂住自己的仓位。由于他们还没有受过任何伤害，因此不可能简单地清仓出局并把目光转向下一次机会。事实上，他们更可能感到厌倦，而不是其他。如果我们没有理由改变自己的心态，那么就不可能去改变这种局面。我们为什么要糟蹋能使我们赚钱的机会呢?

在这种市场上，唯一有危险赔钱的人就是那些在大盘突破时买入的人。他们的策略——等待突破并利用动能——在其他几次盘整中十分有用，这回已不再奏效，因为这次突破没有成功。在这个方程的另一端，那些利用反弹做空的人现在赚到了钱，于是变得更有信心。

相对于趋势呈现阶段而言，盘整阶段之所以令人厌烦，主要是因为交易者只能赚到较少的钱，而投资者则要照看变化不多的仓位。在盘整中，供给与需求处于均衡状态，而预期趋于恶化。这主要是因为我们往往会进行预测，于是，当市场在盘整时，大多数人会预测市场会继续盘整，很少有人看好市场会突破盘整区间的上限，而有一些人会悲观地认为市场将跌破盘整区间下限。盘整持续时间越长，就有越多的人因等待而感到无聊。支持和反对主流趋势假设的观点会变得泾渭分明，这时投资者也许不准备卖掉手中的筹码，更多是引入止损机制，以期保住大部分利润。

这样，盘整时间就会延长，幅度也会扩大(见图 15－1)。

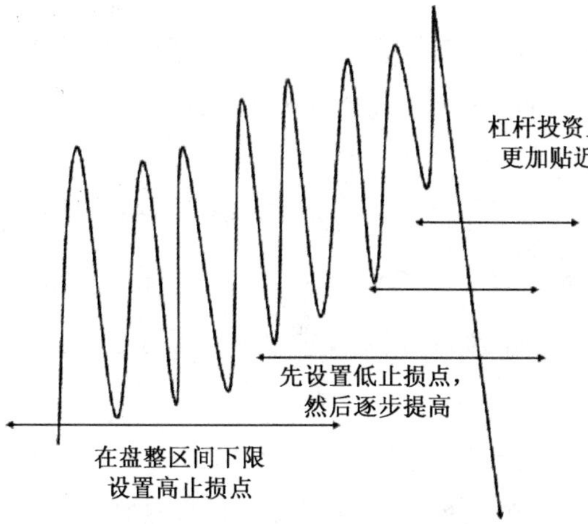

图 15－1　持续时间延长的盘整

非杠杆大投资者在长期内可能会设置非常稀松的止损点，因为他们只准备在发生了真正重要的事件以后才出局离场。他们很可能把止损点设在最近一次大回调的低点下方；另一些投资者也许不愿卖掉手中的筹码，但由于这次盘整时间大大长于他们以前经历过的盘整而在逐渐失去耐心；而更多不准备忍受哪怕是小幅回调的杠杆交易者则会设置甚至更高的止损点，并且跟在每次持续走高的回调低点后面逐步抬高止损点。

此时，市场仍能支持一次向上突破，并且再次显示总体向上的上升趋势。即使在经历了漫长的盘整和失败的向上突破以后，需求仍可能在盘整区间上限上战胜供给，并且继续上攻。不过，就如我们在考察失败的向上突破时看到的那样，“如果失败的动力大于突破的动力，那么，盘整区间下限受到考验的机会就会大大增加”。

在这种情况下，各低点尽管动能明显减弱，但仍继续向上。我们知道，大多数人倾向于把自己的止损点设在最近的低点下方。但是，随着市场再次出现报价高于市价的供给，市场就会充分下跌，足以触及由杠杆交易者和曾经想利用突破买入的投资者设置的止损点。这一来源的追加供给导致市场充分下跌，触及设置在先前小幅回调低点下方的止损点，而这时一连串回调被启动并触及位于盘整区间底部的机构止损点。市场已经下跌，而且比任何人很久以来所看到的跌得更深、更快。

这就是所谓的意外事件和 2 型趋势结束的定义性特征，2 型趋势结束的特点就是始终背离主要趋势的大幅回调。所以说，虽然持续时间更长的盘整和失败的突破是预示市场可能开始发生变化的风向标，但下行动力才是证明某一关键事件出现并改变供求互动关系的证据。

手持多仓者不会预期发生这样的事件。回调的速度快得令人恐惧，市场参与者会像汽车大灯前的小鹿一样吓得发呆。那些设置止损点的人很快就会被挤出市场，而那些手持多仓者必须决定是卖掉手中的筹码还是等待市场回暖、出现更好的退市机会。

这种回调不可能是由重大基本面变化引发的。就如我们在考察上例时看到的那样，是止损点被触及这个简单的过程引发了这种回调，并且迫使投资者做出决定。价格暴跌能够得到合理的解释，但如果价格暴跌最终导致主要趋势的终结，那么比较重大的故事题材也会起到推波助澜的作用。

由于下跌行情冲击力巨大，又由于明显缺乏任何可被视为重要约束因素的重大现状变化，因此，一部分投资者会把这种回调看作买入机会。在经历了这样的创伤性事件后，那些早已在寻找买入机会的人会自问是否正面临一个这样的参与机会。市场已经急剧回跌，但仍有人虽然最终可能被证明不正确但能比较令人信服地辩解为什么此时投资仍能获利。在找不到确切的回调原因的情况下，这种反应虽然并不必然，但有可能会导致在 2 型顶部区域或在其下方形成一波盘整行情。这种顶部可被称为右展型 2 型顶部，而这种盘整也可被称为“从顶部向下迈出的第一步”。

我们在前面已经把从底部向上迈出第一步作为调整形态考察过，现在我们来考察从顶部向下迈出的第一步。从顶部向下迈出的第一步也是一种同等可靠的调整形态。就像从底部向上迈出的第一步一样，从顶部向下迈出的第一步也是因市场需求分量发生了重大变化而出现的，但大众情绪需要时间才能赶上这一步。

德国综合指数提供了一个 2 型顶部和底部形成的很好例子。

2003～2007 年，德国综合指数一路稳定上行，中间出现过几次规模比较相似的回调，并且多次在 200 日移动均线区域找到了支撑点。

从 2007 年初到 2008 年初，该指数在 8 000 点这个重要的心理关口附近遇到了阻力，并且多次向上突破未果(见图 15－2)。其中 2007 年 7 月第一次失败的向上突破导致大盘向 200 日移动均线回调。但是,几乎持续 4 年的上升趋势的广泛稳定性得到了支撑,而该指数再次反弹上攻 8 000 点,后又回落到 200 日移动均线,其间曾一度反弹突破 8 000 点,但未能坚持下来并再次回落。到了 2008 年 1 月初,该指数已经进入一个明显延长的盘整期,并且至少两次突破 8 000 点失败。德国股市的中长期投资者没有经历过利润流失,并且可能会合理地解释:考虑到 8 000 点附近是德国综合指数 2000 年达到的峰值,因此大盘出现这样的走势有它的道理。

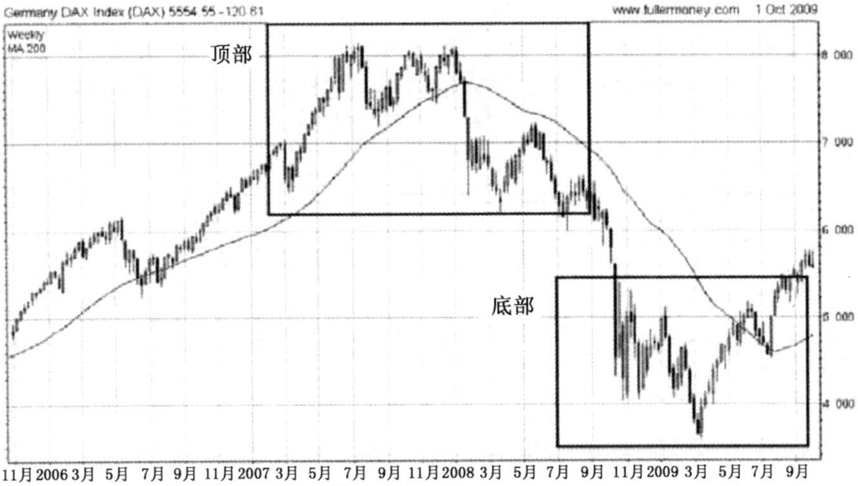

图 15—2 2006～2009 年德国综合指数走势

2008 年 1 月,德国综合指数从 8 000 点急剧下跌到了 6 500 点,给投资者们敲响了警钟。回调低点持续走高的序列已被打破,而 200 日移动均线明显被击穿,但最重要的也许是,大机构买家志得意满的情绪也不见了踪影,这是一种"驱使投资者召开紧急投资会议"的大势。有些人会认为基本面没有发生重大变化,因此应该更多地买入;另一些人则表示应该变得更加谨慎;而还有一些人则声称大盘已经触顶,所以应该清仓。在这样的情况下,一切都会发生变化,因为像养老基金这样一个主要需求来源会停止买入,而市场却失去了它的一个重要支持者。牛市仰仗的就是源源不断的支持投资的新的需求来源。当需求增加速度放慢时,之前供不应求的优势就会减弱。

但是,很多人在经历了大盘突然大跌之后,仍然没有弄懂大盘怎么会突然大跌。在 2008 年初,美国的次贷问题还鲜为人知。在 2008 年的最后 8 个月里,随着大众情绪逐渐赶上需求这个分量发生的变化,德国股市主要在 7 000 点以下的顶部下面第一级台阶上盘整。后来,投资大众意识到了美国次贷问题,德国股市于是加速下跌。

对于大多数投资者来说,2008 年 10 月的崩盘是一起严重的创伤性事件,导致很多投资者因恐慌而大肆抛售手中的筹码。恐惧情绪在雷曼兄弟公司破产后迅速扩散开来,而现金则被视为唯一的安全资产。在我们的订户中当时有人写信问我,是否有一家可存现金的足够安全的银行,而笔者则听说有人把现金放入钱盒埋在了自家的花园里。不过,就如我们在上一章中看到的那样,“加速变动总是意味着结局的到来,只不过时间尚未确定”。

一个具有全球重要性的指数不可能会跌到零。因此,我们明白,即便是一次如此猛烈的加速下跌,在程度上也一定是有限的。从 2008 年 10 月持续到 2009 年 7 月的盘整不足以让很多看空者相信大盘正在探底,而有人还在等待最后的结局。不管怎样,对于宏观行为技术分析师来说,已经有很多显而易见的线索显示大盘正在探底。

其中第一个线索就是大盘加速下跌,我们已经证明加速下跌总是一个预示结局临近的信号。在跌掉一半以后,德国综合指数在大部分时间里持续在4 000点以上盘整,就是表明需求这个分量正在恢复主导地位的进一步佐证。2009 年 2 月德国综合指数跌破 4 000 点,被空方预示为另一波下跌行情的开始,而事实上这是熊市的最后喘息。这次失败的向下突破表明需求的回归,并且之前出现过一次明显向上的周关键逆转。这次失败的突破表明,盘整区间上限更有可能再次受到考验,并且因 6 月的空头回补而的确再次受到了考验。随后,大盘于出现持久反弹前在 5 000 点下面停了下来,但在笔者写这本书时,8 000 点再次受到考验。

结 论

2 型趋势结束有可能突然出现,以至于常有人试图对价格走势进行合理的解释,因为基本面没有发生任何明显的变化。但是,2 型趋势结束有可能导致忽略背离主要趋势的大幅回调对投资者心理和行为产生的影响。

第十六章　3 型趋势结束
——盘整、时间和幅度

本章内容提要

- 3 型顶部可以通过漫长的震荡盘整时期来识别，并且可被描述为供给与需求两股对立势力之间的较量。
- 3 型顶部一开始绝不会以 3 型顶部的形式出现，但会演变为一种极其艰难的市道。在这种市均形势下，真正应该关心的问题是，我们是否应该建仓或者持仓。
- 3 型底部代表一种传统的底部形成过程。一旦新的需求来源变得清晰可见，3 型底部就是牛市的基础。因此，3 型底部可被比喻为“休眠动物”。

1 型趋势结束至少具有供大于求的优势或者供不应求的优势突然消失的症状；2 型趋势结束的主要特点是，突然出现的大幅波动产生了背离主要趋势的冲击力和对大众情绪的影响；3 型趋势结束表现为供给与需求之间的较量。就像在现实世界中一样，供求之间的较量可以是漫长、跌宕起伏、艰难困苦的较量，避开它们是聪明之举，否则意外受损几乎在所难免。在价格走势方面，有三个主要特征可用来鉴别供求之间的较量：盘整、时间和规模。

3 型顶部一开始并不以 3 型趋势结束的形态出现，而是呈现出加速上涨或下跌或者动能减弱的形态。不过，3 型顶部都有一些共同的特点：在 3 型形态中难以赚钱，特别是在它们开始出现时，因为无论在之前的趋势中采取了什么制胜策略,一旦此前的趋势由幅度较大的震荡市取代,那么曾经的制胜策略就会失去作用。因此,交易者必须迅速调整自己的策略,而投资者必须认真考虑是否还应该留在市场上。

3 型顶部是一种复合顶部(见图 16－1),包含加速运动、动能减弱和背离主要趋势的大幅回调等元素,但又都有自己独特的方面。

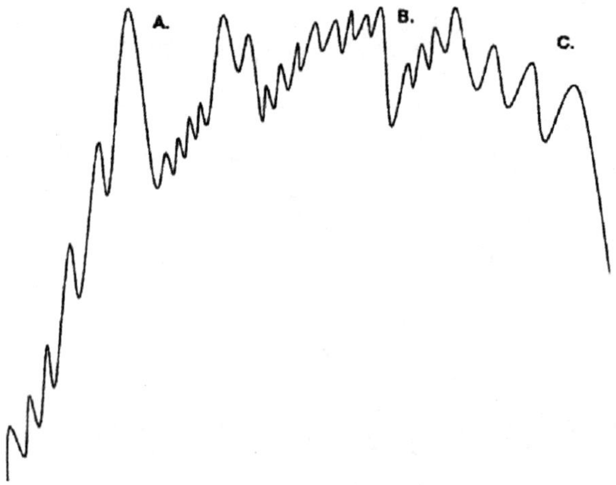

图 16－1　典型的 3 型顶部

第一,在本例中,趋势一直稳定的大盘开始加速上涨——1 型趋势结束特征。接着,大盘经历了一次突然发生的深度回撤,我们可以把这种回撤与背离主要趋势的 2 型大幅回调联系起来。然后,大盘找到支撑点,并且反弹再次考验前市高点。这时,那些已经止损离场的人会为自己的退市决策感到后悔,并且试图重新杀回市场;那些没有设置止损点、手中仍有筹码的人现在就更加不可能采取这样的策略了,因为他们不想踩空这样一波强劲的上升趋势,尤其是在经历了令人印象深刻的反弹以后。然而,客观地看,与这种大盘走势联系在一起的风险溢价已经增加,因为至少先前的上升趋势的稳定性已经受到质疑。

第二,大盘没能守住上涨势头考验其高点,而是再次回落,不过在前市低点以上找到了支撑点,并且再次反弹考验其高点,然后长时间在峰值以下盘整。此时,大盘已经大幅盘整了很长时间。如果说大盘是在筑顶,那么可把它描绘成“头重脚轻”。那些想入市买进的人会有大量的机会,但必须有耐心,因为大盘不是在向上突破新高。设置止损点入市的参与者正看到他们设置的止损点在被触及;相对较新的入市者会看到自己的投资头寸正在增值或者贬值;而那些想利用反弹做空的人已经找了成功的策略,并且正在赚钱。

第三,大盘下跌考验进入漫长盘整后的区间下限,经历了一次失败的向下突破,并且向盘整区间上限反弹。这次,大盘没能再次考验其高点,在加速下跌和完成顶部形成过程前,出现了一连串持续走低的反弹高点,并且与其最高点渐行渐远。

我们可用大量的时间来描述每个重要的复合顶部形成的独特属性,并且希望通过了解它们各自的形态日后能识别重演的历史。然而,历史倾向于以自己的节律演化,而不是简单重复。因此,识别所有这类顶部的共同特点,可能更有建设性意义。一旦观察到必要的迹象,我们就能做出判断,并采用正确的策略来保护本金甚或使本金增值。

如上所述,主要顶部需要很长时间的盘整才能形成。从供给和需求的角度看,盘整是相持不下的表现,牛市论者受到了来自熊市论者的抵制。不过,如果这种情形出现在大盘已经形成稳定趋势以后,那么往往就意味着投资者与市场相互作用关系的某种变化。

大盘在形成稳定的上升趋势后,盘整时间越长,就会丧失越多的主要稳定性特征。“稳定的趋势就是处于运动状态的趋势”,意味着一个稳定的上升趋势几乎就是只要向上突破能够持续就能维系的最佳调整形态。一旦向上突破不再能够持续,大盘盘整的时间越长,就越说明大盘已经失去了对于任何趋势来说可能是最重要的稳定性特征。

一旦供给和需求双方重新交战,情况往往就会变得复杂,而大盘就会呈现重要形态。由于波动率上升,因此,大幅波动在 3 型形态中非常常见。这种情况在筑顶时比在筑底时更加明显,因为大盘筑顶时市场参与者人数大大多于大盘筑底时。

虽然头肩顶、双重顶、三重顶和任何其他复合形态的顶部因其自身的原因而各有特点,但它们都有盘整、时间和规模等共同的特征。在根据不同的顶部形态来制定交易或投资策略时,应该注意它们的共同特点,因为是这些共同特点,而不是这些顶部形成可能具有的任何其他特性,直接关系到供需互动关系的变化方式和状态。

从 2006 年底到 2008 年底的铜价走势,提供了一个 3 型顶部的绝好例子(见

图 16－2)。2006 年 3～6 月,铜价从略高于 2 美元的水平显著加速上涨到了 4 美元。因此,当 1 型加速趋势结束时,铜价的 3 型顶部出现了。铜价在回落到 3 美元以后,又在 3 美元上方盘整了 5 个月:展现出一个 2 型右展型特点。然后,铜价向下突破并在 2007 年 2 月找到了支撑点,并且反弹考验 4 美元区域。在重新涨破 4 美元创下新高之前,铜价又大幅震荡了 10 个月,但没能持续向上突破,而是穿越短期盘整区间下限跌破 3 美元,随后又加速下跌到了 1.25 美元。

图 16－2　1998～2009 年(纽约商品交易所)铜价走势

当时有一种非常流行的观点质疑:大宗商品的长期牛市是否真的存在过?2006 年铜价加速上涨是不是人为操纵的结果?这种大起大落的形态难道只是大牛市蓄势待发和日后铜价以更大幅度反弹前的一次长时间喘息?

当我们考察像铜这样一种大宗商品的中长期发展前景时,还要注意引发最初反弹的极其漫长的 3 型底部形成过程。对于大宗商品的牛市,总是最好用生产成本上涨来界定,这样很可能就意味着 1.25 美元附近的低点现在可被视为最低价;而如果不用生产成本上涨来界定,1.25 美元可能已被视为最高价。

3 型底部——漫长的底部形成发展过程——“休眠动物”

如果说 3 型顶部的特点是供求双方之间的猛烈交战,那么,3 型底部的特点就是“兴趣点缺失和相持不下”。正如我们在讨论牛市和熊市心理感知阶段时提到的那样，一个趋势的底部形成阶段由与每次大盘下跌有关的失望演化而来，需要时间并凭借上一轮牛市的盛极而衰来发挥作用，还需要充分强劲的基本面因素才能支持另一波上涨行情出现，尤其需要时间来治愈投资大众的心理创伤。

3 型底部的形成不同于 3 型顶部形成，因为时间和盘整通常是比规模更加重要的特征，至少从算术标尺的角度看。3 型底部往往需要大量盘整时间，有时盘整要持续几年甚至几十年。

在熊市中，随着价格的下跌，杠杆投资会被逐出市场。市场上，每个卖家仍有一个买家与之相对应，但手持杠杆筹码的人会被迫退出市场。因此，等到市场筑底时，参与者已经减少。

第一，在图 16－3 中，价格会加速下跌，因此，3 型底部一开始就像 1 型底部。由空头回补引发的反弹至少会随着价值搜寻者暂时占据上风而出现，从而引发背离主要趋势特征的 2 型大幅回调。不过，随着价格的上涨，一些多头存货持有者正在等待一有反弹迹象就出清手中存货的机会，而大盘则再次下跌。继这次下跌后的向下突破失败标志着需方感知到了入市价值，并且正想乘跌介入。大盘经历了另一次反弹，随着前高再次受到考验，那些上次没能伺机在这个区域出货的人现在试图降低报价入市。这种形态会持续下去，并且证明供求双方已经形成一种不稳定的均衡。随着盘整的继续，人人都获得了必须根据新的现实情况来调整预期的信息。市场人气恶化，而沮丧和忍受往往在这种大势下逐渐成为主导情绪。

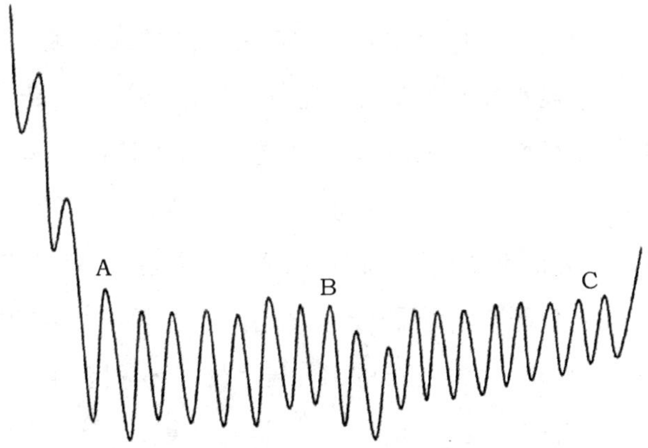

图 16－3　典型的 3 型底部形成阶段

第二，随着盘整的持续，那些对这个市场不再有经济利益的人，尤其是由于在下跌过程中赔了钱的人，在情绪上希望看到价格进一步下跌。至少，他们以前有过这样的经历，因此会放慢再次介入市场的步伐。那些手中仍有多仓并以远高于市场现行交易价格建仓的人，每天上午打开电脑看到的都是提醒他们自己所犯的错误的负数。随着盘整的继续，其他投资工具的表现好于这种投资工具，并且从绝对和相对的角度看都变得更有吸引力，所以，割肉离场的欲望会变得越来越强烈。价格甚至可能暂时突破盘整区间。但是，如果市场已经触底，而价值投资者仍愿意逢低加仓，那么大盘就不会持续下跌。

第三，图 16－3 中的阶段 A 和 B 有可能持续数周、数月，甚至数年、数十年。但是，从投资者寻找底部已经筑成的证据的角度看，一个 3 型底部形成的后期阶段也许是最值得关注的。在漫长的底部形成过程中，大多数市场参与者受到了盘整市向上突破乏力预期的影响。但是，如果回调的低点持续走高，就说明每次价格回调，需方都愿意为这种投资工具支付较高的价格。盘整市会持续下去，直到供给真空区能朝着高于市价的方向发展，而这个条件一旦得到满足，就为强劲突破做好了准备，就会完成筑底过程，并且标志着新一轮牛市的开始。

美元树公司(Dollar Tree Stores)提供了一个漫长的 3 型底部构筑过程的绝好例子。该公司股票于 1995 年以接近 2 美元的价格上市，并且于 2000 年达到了 32 美元的最高价。驱动美元树公司的故事确实被 2000 年出现的最高价消耗殆尽，结果，这家公司用了将近 10 年的时间才被投资者看来恢复了元气。这些年来，投资者利用股价格反弹的机会清掉了仓位，并且转向更好、更具刺激性的投资机会。手持该股多仓的人不是完全被动为之，就是因必须跟踪某个指标而不得不持有。不过，与盘整一样，筑底也是一种蓄势待发。

图 16－4 中，美元树公司股票的价格走势具有 3 型底部的全部特点:盘整次数多、时间长、规模大。虽然股价走势跌宕起伏，但规模元素在图 16－4 中因随后出现令人印象深刻的牛市而显得扁平。3 型底部潜在地孕育长期投资者。

在 3 型底部，我们能够找到需方逐渐开始恢复主导地位的迹象，持续走高的大幅回调低点就是证据。这种情况的出现告诉我们，投资者在股价回调时愿意为该股支付不断提升的价格，从而证明了一种建仓意愿。这种情况在美元树公司的价格走势图中显而易见，2001 年、2003 年、2005 年和 2008 年分别出现了一个高过一个的大幅回调低点。

图16－4　1995～2013年美元树公司(纳斯达克)股票价格走势

因此,美元树公司的股票价格从2008年起稳步反弹考验底部上限,并且在2009年8月成功向上突破。

经过长时间盘整后的3型底部也可被视为“休眠动物”。它们常常休眠,有时会休眠数十年,等待一个能激发投资者入市的新故事。前面在3型底部早中期阶段描述的长期熊市,通常是孕育下一轮大牛市的温床,它们值得关注:当一轮大牛市结束时,另一轮牛市正在别的什么地方开始。这些温床为新的大牛市的出现提供了最佳潜在源头。因此,特别应该注意的是,在笔者写这本书的时候,很多股市的指数(如标准普尔500指数、德国综合指数和英国富时100指数)已经盘整了13年(见图16－5),在市盈率下跌和需求占优持续多年的时期经历了估值收缩。

图 16－5 1992～2013 年德国综合指数走势

结 论

3 型顶部的反复无常性质导致德国股市入市压力大,而且很难赚钱。由于 3 型顶部由早期的 1 型顶部或者 2 型顶部演化而来,因此也代表着顶部形成过程所蕴含的稳定性的丧失。我们真有必要思考:在我们感兴趣的市场开始以这样一种方式运行时是否应该建仓并持有? 至少,应该根据市场提供的新的现实情况来调整持仓量。

3 型底部是孕育新一轮牛市的温床。是否在市场还在筑底时入市,是一个事关选择和我们是否能够容忍反复无常性的问题。不过,当一个逐步走高的回调低点序列在底部清晰可见时——更重要的是,当价格成功突破以后,我们就能发现需求占据主导地位的证据,而需求占优可能就是新一轮牛市的开端。

第十七章　货币政策

本章内容提要

- 多年来，戴维·富勒一直认为："货币政策的影响作用在大部分时间里超过大多数其他因素。"
- 10 多年来，七国集团成员国货币在经济中流通的速度(M2 的流通速度)已经有所下降。
- "央行 101"要求充足的货币供给使经济增长得以自我维系。
- 倘若货币流通速度继续下降，中央银行就能在没有通货膨胀威胁的情况下增加货币供应量。
- 一旦情况发生变化，通货膨胀就会成为越来越严峻的挑战。
- 美国国库券收益率曲线差是 30 多年来美国经济衰退的先行指标。

在金融市场日常业务就像情绪过山车那样颠簸时，我们常常会忽略大局——宏观环境。随着媒体在金融业扮演的角色变得越来越重要，对新闻摘要和突发新闻的持续需求导致赋予财经评论的时间越来越少。杠杆交易者把大部分时间用于短期前景评估，而高频交易的出现已经把持有时间缩短到了纳秒。然而，这种短期主义无法掩盖市场经常形成持续多年的趋势和货币政策显著影响市场趋势发展和终结这一事实。货币政策经常不能改变这一切，但打开了一扇观察价格遇到了有利因素还是不利因素的窗户。

比较而言，如果我们积极参与橙汁市场交易，那么就可能会关心任一给定季节可能收获多少甜橙。就是出于这个原因,市场会那么热心地预测美国农业部的报告。那么,我们难道就不应该为了赢利和获得优异业绩而坚持不懈地了解我们是在哪种货币环境中从事交易和投资活动的？在货币供应量充盈时赚钱,应该比在货币供应量紧缩时容易。借钱的成本也值得关注,因为它能像反映杠杆投资头寸风险感知的晴雨表那样发挥作用。了解借贷的便利性也有助益。短期利率有可能接近零,但如果资金难以获得,就不能增加为刺激新一轮牛市所必需的流动性。

货币供应量与货币流通速度

中央银行受权促进经济增长和/或控制通货膨胀,具体因当时的经济状况而定。中央银行在努力实现这两个目标的过程中接受并实际实施适度的通货膨胀,以促进投资和经济增长。短期利率通常被维持在一个可接受的水平上,而货币供应量为调整不同经济体的增长轨迹而增加。当通货膨胀压力成为一个严重问题时,就会提高利率并减少货币供应量,以限制增长能力并抑制通货膨胀压力。

中央银行试图巧妙地在促进经济增长的需要、高就业率和适度的通货膨胀之间进行平衡。它们从 20 世纪 30 年代的大萧条中吸取的教训以及日本 1989 年房地产和股票市场泡沫破灭的经历都表明,必须不惜一切代价杜绝通货紧缩。美国自 20 世纪 80 年代初保罗・沃尔克担任美联储主席以来吸取的教训也表明,通货膨胀无论多么严重,都能被逐出经济系统。因此,中央银行往往有通货膨胀的偏好——通货膨胀被视为一种可以控制的“必要疾病”。

截至 2013 年,美国是量化宽松货币政策的最大支持者,而美联储的资产负债表业务已经扩大到了以前想都不敢想的极端程度。日本从 2013 年初开始实施其积极的量化宽松货币政策。日本的量化宽松货币政策相对于其经济规模,甚至比美联储的量化宽松货币政策更加宽松、宏大。欧洲中央银行、英格兰银行、瑞士国家银行和澳大利亚皇家银行都提供了充足的流动性,特别是针对高财政赤字背景实施的广义货币供应量扩张,不出所料地导致投资者对本国货币健全性表示出一定程度的担心。

很多国家——尤其是美国——就应该允许通货膨胀还是通货紧缩这个问题

展开了激烈的辩论。那些认为通货膨胀是最大危险的人紧盯着自己的日常支出，并且只能眼睁睁地看着几乎所有生活必需品的价格都在上涨。尽管大宗商品的价格起伏不定，但是，消费品价格似乎呈现出一路上扬的趋势。几乎人人都在议论越来越高的食品和能源开支。保险、医疗和教育支出不但处于历史高位，而且倾向于继续上涨。食品价格普遍上涨是引发中东政治动荡的一个重要激化因素。那些预测通货紧缩结局的人通过指责高失业率、工业产能过剩、工资缩减和去杠杆经营来支持自己的观点。

通货膨胀对于潜在投资者来说是一个极其重要的问题，因为他们不但要赚取名义利润，而且还要以快于货币实际贬值的速度来赚钱；通货膨胀对于政府也很重要，因为社会保险金和财政部通货膨胀保值证券或者通货膨胀挂钩债券收益都是与反通货膨胀措施联系在一起的。通货膨胀被作为促进经济增长而值得采取的经济刺激措施，但应控制在不至于引发加薪要求的范围内。因此，如何衡量和报告通货膨胀，会对某些资产的业绩表现产生显著的影响。

对于那些试图建模反映经济如何回应刺激的人来说，食品和能源价格波动可是一个麻烦。基本大宗商品无论是作为制造业的原材料还是零售业的基本商品，价格往往以比最多每月更新一次的经济措施快得多的速度上涨。为平滑通货膨胀数据，通货膨胀的计量方法得到了大幅改进。

最初应用于房地产市场的定价方法，最近被运用于包括能源和食品在内的几乎每一个行业。根据相关理论，如果一种投入品价格太贵，那么个人能用某种比较便宜的投入品来替代。这一理论在住宅业得到了较好的验证，因为人们通常会搬到他们能够租得起或租得到房子的地方去居住，而不是购买房子。然而，对很多人人都要花钱购买的基本商品，是没法做这种比较的。如果我有一辆汽油车，那么就不能使用柴油。我要拿什么来代替泡早餐麦片时用到的牛奶呢？没有面包，就不可能做三明治。没电，我就无法在家里取暖或者开空调；没水，我就不能生存；如果我病了，就不得不去看医生，这样的例子举不胜举。

通过去除通货膨胀计算方法中的波动因素，就能大大方便通货膨胀预期模型构建，但结果是通货膨胀被低估。美联储偏好的通货膨胀计量指标是个人消费支出平减指数。（顾名思义，就能理解这个指标。）这个指数特别容易遗漏大众商品价格的大幅波动，因为这些商品在这个指数中只有很小的权重。这样的设计基于大宗商品价格具有高度周期性的假设，而这个假设在1980～2003年的

“三重瀑布式熊市”期间在很大程度上得到了证实。一种更加微妙的解释是,大宗商品价格受到可能要持续几年甚至几十年的大牛市和大熊市的影响。

在近 10 年的大部分时间里,大宗商品价格一直处在名义价格的历史高位。虽然大宗商品价格不时地出现极度波动,但没有证据表明 2002 年前的大宗商品普遍低价得怀疑。很多大宗商品边际生产成本的上涨以及几乎每种商品人均消费的同时增加也支持了这种观点。想要质疑这一假设,供求关系必须发生基本面变化。

根据通货膨胀调整后的大宗商品价格走势图,也许提供了一个说明定价结构发生了什么变化的最好例子。以下这张路透-杰弗里斯商品研究局大宗商品指数走势图(见图 17－1),根据消费者价格指数对通货膨胀进行了调整,凸显了这样一个事实:大宗商品价格比 10 年前上涨了很多,尽管中央银行告诉我们没有发生通货膨胀。

图 17－1　根据美国消费者价格指数调整后的研究局大宗商品价格指数走势

把大宗商品剔除在通货膨胀测量指标外的部分理由是:它们被认为价格波动太大,它们的影响效应已经在时间上得到平滑。但是,如图 17－1 所示,大宗商品实际价格在 1973～2000 年期间趋于下降。忽视大宗商品对通货膨胀预期的影响产生了作用,因为大宗商品价格下跌多于上涨。然而, 自 2000 年以来情况发生了变化。大宗商品至少保持了它们的实际价格,从而提高了官方的通货膨胀测量指标低估通货膨胀影响的可能性。

在过去的几十年里，特别是从 2008 年起，各国中央银行为了努力营造能使经济蓬勃发展的环境而大幅增加了货币供应量。在金融危机期间，M2 的扩张速度加快(见图 17－2)，并且与美联储资产负债表业务的大幅增加一起，被认为是中期通货膨胀压力已经在积聚的风向标。货币供应量的持续增加反映了美联储对就业增长缓慢和出现通货紧缩结果潜在可能性的担心。在笔者写这本书的时候，越来越多的中央银行承诺不惜一切代价杜绝通货紧缩。

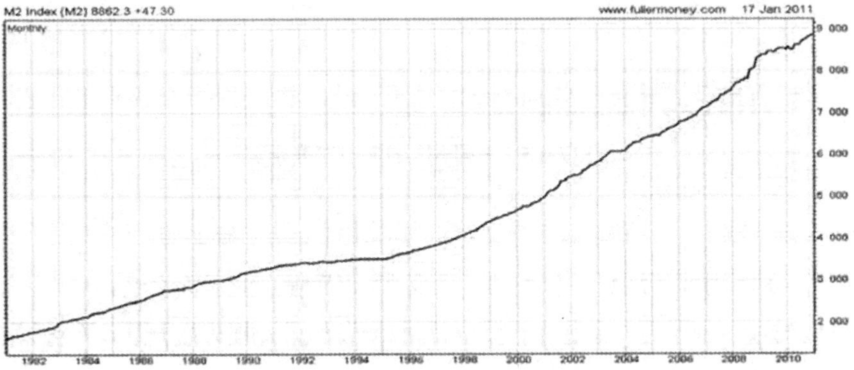

图 17－2　美国 M2 指标走势

然而，尽管我们很容易得出这样的结论：M2 肆无忌惮的扩张必然会导致未来的大规模通货膨胀，但是，情况要比初看起来微妙。我们不能孤立地看待货币供应量。M2 的流通速度在确定 M2 的快速扩张是否可能导致显著的中期通货膨胀压力方面，扮演着重要的角色。

美国 M2 的流通速度于 1997 年达到顶点，从 2008 年 7 月开始加速下降，2013 年创下了 55 年来的新低，而现在仍保持低速(见图 17－3)。因此，货币供应量的扩张正在帮助补偿经济活动的减速。直观地看，如果货币以递减的速度流入金融体系，那么为了维持增长偏好，就必须增加货币供应量。我们拿 M2 乘以 M2 的流通速度就可得到一些令人关注的结果。

从 1971 年到 2008 年几乎无间断的曲线，是美联储在为营造有利于促增长的环境而调节货币供应量和货币流通速度方面取得了成功的明证。这次信贷危机明显是近 50 年来发生的最严重的货币事件。货币流通速度以令人注目的速度下降，以至于必须大量注入货币加以补偿。即便如此，5 年多时间过去以后，

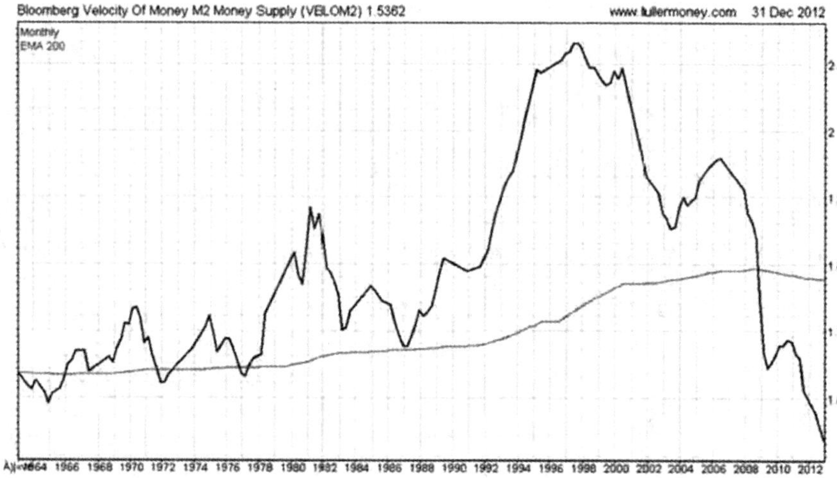

图 17—3　美国 M2 的流通速度走势

长期上升趋势仍未得到确认。图 17—4 中的曲线一路向右上扬,但中央银行对有利于持续增长的环境在 M2 数量和速度乘积的新高得以持续一个合理时期前得到恢复这一点并没有信心,而这个新高应持续的合理期限就是从现在到未来真正发生显著的通货膨胀时。

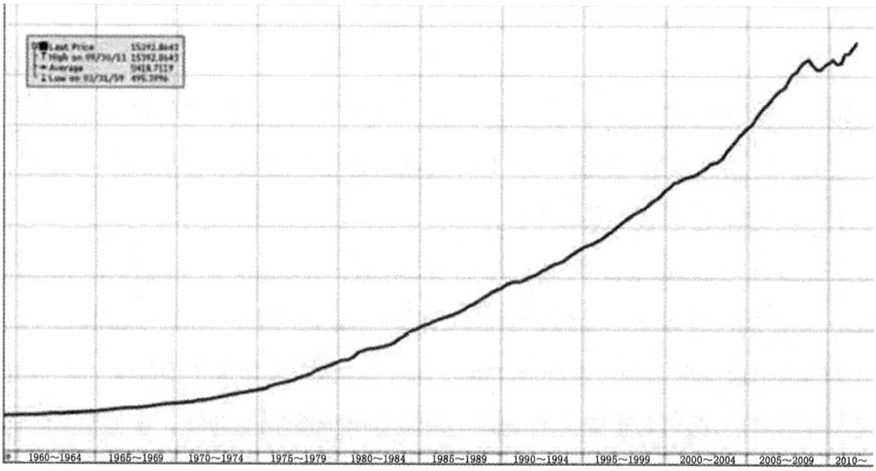

图 17—4　美国 M2 及其流通速度乘积走势

欧洲中央银行、英格兰银行、日本银行和瑞士国家银行也在处理货币流通速度下降问题,并且通过增加货币供应量来应对。我们可以合乎情理地说,一旦货币流通速度最终重回上升通道,其中至少有一家中央银行将无力足够快地减少货币供应量。这方面的失败可能是通货膨胀结果不可避免的显著标志。

资金成本

上例涉及业已存在的货币数量和货币在金融体系中流通的速度。然而，借贷成本也是一个同等重要的需要考虑的因素。现代中央银行业是建立在适度通货膨胀有益这个前提下的，因为适度的通货膨胀通过提高投资动机来促进经济增长。通货紧缩是一种必须要摆脱的困境，因为我们大家都明白：为了促进经济增长，我们必须消费和投资；而我们的经验因价格下跌而告诉我们应该推迟消费。因此，管理通货膨胀预期是中央银行的主要职责之一。

这就意味着，在经历了一次大崩盘之后，货币流动速度会下降，只要能确保通货膨胀压力再现，中央银行就倾向于采取宽松的货币政策。即使通货膨胀压力开始回升，中央银行也仍可能继续执行宽松的货币政策，直到经济增长被认为能自己持续下去。中央银行往往相信，即使通货膨胀有可能成为问题，它们也有必要的政策工具来把通货膨胀逐出经济系统，而对它们对付通货紧缩的相应能力就没有那么自信。

对付严重衰退的典型措施，就是降低利率和增加货币供应量。新近，中央银行插手干预购买政府债券，旨在直接迫使政府债券收益率下降，缓和金融和住房市场并促进经济复苏。投资者期待的美联储救助破产案罪魁祸首的所谓“格林斯潘对策”(Greenspan Put)仍然是金融市场的一个重要影响因素，对此可用图示说明。

美国 10 年期国债和 2 年期国债之间的息差通常被称为“收益率曲线差“。当收益率曲线差扩大时，可从美联储贴现窗口获得资金的投资者，尤其是银行，能在曲线的短期端以低利率借入，并且在曲线的较长期端以较高的利率贷出。对于银行来说，这是一种无风险交易。只要息差继续扩大，银行就能在不直接求助于具有政治敏锐性的紧急救助的情况下进行资产重组。这个过程通常被称为“通过收益率曲线来紧急救助银行系统”。

直到 2011 年，银行仍能以接近 2%的利率借入 2 年期借款，并以接近 5%的利率贷出 10 年期贷款，因而有接近 300 个基点的息差落入银行的腰包。如果我们考虑到用于这类交易的资金数量，那么就绝不会对那些受到问题资产救助计划救助的银行能够那么快地偿还贷款感到奇怪。

收益率曲线差在 1992 年和 2003 年出现的前两个峰值(见图 17－5),正好对应于两个实施极其宽松的货币政策时期。借款费用低和经济系统流动性充盈是两个推动有前途的资产类别形成牛市的经典条件。1992 年,科技股、电信股和媒体股开始启动;2003 年,银行股、大宗商品股和新兴市场股开始启动;2003 年,大宗商品股和新兴市场股再次成为早期的龙头股。然而,与全球消费者阶层成长有关的公司的优异业绩说明,从全球投资者的角度看,这回是这些公司的股票最具吸引力。

图 17－5　美国 10 年期国债与 2 年期国债息券

仅仅从指出货币政策相对于过去有多么宽松的角度看,收益率曲线差十分有用,而它作为一种反映经济衰退的先行指标甚至更加重要。戴维·富勒常说:“牛市不是老死的,而是被中央银行杀死的。”每一轮牛市都要依靠源源不断地注入流动性来把价格推向令人印象更加深刻的高度。但是,一旦中央银行认为牛市能带来的收益小于经济失衡的风险,并且在增大通货膨胀压力时,就会着手限制货币供应量并提高短期利率。一轮强劲的牛市即使在货币条件发生逆转以后仍可能继续冲击新高,因为投资大众仍迷恋于他们的投资故事,但是,中央银行仍会继续致力于限制投机直到取得成功。因此,一旦中央银行插手干预,风险就肯定会变大。

货币政策的一条重要分界线就出现在 2 年期收益率高于 10 年期收益率时。

这条重要的分界线通常被称为"倒置收益率曲线",并且是表征美国经济衰退的一个可靠的先行指标。当 2 年期国债的收益率高于 10 年期国债的收益率时,资金流向就会颠倒。这样,期限较长的贷款要比期限较短的贷款更加经济,结果是期限较长的贷款风险小于短期贷款风险。在美国,收益率曲线的每次倒置,至少自 1978 年以来都是表征经济衰退的一个先行指标:

- 1978 年,倒置收益率曲线预示了 1980 年达到顶峰的危机;
- 1988 年,倒置收益率曲线预示了储蓄和贷款危机;
- 收益率曲线在 1998 年短暂倒置,于 2000 年初再次倒置,并且预示了纳斯达克泡沫破灭。
- 2005 年底,收益率曲线差再次进入负值区域,并且一直持续到预示信贷危机的 2007 年初。

以上是大量需要融会贯通的经验证据,但也可从中得出显而易见的结论。截至 2003 年,货币条件仍然宽松,但已经不如之前宽松。根据以上证据,中短期内不可能出现经济衰退。杠杆交易仍然收益颇丰,并且只要收益率曲线差仍高于零界限就依然有利可赚。当收益率曲线再次倒置时——有时可能在四五年以后,我们就面临一个预示下一次衰退后到来且其将持续 2 年的可靠指标。就是在这个关键时刻,不但值得而且必须采用严格的方法来控制持仓规模和杠杆比率。背离银根紧缩背景的中期上升趋势稳定性发生变化,是一个表征投资大众内聚力在消失的双重警示。

结论

虽然我们可以方便地把经济体视为一些业已创造的货币会原地不动地留在那里的独立实体,但是,现实情况完全不同。在美国、英国、欧盟和日本,充盈的货币供应量为支持各自的经济所必需,部分是因为所有这些经济体的货币流通速度明显放慢。但在全球资本体系中,货币能比较轻松地流向产出率高的资产,并且越来越多地流向被杠杆化应用于全球消费者快速增长的资产;一个地区宽松的货币条件有助于刺激其他地区的牛市。

在这种背景下,我们能够理由充足地质疑:美联储、欧洲中央银行或英格兰银行是否聪明到足以充分、迅速地阻止 M2 的大规模扩张以满足国内经济增长提速的需要？未来大规模通货膨胀的假设就是建立在这个问题上。如果中央银行能够成功地使自己的货币政策适应经济增长提速，那么就能避免真正明显的通货膨胀问题。然而，尽管中央银行有可能做到这一点，但也有可能做不到。中央银行已经表明其对通货膨胀的偏好，较高的通货膨胀，特别是可用享乐论来掩饰的通货膨胀，有利于负债累累的政府。历史上，政府对付沉重负债的政策性回应不是违约、通货膨胀，就是两者的某种组合。政府偿还其高额债务没有求助于以上某个选项的屈指可数。

在很多方面，选择投资是一个相对价值决策。假设有可能出现通货紧缩的结果，国债收益率也许会创新低，而充盈的货币供应量会继续刺激投资于股票和其他有风险资产的兴趣。假设出现通货膨胀，固定收益工具的业绩表现可能不及几乎所有其他资产，而增派股息的公司应该能繁荣昌盛。利率为回应经济改善感而适度上涨的有利环境，应该有利于股市出现牛市。在以上三种情形中，依笔者之见，第三种情形最可能在 2020 年出现。

第十八章　治理就是一切

本章内容提要

● 新兴市场和发达市场的称谓已经过时，称它们为“进步市场”和“退化市场”更加合适。

● 治理不是一个绝对的概念。无论治理是在进步还是在退步，它都是一个比较重要的评判性概念。

● 治理往往具有周期性。骄傲是一切伟大的成功故事的敌人，它在很大程度上是不可避免的，从而导致了治理的周期性。

● 如果治理退化和规制松散或者积极的货币宽松同时出现，就能对不同市场产生短期牛市效应，但会产生不利的长期影响。

戴维·富勒早就说过：“对于新兴市场来说，治理就是一切。”在过去的10年里，我们又把这句话改为“对于所有的股票市场来说，治理就是一切”。

有人曾经认为，新兴市场的风险明显大于所谓的发达市场。其实，两者的界定不再是那样预定不变。自2000年以来，中国已经成为世界第二大经济体；巴西已经从没有希望的债务国变成了债权国以及2014年足球世界杯和2016年奥运会的东道国；菲律宾已经成了国际货币基金组织的债权国，而不再是永久的贷款申请国。与此同时，一些因制度完美和民主政体稳定而长期受到称颂的欧洲国家不得不谦恭地向国际货币基金组织申请巨额紧急救助。长期以来自诩自由企业、资本主义和法制堡垒的美国，在10年里经历了两次大萧条，并且成了世界第一大债务国。面对这样的现实，我们必然会寻思我们的风险感知与实际存在的风险之间是否存在脱节的问题。

笔者从来没有对“新与发达”这种区分范式表示过满意，这种区分范式没有给新加坡、韩国或者中国台湾这些很久以前就被冠上“新兴”的市场留下空间，而且显然也不能如实反映应该赋予希腊、葡萄牙或者爱尔兰的风险溢价。“新兴”与“发展中”是另一对不合适的称谓，因为它过于死板，没有给一个国家从一种状态进入另一种状态预留空间，尽管实际上经济体始终在变化和演进。

戴维·富勒没有拘泥于定义何为“发达”和何为“新兴”，而是认为说“进步”和“退步”更有意义。

进步中地区提供了最有利的风险调整后赢利环境。就像植物一样，投资需要有利于生长的环境。在进步中国家，法制和产权制度比较健全、财经纪律得到重视，政府赤字在不断下降，腐败现象持续减少，人口统计数据令人满意，经济增长快于人口增长，中产阶级不断壮大，交易水平持续提高，政府致力于营造企业友好型环境，规章制度既宽松到足以鼓励创新，又严厉到足以阻止过度行为。

退步中国家的情况正好相反：糟糕的财经纪律导致了高通货膨胀以及没完没了的兴衰更替；赤字膨胀到了难以想象的地步，不得不采取严厉的削减措施和/或者诉诸违约；腐败泛滥；人口红利因劳动力政策过于刚性而白白浪费；教育昂贵，并局限于极少数人；监管杂乱无章到了不得不强制执行的地步。

其实，没有哪个国家正好符合以上两类标准（见表18－1）中的某一类。从投资的角度看，治理标准的演化轨迹是最重要的。我们也可能在一些曾经存在严重治理问题、现在正在洗心革面并采取健康财政政策的国家发现一些投资机会。对于经济、财政、企业、公民和监管治理正在退化的市场，必须追加风险溢价。

表18－1　　进步中经济体与退步中经济体比较

进步中经济体	退步中经济体
经济治理改善	经济治理退化
国内生产总值增长比较强劲	国内生产总值增长比较疲弱
国际收支经常项目盈余	国际收支经常项目赤字
政府债务水平低	政府债务不断增加
人均储蓄率高	人均储蓄率低、负债率高
银行业健康	银行业虚弱、运行失灵
劳动力年轻、积极向上、有文化	熟练工人短缺

治理是绝对条件还是相对条件?

如果我们来自制度健全、国内数十年稳定和比较繁荣的国家,那么就会有强烈的愿望要求自己可能有兴趣投资的国家具有非常严格的治理标准。其实,这可能是一个错误。让我们来比较两个不同的国家:在其中一个国家,大多数人每天消费1美元;而在另一个国家,大多数人每天消费50美元。现在,请读者思考一下:想要让这两个国家的国内生产总值都翻一番,需要实现多大程度的治理改进?

有很多国家已经从每人每天消费1美元发展到了每人每天消费2美元的水平。对于这些国家有一条现成的发展路径。很多经济体通过摒弃失败的经济计划释放了自己的增长潜力,通过降低贸易壁垒来鼓励外来投资、创建有吸引力的税收结构、为经商提供便利,这些都是比较简单但可能产生巨大结果的制度变革。

我们来比较以上这个国家与需要把其公民的平均福利从每人每天50美元增加到100美元的国家。它们的抱负都是由比较富裕国家跻身于世界最富国家的行列,它们已经进行了比较容易的改革。为了继续进步,它们不但要杠杆化利用本国的优势,而且还要擅长做自然能做和所有其他方面的事。这一演化需要原创性思维、长期规划、政治和社会稳定、财政责任心、低通货膨胀、持续增长、成熟的资本市场、健康的银行业以及世界一流水平的教育。

下面让我们来考察一个设法把每人每天消费100美元提高到200美元的国家。这个国家已经完成了很多前面两个国家准备完成的任务。这个国家作为完全意义上的领先者,源自以往成功的骄傲将是其面临的最大威胁。这个国家如果想实现自己的目标,那么不但要做好每一件事,而且还必须以创新的方式来提高生产率。

如果我们撇开爱国主义和对国家的忠诚不谈,假设我们要做无偏见的全球投资者,并且考虑以上这些国家中哪个国家应该采用最严厉的治理标准。从逻辑上讲,我们应该回答是最后一个国家。最成功的国家最不能承受财政、企业、公民或者监管治理标准滑坡。因此,当我们在考察一个国家的情况时,不应该拘泥于现状,而是必须考虑关于这个国家的基本问题:它的治理标准是在进步还是在退化?

当我们在评判某个或某些国家时,有时采用相对主义治理观比较合适;而在评判企业时,始终应该采用不分行政管辖区的最高治理标准。如果公司管理层管理企业是为了满足自己的膨胀欲,以牺牲股东的利益为代价来发财致富,为了自己的短期利益来设计奖励制度,伪造收入报表,隐瞒不利于他们的信息;或者如果公司首席执行官把更多的时间花在了自己的游艇上,而不是花在办公室里,或者在全球各种场合炫耀财富,而不是努力经营好公司,那么,我们就必须加以注意,但这与公司总部设在哪里没有关系。

对最强的国家与最弱的国家进行比较,通常能够发现外汇市场最稳定的趋势。就此而言,外汇交易总是相对的,因为我们要进行价值判断,而不是绝对的货币坚挺度报告。一种货币只有在与另一种比较疲软的货币进行比较时,才会显出它的坚挺性。从治理的角度看,反映在价格走势上的感知就是一国状况相对于其他国家是在进步还是在退步。为了进行绝对评判,我们需要考察我们的基础货币相对于很多其他货币的表现。如果它们之间存在高度的共性,那么,我们就处于更加有利的位置,就一种货币所在地区的治理是否优于其他货币所在地区这个问题做出绝对陈述。共性比较也可以用来比较政府债券与某一基准(如美国国库券、德国政府债券或者英国金边债券)之间的息差。

在大宗商品市场上,治理还有一个重要方面,主要是大宗商品供给如何受各相关国家和公司行为的影响。高价格会鼓励政府通过把矿山和能源开采资产收归国有来弥补赤字或者筹集资本,从而几乎一定会导致供给下降,因为新的国有企业没有利润激励,而企业的关键员工会与被驱逐走的外国公司一起流向国外。

此外,大宗商品生产公司的高管要履行为公司股东赚尽可能多的钱的职责,对于如何做到这一点的看法会随着牛市的发展而变化。当价格处于低位时,公司更关心的是生存,而不是价值最大化,经营成本、勘探预算、劳动力和库存管理都可能受到严厉的管制。然而,随着价格的上涨,关注焦点往往会发生变化。这时,相关的看法就会变为:必须不惜任何代价获得有前途的资产,因为这种资产日后会变得更加值钱。新供给就会出现,并且使价格上涨的收益最大化,进而有可能导致不计后果的行为:根据充分乐观的预测,为不太了解的资产支付创纪录的高价。各家公司在大宗商品市场上竞相争夺市场份额之际,通常就是牛市即将结束之时,因为新的矿山一旦被开发,市场上就会充斥新的供给。

治理具有周期性

人类通常只有在迫不得已的情况下才会实施改革，并且总是寻找借口来推迟艰难的决策，个人、政府和企业概不例外。成功的策略在被证明有缺陷之前几乎不会受到任何质疑。

而在另一极端情况下，规则难以长期维持。一旦遵守格言的迫切需要过去以后，记忆就倾向于逐渐消失，而且为允许例外寻找合理的借口就变得比较容易。不同帝国兴衰的漫长历史提供了反映治理周期性的大量证据。

作为个人，我们有治理自己行为的自由。除了我们自己，没有人会因我们的错误而受到指责。然而，我们很难在最佳时机面对自己的错误。我们在加入某个群体后就会丧失自己的个人责任感，就会变得对群体普遍接受的规范不那么挑剔。因此，只要现状看似对我们有利，我们就不太可能对现状提出质疑。

衰退是反映治理周期性变化的关键时刻，因为衰退会迫使通常不愿变革的行政机构进行变革。经济增长滑坡，税源枯竭，艰难的决策排着长队。几乎每个政府首先想到的救助措施就是宣布本币贬值并实施通货膨胀，此举能迅速恢复国际竞争力，金融业受益于政府以牺牲储户利益为代价提供的慷慨赠予。就此而言，本币贬值和通货膨胀就是对储户课征的隐性税收。从 2007 年起，政府又开始操纵政府长期债券收益率这种新的不受欢迎的追加工具。这些政策也会导致政府浪费、过度福利、公共部门工资和养老金、国家支持的亏损企业补贴、医疗支出、国防支出等政治“烫手的热山芋”被忽视或者至少被搁置一边无人问津。即使这些问题或许会变得不可避免，并且要求重新重视财政责任，但具体仍要看衰退的严重程度。

改革议程需要想象力，并且常常还要求政府更替，但特点是政客因要做出艰难的决策而在选举中得到回报。有人会把这看成是千载难逢的改变人生的机会，并且会紧紧抓住不放。财政平衡被重新作为光荣的使命，而旨在削减进口、增加出口、促进经济增长、弥补政府收入损失和让国家重新走上繁荣之路的政策也会落实到位。

然而，一旦眼前的危机过去，以上的某些政策就会被认为已经见效，那些觉得因采取削减支出、增加收入措施或者丧失特权而受到无理剥夺的人，又会为了使自己与众不同而跃跃欲试。也许，教师的养老金缴费有所提高，并且高于警察的养老金缴费；也许，军队长期驻扎在海外，并合乎情理地为凯旋的英雄们争取更好的条件；也许，在整个危机期间，某个受支持的能源部门仍能获得贷款，而其他部门则求贷无门。第一个例外可能会出现在某个既得利益部门，但滑坡迟早会开始，并且常常不可逆转，直到下一次危机爆发。

企业会经历完全相同的过程。在光景好的时候，收入开始增加，销售急剧膨胀，员工要求公平分享他们帮助创造的财富；首席执行官因有先见之明、本领和坚韧性而受到称赞；股东也不在乎向管理层发放越来越多的奖金、津贴和期权；越来越多的销售人员开始坐商务舱旅行，并且下榻越来越豪华的宾馆。企业会不断推出新的业务，而不惜代价的扩张会成为诅咒。随着利好消息的纷至沓来，估值会变得越来越乐观，基本面分析人士开始赋予距离现在越来越远的未来现金流以现值。

当企业开始不能用收益兑现已经十分夸张的预期时，股票价格就可能受到沉重的打压，分析师会重新考虑他们的预测，而股东则要求采取行动。公司高管的薪酬受到质疑，公司会削减商务旅行费用和津贴，辞退员工，采用劳动力节约型设备和方法，变卖非生产性资产，并且在各个方面采取紧缩措施。

不断退化的治理对市场的影响

在考察治理退化的影响时，重要的是应该记住，市场并不在意公司或者国家的最佳长期利益，而更加关注中短期利益。对季报的迷恋、可在手机或平板电脑上收看美国全国广播公司财经频道的节目、可即时更新价格走势图等所有因素交织在一起，改变了我们的时间感知和预期。因此，当我们认为某家公司或者某个国家实施的某项策略或者政策可能产生短期利益，但会造成长期的灾难性后果时，市场一般会做出积极的反应。

如果我们给汽车多加笑气(一氧化二氮)，那么无疑能提高汽车的行驶速度，只要能够不断提速，就能带来更多的乐趣。但长此以往，汽车发动机会受损，笑气效应不断累积，而经济和市场并非能够幸免。

结论

治理始终是一个需要考虑的重要因素,因为它有助于塑造市场对国家、债券市场、货币或者企业的感知。虽然在一个理想的世界上,我们设法投资的每一种资产类别都可能代表着最好的治理标准,但现实大相径庭。与其大家都采用自己的高标准,还不如不掺杂情绪地看待市场,并且考虑这样一个简单问题:治理标准是在进步还是在退化?

2013 年,很多国家都处在一个重要的时刻,美国面临一场严重的监管危机,现在不得不采取一些至关重要的实质性措施。随着退休高潮的逼近以及医疗保健和养老金方面无资金准备的负债的出现,重大改革势在必行。改革的方式无论是对金融市场的牛市还是熊市而言,可能都会产生深远的影响。

欧元区的内在矛盾早就被认为会引发什么意外事件,没能坚持最高治理标准是问题的关键。当一项货币政策要靠 17 个国家的财政政策来平衡时,这样的货币联盟就不可能维持下去。某种形式的联邦税制和转移支付机制至关重要,改革正在酝酿之中,而一种有可能保持大多数现有成员国不变的欧洲合众国政体,则仍是最有可能实施的长期方案。

中国自经济开放以来获益巨大,并且由一个非常贫穷的国家发展成为中等收入国家。中国想要保持这种发展势头,就必须实施重大改革。对基础设施发展的压倒性依赖必须为发展人力资本所取代,而发展医疗保健、服务业和高科技产业是朝着这个方向演进的重要步骤。

经历了 20 世纪 90 年代初开始的重大经济改革后,印度已经成为世界增长最快的经济体之一,股市繁荣,印度企业也已成为全球经济成功、积极的参与者,而国家则获得了新的信心。然而,反腐失败、贸易保护主义和官僚主义损害了这个国家在治理方面的国际形象。曼莫汉 · 辛格(Manmohan Singh)政府在 2012 年采取的大胆行动再次启动了改革议程,但是,印度想要挖掘自己的长期潜力,就必须坚持走改革之路。

东盟成员国在经历了 20 世纪 90 年代末的亚洲金融危机后,被迫进行了治理标准改革,并且从中受益匪浅。结果,这个地区成为世界成长最快的消费者阶层的滋生地。

撒哈拉以南的非洲曾经暴力充斥、疾病肆虐、腐败猖獗，由于迈开了治理改革的步伐，现在正在成为世界增长最快的地区之一。人们就像对某个中产阶级业已建立的地区那样，把这个地区看作是一个正在发展中的并终将迎来空前增长的地区。

虽然主权治理在国际上仍受到抨击，但是，公司治理已经迎来改革，并且处在一种更加健康的状态。2008 年的信贷危机迫使很多公司改革自己的经营实践，并且稳固自己的财务状况。在很多情况下，这些公司的基本面较之它们所在的国家大有改观。

如果我们纯粹从治理的角度来审视国际市场，那么您是愿意持有治理有问题的国家的债务还是治理良好的公司的债券或股票呢？

第十九章 监管环境

本章内容提要

- 我们用了大量的时间来观察不同市场的潜力，我们被迫在其内部开展各种经济活动的监管环境会对投资者决策产生重要的影响，因此有必要关注监管环境。
- 监管规则多并不就意味着好。一切监管规则必须经得起是否支持资本形成这个市场存在的理由的检验。
- 在未来的几十年里，高频交易监管、银行业规模、顾客资金和游说活动等方面的潜在变化，会对金融市场产生特别大的影响。

从货币政策具有控制货币或者资金数量和成本的作用这个意义上讲，我们在其制约之下投资的监管框架也发挥着同样重要的作用，因为它规定允许做什么和不允许做什么。因此，采用公平、透明的方式监管市场，符合广大交易者和投资者的利益。

在应对我们所处的监管环境方面，投资者往往对何为治理良好这个问题最有发言权。很多评论人士极力捍卫自己的立场，但有时也会调整自己的观点，以反映他们认为理应那样的世界，而不是实际如何的世界。我们可能会也可能不会因为治理标准改革而感到激动，但绝不应该错误地把关于监管框架的如意算盘或者理想与实际相混淆。

从投资的角度看，我们必须采取不带情绪的冷静态度。有人通过抱怨现状、诉说在美好的过去一切是多么美好来聊以自慰。我看到许多评论员拿当今世界的运行方式与罗马帝国的衰败进行比较,他们这样做更多是在表达自己的投资观点,而不是在讲述市场对我们今天所处的监管环境如何做出反应。

作为对治理标准改进和退化具有一定敏感性和具有全球意识的投资者,我们一定要对何为支持性监管框架这个问题有自己明确的看法。下文中,笔者将着重介绍2013年就已存在的监管框架的一些重要方面。不过,当我们要进行投资决策时,必须做的不是判断我们希望世界如何发展,而是要判断出现有利结果的可能性有多大。

让我们根据基本原理来探讨监管问题。由于资本市场的存在,那些试图发展自己企业的人能够获得他们所需的资本,并且答应以双方商定的回报率向贷款人支付报酬。投机者和交易者对于资本市场的顺畅运行起着至关重要的作用,因为他们提供了流动性,并且允许二级市场履行金融工具交易的职能。然而,其中的重要区别在于,资本市场的存在不是为了向投机者提供收入,资本市场部分是作为几乎所有经济体的正常筹资活动场所而存在。当一项监管法案获得通过后,我们就应该考虑这项法案有利于保护资本市场的筹资机制还是投机者的赢利能力。投机者的存在是市场顺畅运行的一个必要条件,但不是市场偏袒他们运行的依据。

对于像金融这样的竞争性行业,我们可以理所当然地认为,每个赢利机会都会有人利用。监管机构有责任确保这样的努力都在法律允许的范围内做出。强有力的监管并不必然意味着较多的监管,但要求采取明智的方法。监管的强度不能简单地用监管规则的数量来衡量。任何监管的目的都应该是确保监管环境中不存在有可能导致系统风险的行为。此外,监管机构如果能够认真对待这个行政管理角色,那么就必须配备为履行监管职责必不可少的人员、手段和资金。很多国家面临的挑战就是,监管机构缺乏跟得上自动交易系统越来越迅速发展的步伐的技术或者专业知识,这也是每个市场参与者的担心所在。

高频交易

在这方面,高频交易业务导致了很多潜在的威胁,最重要的也许是监管者们对高频交易业务的影响了解不够,并且允许它们在监管真空中操作。鉴于这类交易在几纳秒的时间里就能完成，而仍要依靠传真的监管机构很难跟上步伐。然而，对高频交易者的迁就是大多数普通交易者享受不到的，倘若想取缔这类迁就也是相当方便的。

量化交易者可以选用在交易大楼内协同设置的服务器，来确保自己能比其他任何人更快地访问数据。这可是交易所的一个重要收入来源，但经受不住对交易者是否比对资本形成更有利这个基本检验。有些高频交易业务经常会产生大量的订单涌入市场，因此，高频交易者能够知道在什么价位提交止损卖单和买单，从而进行价格操纵。截至 2013 年，高频交易业务的绝大部分交易量发生在某些交易所和其他资金池里。有人必然会提出质疑：这是否说明了，高频交易是因为忽视这类交易的监管框架才获得了成功或者享受到了优惠待遇？

高频交易者为自己做出的最常见辩解是，总的来说，他们为市场流动性做出了贡献。他们还声称，他们通过压缩买卖差价降低了散户交易者的交易成本。然而，这些观点混淆了事实。把数以千计在不到 1 秒钟的时间里就会失效的订单塞进市场，这并不会创造流动性。在行情上涨的市场上，流动性绝不会成为问题；而当价格下跌时，要靠造市商来报价。太多的所谓流动性提供者在价格下跌时并没有承担这份责任，因此，他们没有权利声称自己为市场提供了流动性。

高频交易者声称，技术应用有利于缩小买卖价差，对于散户投资者来说是一件好事。但事实上，这样的交易策略不断地从每笔交易中抽头，从而意味着它们提高了导致市场下滑的可能性。对于那些不熟悉这个术语的人来说，请想一下在银行或者旅行社外汇柜台上换钱的情形。这里大幅压缩了买卖价差，但当您索要报价时，银行柜台职员肯定是不断提高报价。这样，他越想做成交易，市场就越有可能下滑。我和一些曾经花很多时间想战胜自动交易系统的大投资者交谈过，他们遇到过他们试图完成相对较大的单子，而每天的价格却不断下滑的情况。

高频交易受到的最大指控也许是，虽然它们不会严重影响市场走向，但很可能有助于加剧市场大起大落并出现高度波动的状态，从而削弱普通投资者与市场互动的能力。高频交易者的行为不利于资本形成这个市场存在的理由。事实上，他们的交易方式会导致投资者丧失对市场运行能力的信任，因而会直接对信心构成威胁。就此而言，虽然诋毁每个高频交易商并不适当，但不可否认，高频交易业务对于金融体系而言代表着风险。在笔者写这本书的时候，高频交易成交量还不是很大。

1933年的《格拉斯—斯蒂格尔法案》

1933年的《格拉斯—斯蒂格尔法案》经受住了对资本形成要比对投资者更有利的基本检验,因为它把批发银行业务与证券公司业务区分开来了。

道理很简单,批发银行主要关注通常采取住房和商业不动产抵押贷款、购车贷款等形式的基于资产的贷款业务以及现金管理和信托业务,从而限制了批发银行所暴露的风险,并且向它们提供了其客户所要求的稳定性。投资银行关心的是,通过股票和债券市场来募集资本、经营承销业务,并且为自己建仓投资。20世纪90年代前,很多投资银行采取合伙制的组织形式,这就意味着它们的投资头寸受到合伙人偿债能力的限制。

传统上,证券公司只能根据其资产负债业务规模和补充保证金的能力来投资建仓。在采用一些例外规定以及1999年最终废除《格拉斯一斯蒂格尔法案》以后,证券公司可以自由地与批发银行合并。所罗门美邦(Salomon Smith Barney)与花旗银行、摩根大通与大通曼哈顿银行等的并购案都发生在2008年金融危机之前。金融危机后,这个过程颠倒了过来,像富国(Wells Fargo)银行和美洲银行(Bank of America)这样的批发银行分别收购了美联(Wachovia)银行和美林公司等的证券业务。从不同经营单位的角度看,这些类型的合并都是令人满意的,因为证券公司获得了接近存款持有机构的机会,并且能够依靠这些机构大幅度扩大自己的交易业务能力、附加值和规模。批发银行获得了通常与投资银行业务联系在一起的赚取"时高时低"的利润的能力。由市场扩大引发的问题是,合并后的庞然大物的头寸规模对这个更大的市场构成了严重不稳定的系统威胁。

前美联储主席保罗·沃尔克试图重新废除存款吸收机构持有自营头寸的资格。他的有些建议被《多德—弗兰克华尔街改革法案》(Dodd-Frank Wall Street Reform)和2012年7月生效的《消费者保护法案》(Consumer Protection Act)所采纳。然而,尽管沃尔克偏好无所不包的单一规则,但是,游说者们成功地争取到了许多例外规定和补充规则,以至于最终通过的法案几乎无法理解。沃尔克先生在2011年发表在《纽约时报》上的文章中表达了他的失望:"我起草了一份简单得多的法案。我想看到一份四页篇幅的法案,禁止自营交易,并且责成银行董事会和首席执行官负责遵守法案。我有能力很强的监管机构,如果银行还没有符合这项法案的规定,那么就应该迎头赶上。”笔者完全同意沃尔克的观点,而投资界作为整体就可能得益于投资头寸规模的限制。但在笔者撰写本书时,《多德—弗兰克华尔街改革法案》反映了实际情况,而我们不得不相应调整我们的行动。

再抵押

我们先来简单考察再抵押的含义,以免有人对基础广泛的监管改革的必要性表示怀疑。很多人认为,通过对与证券公司的交易提供抵押担保,只要把资金列入独立账户就能满足假设的保证金要求。但是,证券公司可以通过把“抵押”资金用于抵押担保,自由增加自营业务规模。这种做法被称为“再抵押”,并且是2011年导致全球曼氏金融公司(MF Global)破产的主要因素之一。该公司挪用客户资金做投机生意,结果赔个精光。与其他领域的影子银行系统一样,这种做法允许证券公司在没有实际动用自己的资金并规避监管机构监管的情况下扩大自营业务的规模。这是另一个一次简单的改革就能大幅增强投资者对金融系统信任的方面。

游 说

当政府或监管机构的决策可能会影响某些人的业务时,不去游说争取有利于自己的结果,那简直就是愚蠢之极。然而,尽管受既得利益驱使去游说可以说是理所当然的事,但是,这样做是否符合全体公民的利益就不那么明白无误了。从投资的角度看,对这种现象有两种不同的理解,具体取决于看问题的角度。

如果笔者有投资的一家公司在一项有利于它的立法上有既得利益,那么游说就很可能带来真正意义上的利益。然而,当竞争性游说利益方把立法程序同附加条件、附加条款、例外规定以及其他乱七八糟的东西搅和在一起时,国家制定有效法律的能力就会受到限制,而立法过程就可被视同一种对信任的威胁以及治理恶化的症状。在这个例子中,游说可能对我们的投资构成了威胁。

游说者们在总统选举、普选或者公投表决中开展的活动通常被视为一种不利的因素,因为他们是想影响决策为他们所代表的利益集团谋取利益,而不是为大多数人谋取利益。美国的超级行动委员会以及几乎所有国家都有游说者损害了立法者不受企业过分影响的理念。在很多方面,立法者是否独立无关紧要,但游说泛滥的净效应就会损害公平观念。因此,如果游说者在达到目的方面取得非常明显的成功,那么就会加剧民众对政治体制失去信任的程度。

虽然游说者游说成功就能对他们所代表的公司的前景产生正面影响,但总的来说,他们的游说活动会给金融市场带来风险。因为当治理周期转而不利于这样的活动时,就有可能对投资者和交易者与市场互动的方式产生实质性的影响。

结 论

监管就像治理一样,往往呈现周期性演化的特点,会从一个极端向另一个极端发生巨大的变化。大萧条后的特点就是希望绝不让投机者导致系统风险的情况再度出现。到了 20 世纪 80 年代,制度记忆严重衰退,甚至到了限制性监管环境的依据受到严重质疑的地步。英国推进伦敦金融市场自由化的“创世大爆炸”改革、美国废除《格拉斯—斯蒂格尔法案》以及欧元处于脆弱的监管框架下的问世,都表征了一种监管松弛的极端状况。2008 年金融危机爆发以后,虽然各国都在着手处理危机造成的问题,但到目前为止,它们采取的一半措施起到了导致监管复杂化而不是监管改革的作用。银行、对冲基金、高频交易公司和其他金融中介机构能够轻易钻过去的漏洞到处都是。这说明,另一次由金融促发的危机席卷全球经济只是一个时间问题,而不是会不会的问题。

第二十章　崩盘、传染和机会

本章内容提要

- 每次崩盘都会创造价值投资者梦寐以求的绝好投资机会。那么，最有可能在哪里发现这样的机会呢？
- 凡是风险中心都最有可能表现出3型底部形成的特点，并且经历几年的盘整。
- 一种国际交易投资工具的崩盘会传染扩散到较不相关的投资工具，但后者恢复较快。
- 即使刚崩盘的市场也会出现没有成熟牛市过度冒险行为特征的投资工具。而且，这种投资工具常常处于非常有利的位置。
- 寻找早期领头和相对强度的迹象。
- 牛市迟早会出现，一种投资工具市场的下跌会创造其他投资工具的牛市。

如果我们能够用心读图和控制持仓规模，那么就能在崩盘发生之前或者崩盘开始之初卖掉手中的筹码并且/或者开仓做空。但是，如果我们在某个这样的事件发生后手中还有存货，那么就应该考虑多种可能性，而考虑必须做出的决策的最好方法就在于问题的分离度。

大崩盘会深度影响投资者，特别是在投资者已经赔了钱时。没有人愿意重犯同样的错误，因此，在经历了这样的事件以后，投资者对投资会变得加倍谨慎。

没能预测到崩盘的分析师事后会变得草木皆兵，动辄就能看到另一次大跌的迹象。他们不希望再次预测失误，漏判下一次大跌，因此经常会公开预言市场会进一步下行。市场人气甚至会进一步恶化，而投资者甚至会更加捂紧钱包。

尽管每次崩盘以后，投资者都有受伤、恐惧、失望、幻灭、自疑、愤怒和被出卖的感觉，但是，像崩盘这样的事件同样能提供绝好的买入机会，这样的潜在入市机会既可能出现在刚刚发生崩盘的行业，也可能由于崩盘导致附带伤害而出现在其他行业。

崩盘

当市场崩盘时，那些代表大众希望、梦想和牛市期间未实现愿望的投资工具会跌得最快、最惨，现在就成了风险感知中心，并且会拖累其他相关类别的资产。如果这是一种国际交易工具，那么冲击波就能扩展到其他资产类别、地理区域或者货币。请读者思考一下，刚刚崩盘并代表着全球风险中心的资产，是更可能还是更不可能引发下一轮牛市呢？

每轮大牛市都是靠宽松的货币环境和投资者感兴趣的故事发展起来的，在一轮牛市的后期阶段，很大比例的市场参与者会希望价格在出现大幅回调前至少能多涨几年。他们变得像吸毒者——“再给一个新高吧！”然而，随着牛市的不断成熟，中央银行会收紧银根，而价格最终会开始下跌。等到价格开始下跌时，亏损就会出现，而与牛市对立的东西就会变得清晰可见，而投资者对那个他们曾经如此相信的故事真的彻底不抱幻想。那些被认为与牛市故事关系最密切的股票价格会大跌，而其中某些股票可能会退市。这个行业的市场人气会急剧恶化，很多人会因此而被弄得焦头烂额，以至于不愿投资后长时间持有。

在一个合乎情理的牛市故事与健康的基本面被大量的流动性和投资者的狂热抬到令人难以置信、只有用最可笑的理由才能解释的高度时，金融市场就会出现泡沫。以下是一些市场出现泡沫的例子：

- 美国工业革命时期的铁路泡沫。这个泡沫曾给人以能改变人们生活方式和成功实现目标的希望，但结果是大量的企业破产和投资者损失席卷整个行业。
- 日本的房地产和股票市场泡沫。这个泡沫发生在人们正相信日本的经营管理实践将允许日本成为世界最大经济体的时候。而曾经促成日本泡沫的许多经营实践、库存管理和创新,今天在全球经济中无处不在。

- 20 世纪 90 年代发生的电信、媒体和科技泡沫。这个泡沫也曾给人以改变生活方式和取得成功的希望。与所有被吹得神乎其神的好主意一样,这次牛市导致了大规模的过度投资和可怕的投资决策,并且还使人相信所承诺的全部变化必然立刻就会发生。当泡沫破灭时,就预示了这 3 个已经有明确赢家和输家的相关行业将经历大规模并购。

- 1987 年纽约股市崩盘。触发这次崩盘的原因是,人们相信像股指期货这样的新产品能够提供投资组合保险,并且允许基金经理对冲市场风险。当大家同时卖空标准普尔 500 股指期货,以对冲自己投资组合的多头风险时,便导致了市场崩盘。2 年以后,标准普尔 500 指数才站上新高。

- 2007 年和 2008 年的信贷泡沫破灭。这个泡沫因许多假设但主要是银行开发出了允许大家防范违约风险的工具这个假设而破灭。当时,人们都认为自己想承担多大风险就能承担多大风险,因为违约不再构成威胁。

在经历了大规模的破产、取消抵押品赎回权、注销坏账、国有化和紧急救助以后,我们终于看到了这一假设有多么虚假。信用违约互换导致人们认为违约概率是合理市场炒作的结果。一些与信用违约互换有关的弊端,如卖空股票然后哄抬信用违约互换的价格以显示更高的违约概率,必须受到监管。但是,信用违约互换却存续了下来。

在以上各个案例中,崩盘都代表着巨大的创伤事件,等它们过去以后就会出现绝好的投资机会。

那些由于没能妥善管理自己的投资头寸而遭遇亏损的人常常会安慰自己说,他们被骗了,并且不应该因他们的行动而受到指责。然而,几乎所有的泡沫最终都会“履行自己的承诺”,但不是在投资者所希望的时间框架里。那些驱动大牛市的故事真的能够改变世界,大牛市代表着绝好的赚钱机会。如果我们想从中获利——并且保住我们的利润,那么就应该学会冷静地观察这些故事的发展。

当市场崩盘时,任何多仓持有者不是在精确计算亏损额,就至少是在经历严重的利润流失。这些人的失望再加上他们对自己已经卖掉或者仍持有空仓的资产类别的反感,会导致泡沫破灭后募集表征下一轮牛市到来所必需资金的可能性化为乌有。崩盘一般都以漫长的3型筑底活动形式结束,因为那些多头存货持有者会利用大幅反弹来清掉部分存货。这就意味着:如果某人手中持有刚刚崩盘的投资工具的多头头寸——而且这种工具是导致崩盘的罪魁祸首,那么他们几乎没有机会及时弥补损失。

我们来看一名投资组合经理的例子:他手中持有一种刚崩盘的投资工具的多头头寸,并且抵制住了价格走低时卖掉手中筹码的诱惑,但每次打开电脑只能目睹损益表上巨大的赤字。他手中的筹码比他希望持有的多,而这种投资工具正在进入一个由漫长的盘整勾勒出来的3型底部。他能在随后几年里清仓离场的概率非常小,他也许需要时间来接受新的市场现实,但最终他会把任何大幅反弹视为清仓离场的机会。这样,他才能转而改投另一资产类别,并且忘记这次失误。与狂热关系最密切的科技股在科技泡沫破灭时就出现过这种形态,与债务抵押凭证和房地产贷款关系最密切的银行股在2008年信贷危机结束以后也曾出现过这种形态,而其他投资工具的恢复要快许多。

传染

经历了传染但与问题市场没有直接关系的投资工具有更多的机会反弹,并重新营造需求主导型环境。

崩盘是重要的市场事件,会对市场参与者产生巨大的心理影响,却能营造价值投资者寻找的那种环境——低价格和有吸引力的估值。大牛市往往会吸引世界各国投资者寻求和参与鼓舞人心并能驱动上升趋势的故事。当市场最终开始快速下跌时,投资者被迫卖掉手中的筹码,而流动性会变得比其他因素更加重要。随着市场人气的恶化,潜在买家会压低他们的出价,流动性开始枯竭,而价格进一步下跌,从而增加潜在买家撤出市场的可能性。杠杆投资者和交易者必须按催缴单支付保证金。在日益恶化的市场上,手中积压的存货常常难以出清,所以,为了筹措现金,投资者被迫留下他们想卖的筹码,而是出售他们能卖的筹码。

这种传染效应会导致不太相关的投资工具经受咄咄逼人的卖盘压力。通常值得怀疑的多元化投资组合优点被虔诚地宣传了几十年,结果是大多数投资者现在倾向于持有一系列不同类别和行业的资产。这意味着,通常为了招徕顾客而被吹捧成没有相关性的不同投资工具，现在可能要承受压力了，倒不是因为它们特别受到泡沫破灭导致的基本面恶化的影响，而是因为投资者被迫卖掉手中某些资产的筹码以履行投资组合中其他资产所产生的义务。随着投资组合中部分资产投资亏损的增加，投资者会仔细核查哪些资产投资有丰厚的利润可用来弥补亏损或者可用来兑现缴保证金。他们会卖掉能卖的筹码以缩小不断增加的亏损，或者确保现在就兑现利润以免日后蒸发。

随着投资组合中很多投资工具的价格下跌，在缺乏相反证据的情况下，投资者忍不住会认为，随着市场的下跌，这些投资工具必然也在经历同样的遭遇。每次大崩盘都会出现传染性抛盘，无论是否会真的发生，但我们必须有所认识。传染性抛盘的出现会导致资产定价出错，而这可是价值投资者通常已经盼望多年的事。只要我们有手段识别并有魄力介入和坚持，那么，每次崩盘以后获取巨大收益的机会比比皆是。

在2008年信贷危机期间，对美国次级抵押贷款问题扩散到优先级抵押贷款的担心导致许多银行发生了挤兑，并且以雷曼兄弟公司引人注目的破产达到顶峰。没人相信会有人购买很快就会变得“有毒”的抵押贷款组合，所以银行就停止相互拆借，从而损害了银行同业市场，进而导致危机加剧。

随着恐慌和不确定性的蔓延，新兴市场、大宗商品市场以及几乎所有的股票市场都会主动降价出货。用冷静下来后的后见之明来看，我们能够断定很多投资工具大幅下跌的程度比能够合理解释的更加严重，而投资者如果能够挺住坚持到现在，情况就会变好。但是，在2008年10月市场大跌所导致的情绪蔓延期间，普遍的看法是供给不足。

因此，我们认为，在下一次崩盘后就可能存在机会。现在让我们来看看机会的情况到底如何。

刚刚经历崩盘的资产

活跃的交易者也许会考虑买入在崩盘期间价格下跌最惨重的股票，这些股票可能再也看不到它们曾经到过的峰值(或者至少给人的感觉就是这样)，但对于某个崩盘后入市投资的人来说，一旦底部开始形成，这一点无关紧要。他们更关心的是后市如何运行。

在表现滞后的股票中选择底部已经形成的股票并非没有显著的风险，主要是相关公司可能会破产。即使某个行业的股票注定要盘整很长时间，活跃的交易者常常就是想在这样的底部形成的震荡（盘整区域的上下限之间）市中介入这样的市场。这可能很刺激，但从风险调整后的角度看，却是一个比较容易的赚钱途径。笔者仅把这种方法推荐给手中持有相关资产头寸的机构参与者。

刚经历崩盘的行业里的明显龙头股

在泡沫破灭时，每个行业几乎总有几只幸运地躲过惨跌的股票。这几只股票幸运地没有遭遇泡沫最糟糕的过度膨胀，因而能在泡沫破灭后得以生存下来并逐渐复苏。在竞争对手的破产和随之而来的合并潮中，这些股票所代表的公司常常有机会收购优质资产，但很少有人关注这些股票或公司，因为大家只关心那些成为头条新闻的大破产案。

那些没有遭遇崩盘重创的公司由于某种原因生存了下来。谷歌公司一直坚持到科技泡沫破灭以后再首次公开募股；亚马逊公司的股票早已触顶、触底，较早显示出相对强度，并且是第一批超越其泡沫时期峰值的股票之一；苹果公司的股票也许是后科技泡沫时代最伟大的成功故事，并且从很早起相对业绩就明显好于其他股票，苹果公司股票在其价格于 2012 年达到峰值之前的近 10 年里，业绩一直跑赢纳斯达克 100 指数（见图 20－1）。

图 20－1　1992～2013 年苹果公司股票价格与纳斯达克 100 指数比率走势

在经历了2008年的信贷危机以后,维萨和万事达是为数不多的两家股价超越其危机前峰值水平的金融公司。这两家公司虽然直接与消费者发生业务关系,但实行了国际多元化,关键是它们不吸收存款也不发行债务抵押凭证。富国银行避开了信贷泡沫的极度冲击(见图20—2),因而能够在2008年收购美联银行和一些规模较小的银行时处于有利的位置,并且通过这一系列并购,成为美国四家最大的银行之一和相对业绩明显较好者。一些资产管理公司也以出色的业绩安然度过了这场信贷危机。

图20—2 2003～2013年富国银行(纽约证券交易所)
与标准普尔500银行业指数比率走势

以上科技股和银行股的例子表明,相对强势的龙头股在经历了崩盘后提供了趋势跟踪投资风险较低的机会,因为它们较少受到原先导致行业板块下跌的影响。

下一轮牛市(或下一个泡沫)

崩盘能创造机会,但从试图识别下一个重大投资题材的角度看,最重要的机会兴许是与市场下跌时发生的传染性抛盘联系在一起。随着一种投资工具的市场失去吸引力,另一种投资工具的市场当然会赢得追随者。

在经历了任何一次大跌之后,大多数投资者会关注刚受到崩盘冲击的资产类别,媒体会炒作一些没有什么前途的题材,有些人会找导致他们损失的人出气,但大多数人会试图弄明白这次遭遇。在这种混乱的环境中,有个别资产会跑赢大盘。刚受到巨大损失的投资者想到这次遭遇就会感到懊恼,而很多人不会理睬任何关于牛市的故事。然而,崩盘后表现出相对强势的任何资产类别之所以能够具有相对强势,都是有其原因的。

美联储对这次信贷危机采取的应对措施,与它在 1987 年崩盘、墨西哥债务违约、俄罗斯债务危机、亚洲金融危机、"千年虫"问题和科技泡沫破灭时采取的应对措施相同,就是大胆降低利率,给市场注入流动性,大幅延长对经济系统的刺激,而这些措施都有助于引发另一个泡沫。在过去的 10 年里,一切似乎没有发生变化,所以这些措施有望继续被采用。事实上,几乎所有的主要中央银行都一直在采纳完全相同的政策。因此,我们实际上可能会反对这种体制,但如果想赚钱,那么最简单的方法仍然是接受现状,并且花点时间考虑下一个泡沫会出现在哪里和如何最好地从中获利。

空方和多方总能以各自愿意采取的任何方式来进行合理的解释,但是,当人人都在担心会不会出现下一轮熊市行情或者提心吊胆地等待观望时,如果中央银行向市场注入大量的流动性,那么当然会对相关市场产生牛市效应。我们来看一个正在明显跑赢其他资产类别的资产类别。这个资产类别能够跑赢其他资产类别必然有它的原因。一旦我们知道了确切的原因,就能掌握鼓舞投资者采取行动的故事。

新的业绩佼佼者可能是一个在崩盘期间因传染性抛盘而价格大跌的资产市场,不但反弹比其他资产市场有力,而且还比它们早而快,因为它已经远离崩盘导致的问题中心。也许,最好再考察一些经验证据。

在经历了 2000 年的纳斯达克崩盘后,一些收益率较高的股票短暂表现出相对强势,但与美国银行业的出色业绩相比就黯然失色。美国银行业能够杠杆利用低息信贷,并且通过贷款证券化和辛迪加化演绎出欢闹的景象。这种较早表现出来的相对强度有助于表明,金融股正在接近下一轮牛市的中心位置,并且最终处在了未来大问题的中心。银行股较早触底,在这轮牛市的早期阶段又上涨最快。但重要的是,银行股随着银行的某些做法变得不受欢迎而提前登顶。

在经历了科技泡沫破灭后,黄金近 20 年来也破天荒地开始较早表现出它的相对强度。这其中有很多原因,但主要是因为黄金产量下降导致政府出售黄金来帮助黄金市场维持均衡。随着几乎各国政府推行的法定货币持续贬值政策开始对投资者信心产生负面影响，并且各国货币的购买力持续下降，新的黄金需求开始出现。2001 年，陆续有投资者开始寻找一种安全的价值储藏手段，很多投资者不但认为他们需要一种便于储藏的资产，而且决定增加黄金在他们资产组合中的比重。但是，这并没有帮助黄金躲过 2008 年的传染性抛盘。不过，金价还是较早触底，并且还破了前高，从而证明黄金较少受到银行业危机造成的问题的影响。到了 2013 年，随着政府证券收益率触底，黄金受到了交易所交易基金清盘的影响，这也许就是黄金牛市结束的信号。

东盟国家也容易受传染性抛盘的影响，但这些国家的股市在 2008 年比标准普尔 500 指数早将近 6 个月触底。印度尼西亚股市较早完成筑底，相对业绩领先的地位保持了多年，并且于 2010 年创出了历史新高。印度尼西亚仅仅是东盟地区的一个例子，并且与许多国家一起涌现出了一个强大的消费者阶层。

在事后来看，这些类型的机会在价格比其各低点低几倍时就显得再明显不过了。但是，当我们周围几乎每一个人都看空时，它们就很难得到赏识。让我们来看几个崩盘和牛市像凤凰那样浴火重生的例子。

3 型底部形成过程的完成

一个市场在 3 型底部盘整数年，不但突然开始展现其相对强势，而且按名义价值计还在向上突破，那么就有可能进入了新一轮的长期牛市。

我们在信心遭到重大打击后，总是试图从自己所犯的错误中吸取教训，一些曾经蒙受重大损失的人会试图反向做那种当初导致他们陷入困境的交易。由于市场接近其主要顶部，他们可能不愿在任何价位上建仓，并且未能实施一种与所面临风险相匹配的止损策略。一旦价格开始下跌，他们仍然坚持持仓，因为他们不愿承认错误，并且盼望价格能够回升。价格大跌以后，他们很可能已经在不利的价位上抛掉了手中的筹码，因此有很大的欲望采取与价格在顶部时使用的策略相反的策略。他们会等待建仓机会，但一有风吹草动就会卖掉手中的筹码。

这种策略也许在价格接近峰值时比较合适，但在经历了价格大跌之后就不太合适。筑底运动由于供求双方之间的较量而剧烈震荡，一个设置在底部任何价位上的止损点都要冒被相对较小的波动触及的巨大风险。

在筑底完成之前，市场不可能持续向上突破，因此，等待突破就意味着在盘整区间上限的价位上买入，并且要冒立刻止损离场的风险。

就连那些在底部下限价位上向上突破买入的买家，通常也想在市场出现波动时卖掉手中的筹码，因为他们害怕再次犯错导致利润流失。

再谨慎的投资者也能意识到在底部“啄食”的风险，所以会等待出现成功的底部突破再重返市场，因为他们完全明白要以看到已经筑成的底部和由此反映的需求主导型环境的平和心态来考虑出价比各低点低1倍以上的潜在买入。

考虑到以上这种情况，我们一旦看到底部已经筑成——特别是当其他资产类别的市场也已完成筑底时，就有了明确的“中期内需求将占据主导地位”的证据。如果价格持续向上突破新高，那么在没有相反证据的情况下就应该认为会出现上升趋势。

国际商用机器公司就是这样一种情况的绝好例子。该公司的股票在20世纪90年代大幅反弹，而在21世纪初几乎盘整了10年(见图20－3)。该股在2008年先于大盘探底，2010年在历史高位区域盘整，并且在这一年的晚些时候出现了一波屡创历史新高的行情。除了其他许多优点，如良好的技术创新记录，该公司的股票凭借其回购计划，尤其是在一个投资者渴望收益的环境里吸引了投资者的注意。

图20－3　1992～2013年国际商用机器公司(纽约证券交易所)股票价格走势

20世纪90年代，随着其革命性的治疗前景对投资者的激励，生物技术成了投资者们的宠儿，而生物基因(Biogen)公司也在从2000年起10年的大部分时间里，一直处在漫长的构筑3型底部的过程中(见图20－4)，其间有很多生物技术公司破产或者被接管。到了2011年，生物基因公司股价完成了漫长的3型底部构筑过程，并且成了提升投资者对生物技术整个行业兴趣的象征。

图20－4　1992～2013年生物基因公司(纳斯达克)股票价格走势

介入一个仍处在3型底部形成过程中的市场，会因市场波动可能导致情绪上的厌倦。但一旦底部筑成，我们就会面对一个无可辩驳的需求复苏的证据，这就是漫长的筑底过程被认为是未来牛市温床的原因所在。

如果我们回到基本原理上来，那么就是"盘整是蓄势待发"。市场盘整时间越长，预期就越往下走，而市场震荡就会变成现实而被接受。但是，我们不能忘记，熊市终究会结束，而当熊市结束时，大牛市就会接踵而至。当我们看到底部形成结束的证据时，至少是在大盘上涨的早期阶段，最好的策略就是做多，并利用向200日移动均线回调的机会加仓。

结论

崩盘是严重的创伤性事件，但也有助于我们重新重视分析的精确性。崩盘过后，交易会重新出现，而龙头股会由于某种原因而吸引投资者的注意。然后，底部形成过程的完成会向我们提供反映下一轮大牛市有可能在哪里发展起来的线索。

第二十一章　主要市场周期

本章内容提要

● 市场往往以长期牛市和熊市更替的方式运动。

● 由于牛市赚钱比较容易，因此，有必要弄清我们处在主要市场周期的哪个阶段。

● 2013～2015 年是一个转折点，黄金的 10 年长牛市可能正在结束，美国国库券收益率已经下降了 30 多年，并且正变得越来越波动不定。股票，特别是那些股息增派记录良好的股票，虽然已经失宠，但最有可能迎来新一轮长期牛市。

大牛市首先代表着参与者大幅增加其财富的时机，很多人在随后的暴跌行情中赔掉了在牛市里赚到的全部利润，有的甚至还赔掉了自己的本钱。因此，我们一旦掌握了为识别稳定趋势以及主要顶部和底部所必需的工具，接下来就应该去识别最有可能进入持续一代人时间的长期牛市的资产市场。在牛市中，最有用的策略就是跟踪趋势。就如在上一章中所讨论的那样，底部形成过程的完成是在早期阶段识别新一轮牛市的最容易发现的线索，但是，充分了解不同资产类别在长期内如何互动具有同等重要的意义。在这个方面，一些长期比率能帮助我们形象地洞察不同资产类别彼此间的相对业绩。

2013 年，许多次要的题材激发了投资者的兴趣，但有四个重要题材尤其明显：

1. 在过去的 33 年里，美国国库券一直处在大牛市中。在笔者写本书时，我们掌握了几十年来最有说服力的证据：市场已经触顶，而新一轮长期熊市有可能会随之而来。

2. 黄金创下了连续 11 年的正回报率纪录，2013 年是自 2001 年以来第一个出现负回报率的年头，这可被看作是主要趋势发生了变化。

3. 以标准普尔 500 指数表征的纽约股市自 2000 年以来在一个估值收缩、股息收益不断增加的长期过程中盘整，并且于 2013 年 5 月创下了历史新高，我们可能正迎来新一轮的长期牛市。

4. 那些被笔者定义为自治共同体的大型跨国公司具有全球品牌认知度、财务状况稳健、股息增派记录良好，而且还表现出快于国内市场的增长速度。它们的股票正在不断突破长期底部，并且表明一个长期大牛市正处在其早期阶段。

让我们来看看这些不同的市场如何相互作用。

图 21—1 突出显示了从比率峰值超过 40 的 2000 年以来各年度道—琼斯工业平均指数的基本走势。2000 年，道—琼斯工业平均指数加速跑赢黄金，这可被看作是带有一定程度右扩的 1 型趋势正在结束。

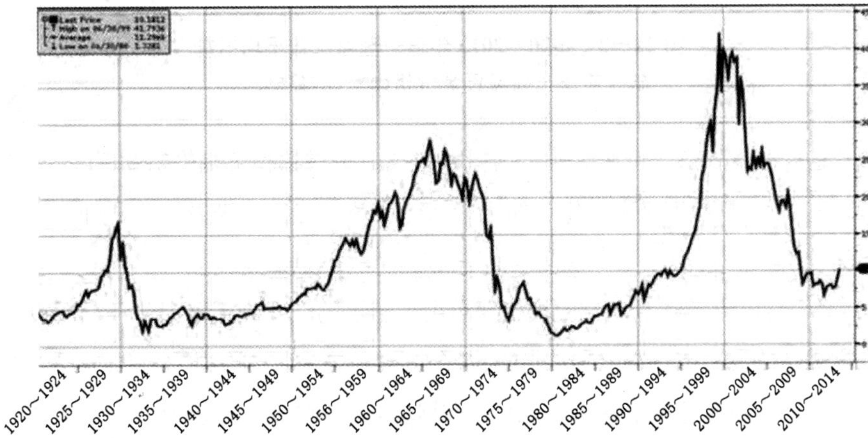

图 21—1　1920～2013 年道—琼斯工业平均总收益率指数与黄金价格比率(算术标尺)

图 21—2 除了采用对数标尺外，其余都与图 21—1 相同。图 21—2 显示，指数下跌 1 个标尺单位，指数成分股必须相应做出很大百分比的变动。道—琼斯工业平均指数和黄金价格比率，从 1999 年接近 40 的峰值一路下跌到了 2011 年

的 6.5,这反映了道—琼斯工业平均指数的大幅盘整和黄金持续 10 年的价格上涨。图 21－2 中的标尺从 40 移动到 39,并不要求黄金价格或者道—琼斯工业平均指数做出特别大的百分比变动。相比之下,对于总收益率指数来说,要把道—琼斯工业平均指数从 7 降到 6,金价就要求该指数的成分股发生很大的百分比变动。

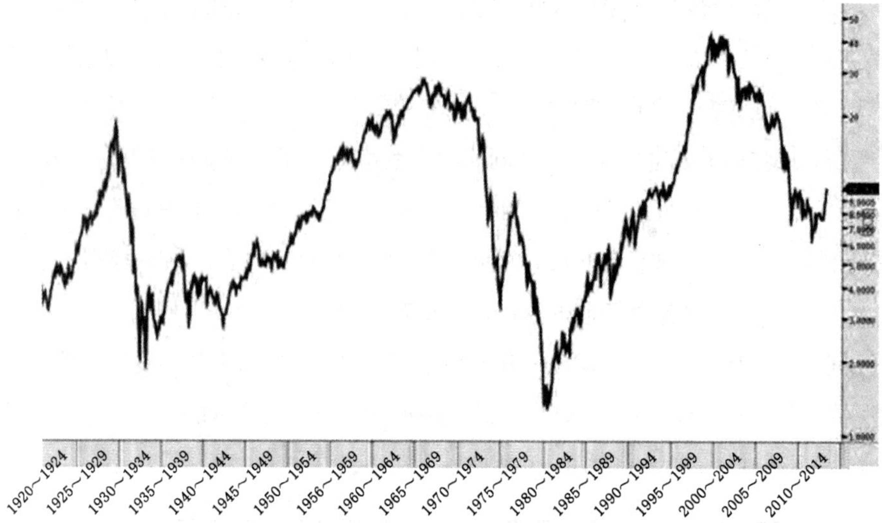

图 21－2　1920～2013 年道—琼斯工业平均指数总收益率指数与黄金价格比率(对数标尺)

这两张反映道—琼斯工业平均指数总收益率指数和黄金价格 90 年走势的图,提供了一种资产类别的牛市如何用另一业绩欠佳资产来表示的两种不同情形。

今天,1929 年达到高潮的投机狂热由于随后的泡沫破灭和大萧条而比投资狂热造就的大牛市还要出名。当时,黄金价格是与美元挂钩的。所以,道一琼斯工业平均指数在急剧下跌以后,由于下跌幅度没有总收益率指数的下跌幅度大而仍有不错的业绩表现。

1932 年,纽约股票市场相对于黄金价格而言开始触底。大萧条和第二次世界大战以后,从 1945 年一直持续到 1965 年的一轮长期牛市在图上清晰可见。

1965 年,纽约股票市场触到了另一轮大牛市的顶部。这次,随后熊市的特征是市盈率下降了整整一代人的时间,而股息收益率则不断上涨。道—琼斯工业平均指数被认为在 1 000 点上碰到了“玻璃天花板”,并且直到 1981 年才突破

1 000 点。当道—琼斯工业平均指数仍在盘整时,黄金已经开始了一轮历史性的牛市,并且在 1968～1980 年期间从每盎司 37 美元飙升到了每盎司 835 美元。黄金在历史上作为一种自由交易工具,价格波动比纽约股票市场还要厉害。

美国联邦基金利率于 1980 年涨到了 20%,并于 1981 年再次达到这个高度,但这次标志着通货膨胀预期的一个峰值。黄金和大宗商品价格因为有新的供给冲击市场而急剧大跌。但纽约股市在效率提升、技术创新和通货膨胀趋缓的驱动下开始了一轮长达 20 年的牛市。

1999 年,市场对电信、媒体和科技股的狂热达到了登峰造极的地步,并且导致这几个行业的崩盘。道—琼斯工业平均指数进入了另一个长达一代人时间的市盈率下降、股息收益率不断上涨的时期。这一次,是标准普尔 500 指数在 1 600点上碰到了"玻璃天花板",而道—琼斯工业平均指数击败了标准普尔 500 指数,部分是因为跨国公司利用全球消费人数增加的机会进行了集中。按名义价值计,黄金价格于 1999 年触底,并且于 2001 年进入了另一个牛市。

道—琼斯工业平均指数总收益率指数与黄金价格的比率,在过去的近 90 年里出现了 3 个主要峰值,分别是在 1929 年、1965 年和 1999 年。这 3 个峰值分别代表纽约股市三大牛市的最高峰位,其中两个还代表了狂热的巅峰。在这 3 个峰值之后,黄金价格跑赢道—琼斯工业平均指数整整一代人的时间。最后一轮黄金大牛市达到了狂热的高潮,并且于 1980 年到达顶峰。

考虑到百分比从 6 跌到 2,如果对黄金价格最乐观的预期能够实现,就必须有狂热出现,那么,狂热怎么才会出现呢? 道—琼斯工业平均总收益率指数与黄金价格的比率从 1999 年到 2011 年呈现出一路持续走低的趋势,2013 年向下突破失败后出现的反弹是持续 12 年的下降趋势中出现的第一个高于前高的高点,这标志着这个长期的下降趋势出现了两次重要的稳定性变化。

这个关键时刻的问题就是,这个下降趋势是否已经结束或者是否在次低点上正在失去稳定性。确切地说,投资者们想知道黄金牛市是否还会出现最后一波高潮,希望看到一波类似 1974 年出现的预示着黄金热到来的逆势反弹行情。不过,他们的这些想法和希望要想得到价格走势的支持,道—琼斯工业平均总收益率指数与黄金价格的比率就必须持续下跌到 8 以下。如果没有这样的下跌,那么在没有相反证据的情况下就应该认为,道—琼斯工业平均指数在长期内能跑赢黄金价格。

黄金价格与美林 10 年期以上美国国债总收益率指数的比率

黄金价格出现 1980 年的峰值对应于美国国库券收益率的一个主要峰值。20 世纪 70 年代,美国国债收益正在被居高不下的通货膨胀压力所侵蚀,而投资者需要更高的收益率来补偿他们损失的购买力。黄金作为一种不生息的资产,凭借它是唯一"真正货币"的假设业绩跑赢了美国国债。利率的进一步提高最终切断了对黄金的投资需求,而美国国债则变得更有吸引力。

图 21－3 采用对数标尺,对从 1982 年起的美林 10 年期以上美国国债总收益率指数除以黄金价格的结果进行了图示。图 21－3 清晰显示,在 20 世纪 70 年代大宗商品牛市结束时,黄金价格相对于美国国债总收益率指数下跌有多快、多深和多久。

图 21－3　黄金价格与美林 10 年期以上美国国债总收益率指数的比率

在 20 世纪 80 年代和 90 年代的整整 20 年里,美国国债按总收益率计算的业绩优于黄金,从 2001 年开始的动能损失导致了下降趋势的第一次稳定性变化。一连串持续走高的回调低点是表明供求失衡逆转的另一条线索。黄金价格与美国国债总收益率指数的比率于 2003 年突破了一个构筑了 18 个月的底部,并且在随后 10 年的大部分时间里形成了不断向上的趋势。

在笔者写这本书时，这个向上趋势的稳定性已经受到了挑战。由金价下跌引发的黄金价格与美国国债总收益率指数比率下跌幅度大于2008年的回调，并且跌回到了2008年的盘整区间内。如果想要再现黄金长达10年的出色业绩，那么金价就必须始终高于2013年4月的各个低点。

美国国债收益率

重要的是应该注意，黄金长达10年的出色表现是出现在债券大牛市的环境中。在从2000年起始的10年里，科技泡沫破灭和信贷危机爆发严重打击了投资者对股票的信心。市场波动加剧、公司董事会丑闻、政治腐败、银行贪得无厌、房地产市场泡沫破灭、经济增长缓慢和高失业率，这一切联手导致投资者失去了对股票的兴趣；而相比之下，美国财政部国债被认为更具吸引力，尽管美国政府赤字严重、债务不断增加，医疗和社会保险等表外短期承诺规模庞大。2013年第4季度美联储应付款项的减少以及对最终取消非常规货币宽松政策的预期，有可能对美国国债和黄金产生极大的影响。凭借自我持续型增长回归来抵消政府债券收益率和适度通货膨胀率上涨的潜在可能性，不可能对美国国债和黄金任一资产类别产生正面影响。

下面，我们采取像对一个不动脑子的人进行讲解的方式，来描述图21－4中美国10年期国债收益率30年趋势的稳定性特征：

1. 美国10年期国债收益率在1981年达到接近16％的峰值，然后出现了一连串持续走低的大幅反弹高点。

2. 虽然美国10年期国债收益率已经下跌了很长时间，但没有突破一系列持续走低的低点，其间有过几个收益率增长有望转正的时期，但从未达到一连串持续走低的高点受到严重威胁的程度。

3. 1984年、1987年、1994年、1999年、2003～2006年和2009年分别出现了幅度在2％或以上的反弹，我们可以把这些反弹看作是主要下降趋势内部出现的“正常”回调，但它们不能仍被视为下降趋势的稳定性特征。由于下降趋势的结束，一次幅度在2％以上的反弹很可能会突破一连串持续走低的反弹高点，并且可能意味着美国国债价格下跌20％。在2％～2.5％的水平上，实际收益率不再是负值，但由于没有资本升值前景而缺乏竞争力。

图 21－4　1964～2013 年美国 10 年期国债收益率走势

那么是否存在 1 型、2 型或者 3 型趋势正在结束的证据呢？

(1)2009 年，美国 10 年期国债收益率加速下降，但 2011 年朝着相反方向反弹的潜在可能性提高。

(2)波动率上涨意味着供求双方正在较量。

(3)幅度在 4%以上的持续上涨，会突破一连串持续走低的反弹高点。

(4)幅度在 5%以上的持续上涨，有可能意味着一次在持续至此的下跌过程中从未出现过的较大幅度的反弹，并且证实了趋势的变化。

我们推断底部正在形成，但现在还不能最后确定。

那么，还有什么其他因素需要考虑吗？

在每轮牛市的顶部，供给会急剧增加。如果是股票，那么公司就会急着设法上市；如果是大宗商品，那么投资者就会试图通过开发新矿来抢一杯羹。如果是债券，那么发行人会急于把资本成本锁定在他们在一代人的时间里所见到的最低水平上，并且尽他们所能多发债券，墨西哥、北伯林顿铁路公司(BNSF)和可口可乐公司等发行了期限长达 100 年的债券，就是这种趋势的最好反映。无论是按照绝对值还是相对值计，美国国库券的收益率都算是低的。

图 21－5 对美国 10 年期国债与标准普尔 500 指数的收益率差进行了图示。根据图 21－5，在美国 10 年期国债比标准普尔 500 指数成分股收益率高出 10%时，两者的收益率差达到顶峰，但现在位于负值区域这个事实也许更加重要。市

场历史学家会证明，投资者传统上要求股票收益率远超过美国国债收益率以弥补股票市场风险较大的感知。自2008年以来，标准普尔500指数成分股的收益率在很多场合高于美国10年期国债的收益率。投资者由于都认为股票市场和其他资产市场风险大而把美国国债作为安全的避险手段。在这10年里，两个泡沫破灭、波动率上涨、银行玩忽职守、治理退化，这一切严重挫伤了投资者的信心。无论如何，这种情况可以与第二次世界大战后时期快结束时比较。

图21—5　1971～2013年美国国债与标准普尔500指数收益率差

当时，美国政府负债累累，而它的赤字削减计划最多也只能算是胸无大志。尽管美联储实施了历史上规模最大的货币干预，但美国经济已经进入低速增长轨道。与此同时，美国拥有大量的全球导向型企业，它们在各自的利基市场上居于主导地位，现金充盈，并没有受到美国国内因素太多的影响。虽然有迹象表明，美国国债市场牛市已经进入后期阶段，但还没有完全结束。事实上，企业部门的成功和美国在能源方面的竞争力可能提供为避免债市出现最糟糕情况所必需的增长。

从2000年开始，按总收益率计，标准普尔500指数的表现不如美国国债。标准普尔500指数在2009年触到了一个加速下跌的低点，从2010年开始盘整了整整3年，并且于2013年向上突破，再次呈现一个相对的上升趋势(见图21—6)。倘若两者的总收益率指数比率能够继续维持其低点不断走高的势头，那么在没有相反证据的情况下就应该认为，标准普尔500指数表现好于美国国债。

图 21－6　1992～2013 年标准普尔 500 指数总收益率指数与美林 10 年期以上美国国债收益率指数比率

图 21－5 和图 21－6 明确显示，不但在考察期内标准普尔 500 指数的总体收益率高于美国国债，而且从 2009 年起，按总收益率计，标准普尔 500 指数的业绩也好于美国国债。鉴于标准普尔 500 指数是一个高度多元化的指数，因此，有必要考察该指数股息增派记录良好的成分股的业绩表现。

标准普尔 500 指数派息大户总收益率指数成份股至少连续 25 年增派了股息。这个指数的各成分股之所以有比较统一的出色业绩表现，主要是因为它们财务状况比较稳健。那些以高于通货膨胀率的比率派息的公司在一个超低利率的环境中强劲地提高了自身的吸引力，而在通货膨胀未来会成为问题的情况下也许更是如此。图 21－7 也许还表明，两者收益率指数的比率处在一个 3 型底部形成过程的结束阶段。

图 21—7　1992～2013 年标准普尔 500 派息大户总收益率指数与美林 10 年期以上美国国债总收益率指数比率

结 论

在考虑了以上各总收益率比率后，我们可做出以下合乎逻辑的解释：

- 标准普尔 500 指数大幅盘整了 10 年多，因此可能比较接近长时间估值收缩时期的最后阶段，而不是开始阶段。

- 估值收缩期一旦结束，就有可能出现一个很长的估值扩张期。因此，在未来的 20 年里有可能看到道—琼斯工业平均指数总收益率指数和黄金价格指数比率创出历史新高。

- 在一个低收益的世界上，股息增派记录良好的公司以及那些善于利用全球性消费者增加这一有利形势的公司，正在以明显的优势跑赢股票市场大盘和美国国债。

- 按总收益率计，黄金至少跑赢美国国债和道—琼斯工业平均指数 10 年。鉴于市场成熟度，黄金市场想要保持这种状况，必须出现新的“黄金热”。

- 美国国债以及一般意义上的政府债券具有“多泡沫”的特点，它们的泡沫现在可能正处于破灭过程中。这种情况也许标志着这种资产类别长达一代人时间的收益率扩张和业绩表现不佳周期的开始。

第二十二章　供给和需求如何影响价格，价格如何影响供给和需求

本章内容提要

- 价格短期波动并不会改变市场基本面，但价格反弹多年后，供方就会受刺激做出反应。
- 市场人气对价格的影响以及价格对市场人气的影响，能确保市场以长期牛市和熊市更替的方式运行。

每项生成、改造或节约能源的创新都能创造效率，并且很快就会通过投资变成劳动力节约机制，进而导致消费增加。这种“回弹效应”通常被称为“杰文斯悖论”(Jevons Paradox)。

1865 年，威廉·史坦利·杰文斯(William Stanley Jevons)观察发现，大功率蒸汽机的使用导致煤炭消耗急剧增加。于是，他基于这一事实认为，英国煤炭被耗尽的速度将会加快，因此英国很快就会耗尽自己的煤炭。一个世纪后，英国的煤炭产量已经比杰文斯预测时的产量高出多倍。那么杰文斯的预测哪里有错呢?

杰文斯基于他不完整的结论，假定英国的生产效率保持不变，但没能想到技术创新有可能像影响需求那样影响供应链。就像采用大功率蒸汽机，开采煤矿的技术也变得更加高效。不错，煤炭需求继续趋向于增加，但煤层越深，煤炭产量就越高，因此，生产成本会不断下降。

在资本主义制度下有这样一个简单的事实:随着一种商品价格的上涨,供应商就有动机提高这种商品的产量以使利润最大化。而在需求端,消费者不得不采用更加高效的方法来使用这种商品。随着牛市的启动,由于供给无力跟上先前没有预见到的需求来源的增长速度,因此价格就不断上涨。关于应该采取什么行动来高效应对这种新情形的看法,会随着价格的上涨而发生变化。

价格会持续上涨,直到情况发生变化,以至于供应超过需求,并且定价趋势发生逆转。随着价格趋向于下跌,供应商有动机降低成本以使利润最大化,而消费者则面临减少消费的较小压力。

价格如何影响人们感知以及如何影响供求动态变化两者之间的长期关系,能确保资产价格以持续多年的牛市和熊市更替的方式运行。虽然回弹效应通常被用来解释商品市场的周期性特点,但它也为解释供给和需求如何随各交易所交易工具的价格波动发生动态变化提供了有用的样板。

股票市场

随着股票市场某个板块股票价格的上涨,新股发行的速度不断加快,这绝不是什么巧合。每家公司都需要资本来支撑自己的扩张,而股票市场远非资本的唯一来源。除了监管部门的监管外,在股票市场挂牌上市要合规披露成本和资产负债表信息,这一规定会作为首次公开发行的负激励因素发挥作用。因此,寻求上市最有吸引力的时机,出现在公司估值有充分高的溢价证明其上市合理时。

20 世纪 90 年代初,技术进步作为一个主要的生产率驱动因素驱动了一轮大牛市,并且导致对投资机会的需求急剧增加。在股市构筑的这堵资本墙特别帮助美国和欧洲推动了大规模的基础设施建设。随着股票需求的不断增加,公司上市可能实现的溢价大幅度提高。这样,科技从业人员也有机会把自己的公司以大幅高于不上市的价值上市。与上市联系在一起的不菲收费也进一步激励投资银行鼓励公司寻求上市。这股上市热的结果就是,在 1996～2001 年期间,纽约证券交易所股票供给增加了 1 倍多(见图 22－1)。

最初由一个基本面健康的故事和供给短缺驱动的牛市,会随着供给充斥市场、利率上涨而结束,因为利率上涨会切断牛市所依赖的流动性。价格不但是观察市场的最简便手段,而且还直接作用于吸引供给进入市场并最终导致市场疲

图 22—1 1995～2013 年纽约证券交易所流通股数量绝对值变化

软的牛市观的变化。

在科技泡沫破灭以后的 10 年里,随着投资者对科技业的失望转变为一种既爱又恨的矛盾心理,纽约证券交易所的新股上市速度急剧下降。流动性随着衰退的出现而趋于枯竭。像大宗商品和房地产这样的其他行业吸引了投资者的兴趣,并且也会降低投资者对股票市场的兴趣。证券交易所对新股上市业务骤减做出的反应是寻求增加交易量的途径,从而又为支持高频交易和托管业务做出了贡献。

对 2007～2008 年信贷危机的政策回应导致了负的实际利率,从而创建了一个高度有利于发行债券而不是股票的环境。事实上,由于债券发行成本大幅下降,因此,很多公司选择了发行债券以回购自己的股票。政客们希望被认为在为保护 10 年里经历了两次崩盘的投资者的利益做点事,但结果是大幅提高了上市公司的合规成本,并且促使公司考虑做出退市决定。因此,净结果是纽约证券交易所的流通股数量从 2011 年开始减少。

我们可把这归纳为供求如何对价格走势做出回应。投资者的感知是纽约股票市场变得更易波动,从市场形态看,纽约股市已经盘整了 13 年,因而必然变得风险更大。股票需求相对于其他资产类别大幅下降,因此,供给做出的回应就是减少股票存量。

股票存量的减少以及私人公司的增加,代表着将出现在下一轮牛市上的新的供给储备。考虑这种现象的另一个思路是，由于优秀的公司会回购自己的股票，因此，它们的股票就成了"收藏家的藏品"。

固定收益投资工具

自 1980 年以来，美国国债一直处在牛市中，并且大大得益于这几年的反通货膨胀环境，从而成为一种收益可靠且波动性低的投资品种。虽然美国国债在科技泡沫破灭的后期阶段没能引起大量的注意，但是，随着股票市场进入长达 10 年的震荡整理期，美国国债还是彰显出了自己的魅力。

为了说明 2001～2012 年期间股票较之于债券吸引力下降的原因，让我们来看看华尔街分析师们在这个时期推荐的股票配置的平均表现。这个指标在经历了股票史上最大的牛市之一后，于 2010 年在推荐配置占比 72%时达到峰值。在以后的 12 年里，由于股市令人失望的业绩表现挫伤了投资者的投资兴趣，该指标呈现出一路下跌的趋势(见图 22－2)，而债券的出色业绩表现则彰显出更大的魅力。

图 22－2 1997～2013 年美国股市推荐配置平均业绩走势

各国政府通过实施量化宽松的货币政策来提升其发行的债券的吸引力。通过此举，它们为债市增加了一个原本不存在的重要需求来源。政府支持的担保赋予"无风险"以新的含义，并且引发了实质性的动能转移。此外，其他资产类别的波动性更加强化了美国国债和其他国家政府债券提供了安全避风港的感觉。为了确保对政府债券的需求,政府增加了资本充足率规定,迫使银行、保险公司和养老基金持有更多的政府债券。

由于政府债券收益率不断跌破新低,因此,负的实际利率就变得司空见惯。简单地说,投资者愿意接受负收益率以换取追加动能转移的可能性。同时,公司实质性地改善了自己的财务状况,并且赶上了在债市以具有高度吸引力的利率来筹集资本的历史机遇。

所有这一切都表明,跨政府和企业部门的债券供给大规模膨胀,就如同对股票高价格的回应就是增加供给,收益率超低的债市也同样如此。当债市所依赖的流动性最终消失时,债券的价格就会急剧下跌。

货 币

货币提供了一个稍有不同的例子,这是因为,不与另一种货币比较,就无法谈论一种货币的价值。一国货币相对于另一国货币持续坚挺,会对两国各自的经济竞争力产生意义深远的影响。没有一个国家愿意容忍本国货币无限期坚挺。本国货币越坚挺,为了使本国货币疲软而增加供给的动机就越大。瑞士在 2011 年采取了与欧元挂钩的钉住汇率,而日本在 2012 年制定了通货膨胀目标,两者都是这种行动的例子。

在天平的另一端,如果一国货币持续疲弱,就说明这个国家偿还债务的能力可能会出现问题,并且会导致或者迫使这个国家采取更侧重于采用财政手段来应对的策略。美元也许是反映这些问题在未来 10 年产生巨大影响的最贴切的例子。美联储可能是第一家着手提高利率的中央银行,而美国在能源、技术实力和财政责任分级制方面的竞争优势提升了美元的吸引力,特别是在其他主要经济体需要本币走弱时。

大宗商品市场

大宗商品市场是一个反映定价和价格动态表现如何影响供求动态变化的实际例子。全球大宗商品供给无力应对亚洲不断增长的需求,导致石油和其他工业原料的价格从2003年起急剧上涨，从而引发了全球能源业的大规模重组以及供求两端的巨大变化。

高价格大大激励了石油公司尽可能地多产油，并且为更新资源基础而进行尽可能多的投资。导致创造钻井深度纪录的技术创新以及水力压裂法和水平钻探技术两者的结合开辟了以前被认为不经济的追加供给来源。这些技术在美国以外地区的潜在实施，可大幅提高未来几十年能源供给实质性增加的可能性。

在需求端，消费者已经处在能源价格上涨的压力之下，高油价已经刺激了小排量汽车、混合动力车、天然气车和电动车的开发；高取暖成本推动了保温材料和高效取暖器的使用；高电价使得荧光灯和球泡灯变得更具吸引力；对低能耗电器和机器的需求也已呈现上升趋势；能源生产成本已经成为激励向替代能源(如双燃料发电站、风能、太阳能、生物质能、地热能、核能、煤炭和天然气)开发提供资金的重要因素；比以往更多的资金已经投入于开发更加高效的蓄电池。

随着时间的推移，扣除通货膨胀后的能源价格呈现出下降的趋势，如美国这样已经率先降低能源成本的国家将受益于能源投资的增加。能源密集型行业，如化工、先进材料、化肥、铝制品、金属精炼、重工业和制造业都将有理由回迁美国。这个竞争优势可持续的前提假设是，代表世界油价的布伦特原油价格与作为北美油价基准的西得克萨斯中质原油价格之间的价差仍将高于最高5美元的历史标准。

工业金属复合材料行业提供了一个反映价格下跌强化该行业衰退感觉的例子。20世纪80年代初的价格暴跌迫使缩减产能、经营合理化和裁员。当需求在21世纪初开始增长时，企业装备不良，而且也不愿做出回应。价格上涨幅度最终促发了大规模的投资，满足了需求并且导致价格下降。随着供给增长最终满足了需求，被用来确保扩展资金供给的线性需求增长预测常常被证明过分乐观。

贵金属市场提供了一种从供求视角解释的值得关注的方法，因为贵金属的一个重要魅力就是品质永久不变。一种支持黄金的牛市观就是"大部分黄金在开采之前已经存在"。不过，这既是黄金的一个优点，又是黄金市场最终出现峰值的潜在关键所在。

由于矿石品位不断下降，而劳动力、能源、机器设备和监管成本不断上涨，因此，贵金属矿主们面临大幅度增加供给的挑战。对贵金属的投资和工业需求加重了贵金属的供给短缺，而贵金属的价格以长达 10 年的上涨做出了回应。然而，对贵金属的投资需求是把贵金属用于储藏，而不是消耗，所以当存货最终被出清时，对贵金属的投资需求本身也代表着一种潜在的供给来源。因此，判断贵金属市场牛市完整性的依据，并不是对贵金属终极价值储藏手段的认知，而是投资需求的变化轨迹。这就是为什么全部黄金交易所交易基金已知持有额的趋势稳定性也具有判断价值的原因所在。

从黄金交易所交易基金持有额可忽略不计的 2004 年起始，图 22－3 中的指数呈现持续上涨的趋势，并且在 2012 年达到了 84 000 000 金衡盎司的峰值，但 2013 年第一次跌穿了 200 日移动均线，其间还创下了 10 年来的最大跌幅。在没能持续向上突破80 000 000盎司的情况下，这种走势可被视为一种已经完成的 2 型(背离主要趋势的大幅回调)顶部。曾经强劲推高黄金价格的有利因素现在变成了不利因素。

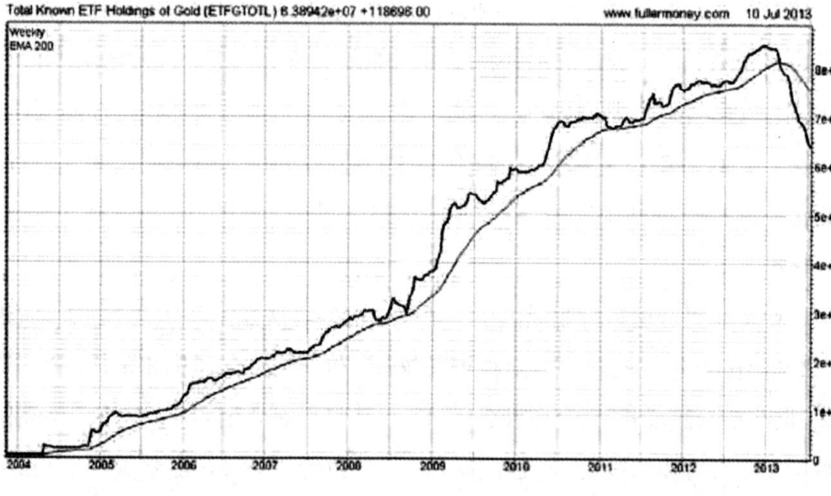

图 22－3　2003～2013 年黄金交易所交易基金全部已知持有额变化趋势

玉米、大豆和棉花等农产品价格在 1973～1974 年间达到了峰位，而这些农产品扣除通货膨胀因素后的价格直到 21 世纪 10 年代中期一直呈现下跌趋势。

特别值得一提的是，20 世纪 70 年代初时任美国农业部长的厄尔·巴茨(Earl Butz)促进了谷物生产。他减少了对土地没全部用于种植业的农场主的支持，并且促进了小块耕地的合并。这些措施结合在农业创新绿色革命期间取得的进步，为粮食产量的大幅提高做出了贡献。

第二次世界大战以后,欧洲共同体农业政策的推行为农业提供了支持。尽管1972年推行的蒙梭特(Mansholt)计划最终未能实现改革目标,但成功地推行了农场规模现代化、不经济活动终止和农场主培训政策。这些政策在很多方面效仿了美国几乎在同时期推行的政策,并且取得了相似的结果:食品生产在随后的20年里得到了快速发展。

在农业补贴政策的激励下,美国和欧洲共同体的农场主致力于生产尽可能多的食品。由于拥有世界上最肥沃的土地,这两个地区得以使便宜的农产品充斥全球市场,而自己则受到贸易壁垒的保护。

这种情景所促成的总供给把扣除通货膨胀因素后的农产品价格锁定在一个长达数十年的熊市中(见图22—4)。如前所述,如此长期的成本压缩改变了涉农人士对农业的看法。

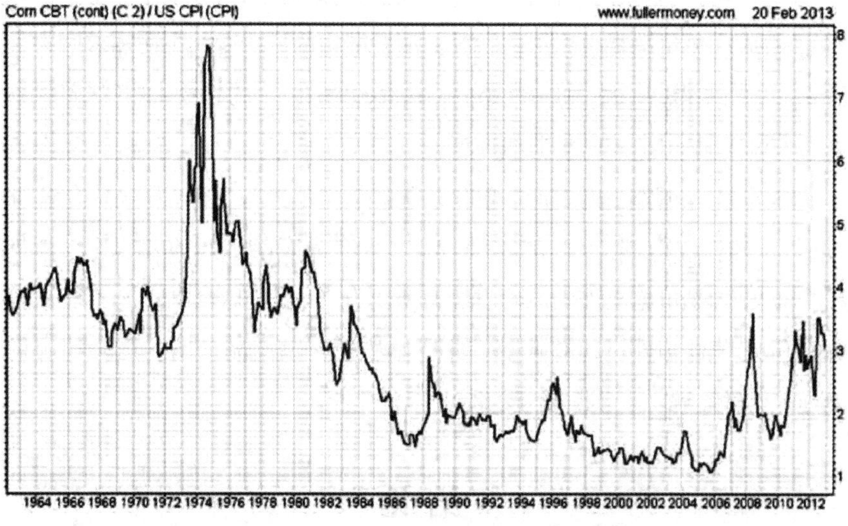

图22—4 1964～2013年玉米(芝加哥交易所)价格与消费者价格指数比率

到了20世纪90年代末,人人都认为食品将永久保持低价。食品丰富的西方只有占总人口一小部分的人在从事农业,而食品匮乏的广大发展中国家有75%的人口在种地,而前者较之于后者而言的尴尬变成了一种国内和国外的政治责任。此外,农业补贴成本尤其在欧洲已经高到了改革已成为当务之急的地步。

欧洲共同体农业政策改革的主要目标之一就是取消对食品生产的刺激,把补贴重新聚焦于土地代管。结果不出所料,食品生产开始呈现下降趋势。

世界贸易组织多哈回合谈判的主要成就之一就是，2005 年在中国香港回合谈判期间达成了协议。根据这项协议，所有农产品出口补贴最迟到 2013 年全部取消，工业化国家向较贫困国家的农产品开放市场。

从 2004 年开始，美国以甲基叔丁基醚污染地下水为由强制推行使用乙醇作为含氧有机物来替代运输燃料，这项措施为过剩的玉米生产提供了一个全新的需求来源，并且成了一个日后推高玉米价格的并非微不足道的因素。用粮食这种大宗商品来制造燃料，已经成为一种全球现象。根据联合国粮农组织估计，2013 年全球 14％的谷物、16％的植物油和 34％的食糖被用于生产生物燃料，比 2010 年分别增长了 11％、11％和 21％。

在取消了补贴驱动型生产激励以后，主要农业大宗商品的成本正在回归比较贴近实际的水平。

在需求端，世界人口规模和人均消费能力的同时增长，导致了一种不但人口增多而且人均热量消耗也增加的状况。消费能力的这一变化驱使需求向肉类产品转移，从而使得每卡路里热量大致要多消耗 9 倍以上的谷物，这意味着谷物需求(与人口变化一起)的一种非线性增长。

按通货膨胀调整后的农产品价格的下降趋势已经被突破，而食品价格则 30 年来第一次出现了实际上涨，结果是全球主要食品库存自 2009 年以来处于创纪录的低位。食品价格上涨的风险已经有所上升，因为全球食品市场不能从容应对歉收或者气候事件。2003 年，戴维 · 富勒把大宗商品市场的这种状况称为“无弹性的供给遇上了不断增长的需求”。

结论

供给与需求之间的互动方式会影响价格。随着价格呈现出某种趋势，它们会改变供应商和消费者的感知，因此，供应商和消费者随后的行动会导致价格最终扭转趋势，从而再次开始下一轮循环。这种情况会出现在每个高流动性市场上，并且能确保价格以长期循环的方式运行。市场总是这样运行，并且会永远继续下去。

第二十三章　2015～2025年未来10年可能出现的投资题材

“预测难做，有关未来的预测就更难。”

——被认为是尤吉·贝拉(Yogi Berra)的语录

本章内容提要

- 生产率可被定义为劳动力、技术、能源和债务的共同产物。
- 截至2013年，人类历史上规模最大的城市化运动使数以十亿计的人口摆脱了贫困，并且跻身于中产阶级的行列。因此，劳动生产率总的来说正在提高。
- 我们正在经历人类历史上一个最伟大的技术进步黄金时代。工业自动化、机器人、纳米技术、基因技术、云计算技术和其他技术进步都有能力推动未来生产率的进一步增长。
- 自21世纪初以来业已形成的能源高价格环境，促进了非常规能源主要是天然气和太阳能等能源供给的增长，而且还推动了电池技术和消费模式效率的提升。
- 在所谓的发达国家，自1995年以来流行的负债经营成了以上驱动新一轮长期牛市的促进因素的抑制因素。在发展中经济体，尤其是在亚洲，这样的障碍并不清晰可见。

如果我们要参与市场并从中赚取利润，那么就必须接受不确定性。我们必须培养"甘于接受市场现实的谦逊"，这是戴维·富勒长期奉行的一个信条。如果我们采取那种认为自己能以任何方式影响价格可能走向的傲慢态度，那么最终必然会遭遇损失。我们可能会对某家公司、某个国家、某个政府、某些产品、某国货币或者管理架构有鲜明的个人观点，但如果得不到市场的认可，它们就毫无意义。在我们的信念和市场力量之间的较量中，我们必输无疑。然而，如果我们把这些道理牢记心头，并且成功地确定一个足以改变未来很多年价值观的题材，那么就能大大方便识别有前途的投资机会的过程。

任何时候都有很多投资理念吸引着人们的注意力，它们往往只有带来短期利润的潜在可能性。随着投资者的兴趣从一个行业转向另一个行业，这种情景会不断再现。然而，只有那些大宏观周期才有足够的力量改变我们未来若干年的生活。大牛市就是从这样的周期演化而来，而训练有素的投资者就能够利用它来赚大钱。对于宏观行为技术分析师来说，就是应该关注这样的事件，因为利用这样的事件在牛市中赚钱就更加容易。

有能力创造价值的题材一般具有一个共同的特点——提高生产率。与其去讨论如何精确衡量生产率，还不如让我们来考察什么才是足以提高生产率的现状改变。为此，笔者假设生产率等于劳动力使用、能源成本、技术和债务/资本实现之和。当这些因素中的任何一种发生重大改进时，从逻辑上讲生产率就会有所提高。

读者也许会问，提高生产率为什么重要？如果我们能够用尽可能少的资源做成尽可能多的事，那么我们就能创造价值。这样的飞跃能够开辟知识创造的新途径，如果这种增长轨迹被市场所忽视，那么价格就会出现回应性上涨。如果我们能够发现这样的事件，那么就能处于一个通过我们的分析来赚取利润的非常有利的位置。

劳动力

据联合国预计，全球人口将从2010年的65亿上涨到2050年的近90亿，几乎要增加40%。这意味着人口和工作时间潜力的大幅增加，从而导致单靠规模就能提高生产力。在多人口国家提高治理标准，能够促进生产率提高，并且允许更多的人提高他们自己的生产能力。随着越来越多的国家走上工业化道路，就会出现发展内需和出口能力的很大空间，而内需和出口能力的发展又会促进全球贸易和经济增长。在农业领域，农业机械、灌溉技术、优良种子、化肥和专门知识的推广运用有助于提高生产率和产量，从而为制造业和服务业领域的其他活动输送工作年龄人口。

那些成功地使本国人口摆脱贫穷并创造中产阶级的国家将进一步提高上述这个过程的效率，从而又会随着市场估值的提高而激发投资者的投资兴趣，而在这样一种环境中蓬勃发展的全球性公司都将受益于这个趋势。

导致人口增长的原因驱使我们去考虑投资题材将朝着什么方向演化的问题。在供求方程的一端，人口平均寿命在过去的50年里获得了实质性的增长。随着饮食和医疗条件改善日益成为一种全球性现象，对能提高生活质量的治疗、家庭护理、个人理财和临终关怀的需求都会逐渐增加。

在供求方程的另一端，虽然全球出生率继续呈现下降趋势，但婴儿死亡率以更快的速度下降，因此，全球人口继续增长。随着出生率的继续下跌以及死亡率开始进入稳定时期，在未来某个时候，大概在2030年以后，全球人口增长率可能就会停滞不前甚至出现下跌。不过，从现在到未来出现这种状况之间，人口增长可能仍是劳动力储备增加的一个重要促进因素。对于越来越多鼓励社会流动的国家来说，社会流动正在创造几乎涉及各个方面的需求，住房、办公室、工厂、道路、桥梁、机场、铁路、医院、学校等基础设施都需要建造，水、电、气和电信等公用事业也都需要升级。

在消费者方面，沃尔玛业务的发展提供了一个值得关注的研究案例。该公司通过产品类别和价格竞争主导着北美洲的超市行业。然而，该公司的北美收入已有10年静止不变，它的所有增长几乎都来自它的国际业务。目前，沃尔玛已经扩展到了亚洲、拉丁美洲和欧洲。随着超市的不断发展，对它们销售的商品的需求也呈现上涨趋势，这有助于解释加工和包装食品、调味品、家用清洁产品、洗涤剂、化妆品、肥皂、洗发水、除臭剂和其他消费品需求的增加。

这些题材的汇集意味着，我们正在经历一个有史以来最伟大的人本主义时代。我们不但有更多的人，而且我们的平均生活水平也在不断提高；随着生活水平的提高，全球经济的生产能力也在提高。这一切创造了一股强大的利好力量，它正在改变几十亿人口的生活，转而又在创造价值，并且令全球投资者重新进行估值。

能 源

据估计,石油价格每上涨 10 美元,美国的实际国内生产总值就会下降 0.2%。西得克萨斯中质原油价格从 20 世纪 90 年代末的平均每桶 20 美元上涨到了 2011 年和 2012 年间的平均每桶 90 美元,这就相当于 1.4%的增长潜力损失。不过,这是一个平均数字。能源生产商在这种情境下获得的利益和产生的影响主要落在了消费者身上,并且对消费者的需求产生了负面影响,而对全球经济的生产能力则产生了实质性影响。

代表全球原油价格定价标准的布伦特原油价格,从 20 世纪 90 年代末与同期西得克萨斯州中质原油价格相似的水平上涨到了 2011 年和 2012 年间的平均每桶 110 美元。其他国家的能源使用效率相差很大,因此,无法估计高油价对其他国家经济增长造成的影响,但几乎可以肯定比对美国造成的影响更加严重。

光凭这一点,我们就能把任何导致能源价格下降的因素看作是对全球经济生产能力和股市估值的利好因素。

"非常规天然气生产的出现真正挽救了全球经济",这是笔者和戴维·富勒自 2009 年以来的一贯观点。类似技术在非常规石油生产中的后续应用大幅放大了这种趋势,美国率先进行了非常规油气开发,因此在能源定价方面取得了竞争优势。凭借这些创新,美国经济就有了这样一种实际可能性:在 2015～2025 年间的某个时候接近于能源自给。考虑到其中的利害关系,其他国家最终必然会开发自己的非常规油气储藏。

从 2003 年以来形成的高价格环境也促进了消费效率的提高,而消费效率的提高又减少了对石油生产的需要。在最近一轮能源价格牛市结束时,新的供给来源和效率提高导致扣除通货膨胀因素后的能源价格在 1980～1999 年期间呈现出下降趋势。按名义价格计,能源价格一直位于远高于 20 世纪 70 年代前市场价格的水平上。我们可以预期,很大程度上由于勘探和生产成本上涨,即使在最熊市的情况下,原油的名义价格在未来的几十年里也不可能持续跌破每桶 40 美元。同样,在石油输出国组织成员国不发生政治动荡的情况下,能源价格上涨的可能性正在下降。

假设笔者能正确地认为能源市场将从供应紧张过渡到供应充足的状态，那么必将会出现明确的赢家和输家。最大的输家将是那些依赖能源高价格来支撑其商业模式或者政府运行模式的企业或者政府，加拿大沥青砂(tar sand)和北极勘探的情况就是如此。在高价格环境下，已经有问题的再生能源经济可行性就更需要依靠政治支持来求得生存。

在一个能源实际价格持续呈现下降趋势的环境里，能源的个人和企业消费者都将是赢家。在工业领域，能源成本是一个决定设备区位的重要因素。对于取暖、空调、交通和食品账单受到高能源价格影响的普通消费者来说，能源价格下跌的好处是显而易见的。此外，能源价格下跌会对消费者可用于非能源消费的现金产生重大影响，并且也会对就业产生乘数效应。

技术

“我之所以能看得远，是因为站在了巨人的肩上。”

——艾萨克·牛顿

人类发展的每一次重大飞跃都离不开在信息记录、储存、利用传递和可能性方面所取得的创新。从洞穴壁画、莎草纸、牛皮纸、墨水、纸张、印刷、电报、电话、电脑、传真、电子邮件、互联网、云计算到社交媒体，无一不是累积提高了我们的沟通能力。技术不但提高了我们传递思想和完成复杂计算的速度，而且使我们能够比以往任何时候都更加容易地积累别人的知识，因此，我们能够依靠技术。

技术带来的另一个好处就是，随着互联网和云计算的出现，人类的集体知识比以往任何时候都更加安全。在古代，战争或者自然灾害摧毁了我们的图书馆，人类为了恢复丢失的知识，有时要用几个世纪的文明来加以弥补。随着印刷术的发明，摧毁学习中心事件的风险永久性地下降。互联网不但促进了合作，而且也使得我们人类经过那么多世纪积累起来的集体知识因战争或者自然灾害而丢失的可能性大幅降低。

信息创造的速度正在以指数方式提高，专利以不断加快的速度注册，新产品、新方法和新的创新已经变得如此普遍而显得不那么起眼，这一切构成了我们有幸正在经历的黄金信息时代的基础。我们现在就是以这样的速度在探索新的发现、创造新的产品和推进人类的技术体验，因此，我们能够合理地预期，在未来的几十年里，生产率将继续获得史无前例的提高。摩尔定理告诉我们:芯片组件每2年增加1倍。据此，我们能够假设处理器的速度、效率和容量将以相似的速度得到提高。而且，事实上，它们已经以这样的速度提高了50多年。2013年可能是一个小转折点，它们的提高速度变成了3年一次。然而，随着芯片栅极的尺寸越来越接近一个硅原子的宽度，寻找替代材料的竞争变得越来越激烈。到了2020年，芯片硅节点的宽度可望达到5纳米的物理极限，这意味着一场发现替代材料的竞赛已经开始。

2011年，英特尔公司开发出了一种功率泄漏降低和效率提高程度都超过传统设计的三栅极(3D)芯片。同样是在2011年，国际商用机器公司开发出了第一个石墨烯电路，并且用它来作宽带射频网络的动力。2013年2月，在国际固态电路会议上，普林斯顿大学的一个研究团队展示了第一个用碳纳米管制作的工作电路。虽然这两种碳基技术代表着潜在突破，但用它们来开发产品仍有大量的工作要做。不过，这个领域的前景看来是一片光明，而且没有出现任何阻碍这种乐观前景的因素。

随着处理器体积变得更小、运行速度变得更快、发热量更小，随着软件变得更加复杂精致，随着相机变得更加灵敏，工业自动化领域爆发革命的条件已经基本成熟。几十年来，机器人一直是科幻小说的一个重要题材，但现在正成为工业图景越来越显眼的一个组成部分。在过去的20年里，光学技术实现的飞跃大幅提高了这种技术执行更复杂操作的能力。

在笔者写这本书时，飞利浦电子公司在中国一家工厂里雇用数百名工人制造电动剃须刀;而在荷兰的一家新工厂里，每班使用几十个工人和128个机器人，以相似的成本生产更新、技术更先进的产品。

在经历了一次看似不可救药的衰退以后，通用电气公司已经开始在扩展其位于肯塔基州的电器园设施。随着能源成本、工业自动化、劳动力柔性和运输成本使得其在美国国内的销售业绩令人瞩目，该公司已经把热水器和其他电器生产迁回美国。

耐克公司96%的运动鞋是在亚洲生产的。根据2012年3月的一条新闻，耐克品牌的全球总监查理・丹森(Charlie Denson)认为，随着自动化制造业的发展，他能够想象，到时候顾客走进商店，只要把双脚扫描一下，就能穿上在美国或其他主要市场定制的鞋子，这样就能够节约时间和运输成本。

安谋国际科技公司(ARM Holdings)在芯片设计方面取得了巨大成功，该公司设计的芯片最主要用于苹果公司的手持设备。然而，2012年第3季度，该公司更多的收入来自移动电话以外的产品。嵌入式处理是该公司增长最快的市场，英特尔公司正在加紧涉足这个领域。嵌入式处理就是把芯片嵌入之前没有计算机或通信应用软件的产品。通用电气公司把这种做法称为“互联网工业化”，因为这种做法正在把效率引入曾经难以想象的工业复合体。这种方法代表着工业复合体的一场革命，并且具有很大的提高生产率的潜力。

从投资的角度看，科技进步的明显受益者可能就是各领域的领头者，因为它们能够生产顾客所需的产品，并且通过提高效率来帮助顾客省钱。而不太容易被察觉的受益者则是那些通过少花钱、多做事来提高利润率的最终用户以及那些能够得益于技术均一化、规模经济和竞争的零售顾客。

技术也在改变医疗保健领域的未来，基因疗法正趋近于商业可行性的水平。遗传学和生物技术代表一个令人兴奋的医学领域，有能力提高我们的生活质量和寿命。

从19世纪60年代提出个人特质可遗传这一命题，到1953年发现DNA双螺旋结构、1990年美国第一次批准基因疗法、1996年克隆羊、2000年果蝇基因测序，再到2004年人类基因组计划完成，我们能够推断基因发现的速度正在加快。随着后续产品的推出，在更加众多的全球人口中间采用增寿疗法和提高生产率的潜力相当可观。此外，基因工程在农业领域的应用尽管在一些国家遭到了公众的反对，但具有提高产量的很大潜力。

债务

能源开发和利用效率与劳动力素质的提高以及技术进步能够促进生产率提高，但举债是一条允许我们根据能以快于偿还速度增加资本的假设来借款的途径。整个金融体系就是一个债务人和债权人以一方支付利息、另一方接受风险的方式借贷资本的网络。虽然大多数人会注意偿债能力，但是，借入资本的使用会对生产能力提升产生影响，从而对投资题材的前景产生影响。

直观地看，政府、企业和个人在用借款来扩大生产能力时就可能最高效地利用贷款。投资于任何能提高所投资本回报率的事业，都能够很容易地被证明是合理的投资，并且是一种合理的举债动机。贷款收购能产生协同效应的企业、提高能源利用效率或劳动生产率或者开发潜在有益的技术，是常见的能导致资本形成并对投资者非常重要的贷款用途。

然而，当贷款被用来弥补能源、劳动力或者技术生产率的退化时，贷款最终成为问题的风险就相应增大。如果一个政府或一家公司在不进一步挖掘生产潜力的情况下增加贷款，并把它们用于提高其雇员福利或薪酬，那么就明显是在把自己推向预算不足的风险深渊。政府、企业或个人如果通过贷款为自己偏好但无经济基础或者回报率的项目筹集资金，那么就是在意气用事，而不是理性做事。如果优先融资发展可能永远也不会赢利的能源风险企业，而不是融资开发更具经济可行性的解决方案，那么就是在赌博，而不是投资。

2008 年信贷危机过后，欧洲、美国和日本的债务与国内生产总值比率的变化轨迹，与很多亚洲国家这个比率的变化轨迹之间出现了很大的差异。一方面，许多西方经济体提高了债务水平，以弥补科技泡沫破灭后遭遇损失的经济活动。在信贷危机过后，它们通过增加银行债务和实施量化宽松的货币政策来下双倍的赌注。在笔者写此书时，它们正面对如何有序地减少债务负担的窘境。通货膨胀、有选择地减记资产价值和实现增长似乎是唯一可采取的解决方案，这些备选方案的某种组合必将为解决问题所必需。

相比之下，许多亚洲国家在经历了 20 世纪 90 年代末爆发的亚洲金融危机后，进行了更深层次的调整，已经试图开展盈余经营，从而避免了债务累积。结果是，不仅亚洲国家政府的负债比率，尤其是东盟成员国政府的负债比率已经有所下降，而且亚洲国家消费者的负债比率也变得较低。因此，它们有充分的机会增加举债为实施生产力促进战略提供资金。这也是一种有利于其金融市场发展和价值感知的强有力的潜在促进因素。

结论

在介绍了投资题材可能涉及的四大领域后，我们又描绘了各种潜在的大利好结果。人类历史上规模最大的城市化运动、科技进步黄金时代和改变非常规油气生产的博弈，意味着我们正在经历人类历史上最令人兴奋的时期之一。如果西方和日本的国内市场想要有效地回应这些题材，那么它们所欠下的堆积如山的债务是它们必须应对的一大挑战。非常规货币措施的废除和中东主要石油生产国发生政局动荡的潜在可能性是对牛市前景的潜在威胁。

从投资者的角度看，一旦我们确定哪些题材具有激励作用，就可以根据哪里供求缺口最大这个标准来选择投资工具，而价格走势图则是我们选择投资工具最实用的工具。

第二十四章　全球中产阶级

本章内容提要

- 在过去的几年里，全球城市人口已经超过农村人口。
- 实行市场经济允许更多的人提高自己的生产能力和生活水平。
- 发展中经济体是增长机会最多的经济体。

经济发展路径现已铺就，一些开始走上工业化道路的国家有幸能够借鉴在它们之前已经实施工业化的国家的经验来考虑自己应该如何做。此外，它们能够通过建设最新的基础设施来实现跳跃式发展，而不用自己去发明，从而加快发展速度。

随着各经济体的发展，越来越多的人在摆脱贫困，并且成为中产阶级一分子。随着发展水平的逐渐提高，后进国家往往会由高增长的穷国发展为增长较慢的比较富裕的国家(见图 24－1)。另一种替代性观点认为，随着国家的富裕，维持高增长就变得越来越困难。这是说得通的，因为，为使国内生产总值从人均 1 美元增加到人均 2 美元所需的努力，小于为使国内生产总值从人均 1 000 美元增加到人均 2 000 美元所需的努力。

一个国家随着自己的发展，通常倾向于杠杆利用自己在劳动力成本方面的竞争优势，以驱动对内投资。倘若这项政策能与通货紧缩政策配套，那么这个国家的增长率就会提高，财富就会增加。随着本国可利用劳动力储备因经济发展而逐渐被耗尽，提高生产率就会变得更加迫切。教育、工厂、机器设备和工作实

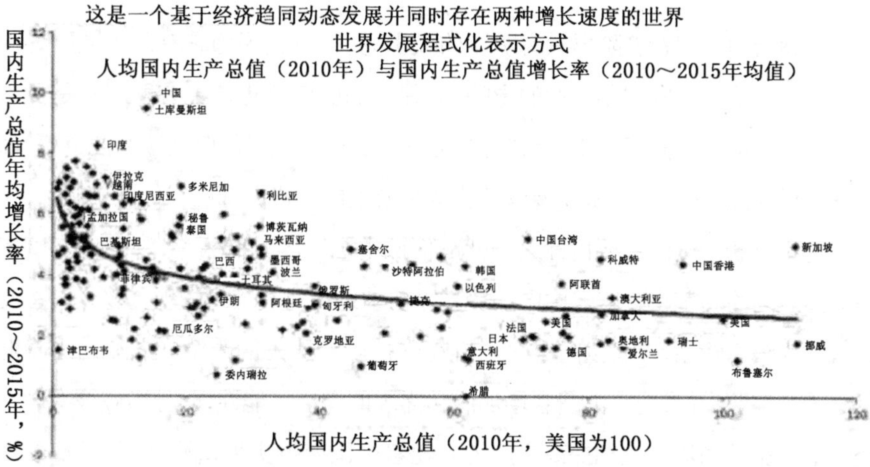

图 24—1　经济趋同

践现代化，国内消费市场发展以及向其他部门扩展等，都会成为有助于推动国家发展和国民财富增长的可能追加途径。

中国的消费主义

中国自改革开放以来所取得的成就，提供了一个反映从低基础发展以及在向消费者导向型模式转变过程中面临的挑战的绝好例子。中国发展初始阶段的特点是劳动法自由化和令人印象深刻的对外来直接投资的鼓励，然后是开展大规模的基础设施建设。到了 21 世纪初，基础设施建设开始主导中国经济。随着出口导向型和资本投资增长型模式的推行，中国官方积累了超过 10 000 亿美元的外汇储备。据估计，中国消费者手中持有超过 20 000 亿美元的储蓄。这就是中国推行的经济增长模式所取得的成功，它在 30 年里使中国从一个相对停滞不前的经济体发展成为世界第二大经济体。房地产成了许多人选择的投资工具，而泡沫风险变得越来越逼近。

到了 2010 年，中国已经达到了发展极限。在世界银行看来，中国应该在接下来的几十年里通过投资于人力资本而不是基础设施，才可能获得进一步的经济增长。这对于中国来说是一大挑战：在不引发房地产崩盘的前提下，如何在基础设施建设优先和出口导向型增长模式与一个充满活力的消费者阶层之间进行重新平衡?

充满活力的消费者阶层具有明显的吸引力,部分是因为它有助于减缓外部冲击对国内出口导向型制造业的影响,而强大的服务业也往往有助于总是受欢迎的生产率提高。到了 2013 年,向福利国家的推进、医疗保健领域的投资、最低工资水平提高、环境友好型发展以及放宽旅游限制等措施都已经付诸实施。

这些改革措施的主要目标之一就是降低中国国内的储蓄率,中国的储蓄率是世界最高的储蓄率之一。中国消费者以前被迫持有高比例的现金收入以备支付潜在的医疗费用,或者以防失业。旨在支持城市居民的改革应该有助于降低对储蓄的需要,并且提高消费者增加商品需求的潜在可能性,而且还应该有助于经济增长驱动力均等化和提高生产力。随着中国变得更加富裕,中国经济的演化越来越取决于中国社会能否成功地转变成消费者导向型社会。

印度的志向

印度从另一个非常不同的角度提供了一个经济快速增长的例子。失败的保护主义和注重自力更生的“印度教”式经济发展模式,持续了比很多人的预期更长的时间。1990 年伊拉克入侵科威特是印度情况发生变化的终极催化剂,因为战争切断了印度在科威特工作的工人汇回印度国内的汇款,从而引发了预算和国际收支危机。于是,印度开始了全面的经济改革,并且推动经济实现了连续 10 年多的增长。

尽管腐败猖獗,政府部门官僚作风严重,但是,印度还是依靠人民的聪明才智创造了经济奇迹。印度最大的制度优势也许就是司法独立和产权保护,并且允许一个充满活力、面向全球的企业部门获得发展。

印度的消费领域要比人们对于一个人均国内生产总值水平较低的国家所预期的发达。一方面,比较发达的消费领域使得印度经济在世界经济风云突变时期表现好于大多数国家的经济。但是,印度没有能够大力发展制造业,结果抑制了印度出口潜力的发挥,并且导致了持续的贸易赤字。

基础设施建设滞后和获得新的许可速度慢拖累了国内生产总值的增长,并且促成了人们形成“印度不是一个受欢迎的制造业投资东道国”的看法。

印度渴望取得中国在基础设施建设方面已经取得的成就。在从 2000 年开始的10年里,印度旨在促进基础设施发展的公私合作发展速度令人印象深刻,但是,如果印度想实现其全球化的抱负,就需要加快发展速度。

2012年,卢比一度在接近1美元兑换58卢比的历史低点上交易。卢比疲软是外国投资者逃避治理恶化、腐败猖獗的现状以及不信任辛格政府有能力推行改革的结果。辛格政府单方面推行金融业、燃油补贴和零售业改革,无疑是激发其他投资者投资兴趣的催化剂。卢比的表现可被视为全球投资者对印度前景信心的晴雨表。提高治理标准、理顺许可流程、惩治腐败以及坚持国内经济自由化等都能支持卢比坚挺,改善外界对印度的看法,促进经济增长,并且抑制通货膨胀压力。

数十亿成员的中产阶级

中国和印度占全球人口的1/3。随着这两个国家的人口继续从农村向城市的迁徙以及城市化程度的提高,两国的消费品需求会不断增长。然而,这种趋势不但在这两国显而易见,而且是一种全球现象。

巴西是一个中等收入国家,自2000年起已经从一个连续违约者转变成了国际货币基金组织的债权人。经济治理改善和大宗商品价格上涨两者的结合,成倍放大了对巴西经济的正面影响。在巴西,房地产价格已经有所上涨,雷亚尔已经成为世界最坚挺的货币之一,而生活水平也在快速提高。

南非是另一个大宗商品出口国,人口众多,虽然政治动荡,但能坚持执行反通货膨胀经济政策,并且具有司法独立的传统。

印度尼西亚摆脱了1998年下台的苏哈托总统的独裁统治,并且采取了一项深受财政清廉影响的经济政策,其众多的人口和可观的大宗商品出口部门联袂,令人印象深刻地推动了经济增长和生活水平提高。

墨西哥极大地受益于《北美自由贸易协定》及其丰富的自然资源,特别是石油和毗邻美国这个世界最富足消费市场的地理位置。随着经济增长的持续,墨西哥众多的人口正在经历不断提高的总体生活水平。

始于2010年的"阿拉伯之春"表明,许多中东国家未能创造提高其人民生活水平的机会。有利的人口统计数据对于任何国家来说代表了机会,但也是一种巨大的挑战。一些国家接受了挑战,并且取得了成功;而另一些国家没能取得成功,如果再不进行改革,就有可能陷入经济困境。

笔者经常去中国,一直为在那里遇到很多非洲商人而感到惊讶。笔者曾与来自尼日利亚、乌干达、肯尼亚、坦桑尼亚、几内亚、加纳、马拉维和莫桑比克的在中国采购廉价消费品供应本国新兴消费市场的商人交谈。尽管基础很差,但经济治理标准的提高正在提升以上很多国家令人印象深刻的增长速度。他们告诉我们,倘若能把稳定和改善治理作为现实的政策目标,那么任何国家都能繁荣起来,而且永远不会太迟。

以上例子说明,在全球经济中,用对某个国家的看法来形成对整个世界的看法是不适当的。全世界有数十亿人口渴望提高自己的生活水平,更重要的是,他们想要提高其孩子的生活水平。改善治理的趋势在亚洲、非洲和拉丁美洲已经显而易见,难怪这些地区代表着一些世界增长最快的市场。

市民、富人、相互依存

2011 年,全球经济有史以来第一次由以农村经济为主转变为以城市经济为主。这一变化代表着人类历史进程中的一次重要转变和一个重大投资题材。当我们在考虑世界人口中心的发展路径时,不管起点如何,提高治理水平是一个先决条件。随后,应该先关注不同国家的不同需要和需要优先解决的问题。有些国家需要建设基础设施,另一些国家需要改善教育,还有一些国家需要发展制造业,再有一些国家需要投资发展大宗商品出口能力,如此等等。但是,总的来说,总有一些明确的结论。

人均商品需求与人均收入强相关。如果我们回到本章开篇时介绍的图 24－1,随着国家变得富裕,人民生活水平提高,人均能源、钢铁、工业资源、粮食、肉类、棉花、化工制品等的消费就会开始进入长期上升通道。那些有能力增加供给的国家从 21 世纪初开始变得反应迟钝,而以上各种大宗商品的价格则急剧上涨,并且突破了长期的 3 型底部。新的供给来源从 2009 年开始进入市场,而中国把注意力从基础设施建设转向促进消费的变化,对工业资源的需求增长形态产生了影响。价格的进一步上涨要取决于很可能来自印度、东盟国家、中东国家或者非洲国家这些重要的新需求来源的发展。上述情况很可能会出现,主要是因为发展基础设施对于很多国家来说是一个越来越紧迫的需要优先解决的问题。从定价的角度看,问题在于,在重要的新供给来源出现在市场上之前和之后,是否真的会出现新的需求来源?

一个穷人在收入增加后首先要做的事情之一就是购买较多的食品,曾经是为印度的排灯节以及中国的春节和中秋节等节日准备的美味佳肴现在已经成为日常菜肴。让我们假设人人都喜欢吃甜食或者可口的食品,但并非都有财力满足自己的这些欲望。虽然有明确的例子表明人天生就能控制饮食摄入量,但大量的证据显示,随着可支配收入的增加,卡路里摄入量也会增加。随着生活节奏的加快,越来越多的妇女外出工作和对便利需求的增加,对加工食品的需求经历了一次跳跃式增长。对即食食品以及甜、咸、辣食品的需求也在不断增加。人们很快就养成了喜欢含糖饮料的口味,而对含糖饮料的需求也随着收入一起增长。

当笔者还在读大学时,经常在爱尔兰基拉尼湖上租观光船揽客。笔者的合作伙伴,一个做了40年船工的老汉常对笔者说:"我这个人好喝……我赚钱就是为了喝酒。"随着可支配收入的提高,人均酒精饮料消费倾向于增加,而且还不受文化或宗教因素的影响。

随着人们变得越来越富裕,人均基本消费品(如肥皂、洗发水、牙刷、牙线、牙膏、卫生纸、卫生巾和卫生棉、避孕套、保湿霜、剃须泡沫、剃须刀、除臭剂、须后水、发胶、化妆品、洗涤剂、软化剂、洗涤精、器皿、家用电器、家具等)需求都会增长。能够从这方面发展中获利的公司是那些有影响、经验、品牌认知度,并且其稳健财务状况能为发展提供资金的公司。

随着可支配收入的增加,手机、电脑、高保真音响、互联网、摩托车、汽车、卡车、商务车、国际旅行以及像珠宝、手表、坤包和服饰这样的奢侈品消费也会增加。

一旦人们有了饮用水、比较好的住所,能够获得他们想要的卡路里以及一切他们想要的东西,他们的注意力就会转向如何发财、如何延长寿命来享用财富。到了这个时候,对银行服务、资产管理和医疗保健的需求就会接踵而至。如果我们回顾美国第二次世界大战后消费阶层的发展,就可以观察到消费品需求随收入增长而演化。这个过程也反映了今天新兴市场国家更加开明的政府试图向其国民展示现代版的"美国梦"。

随着全球中产阶级逐渐变得更加富有,地区之间的贸易就会以惊人的速度成倍增加。而一旦世界其他国家因需求增长要依赖北美和西欧,那么数十亿新兴消费阶层成员在未来几十年里有可能看到一个名副其实的全球贸易网络的发展。在这个全球贸易网络中，新兴市场内部的贸易会变得更加强劲。随着时间的推移，这一变化应该会降低亚洲、拉丁美洲、中东和非洲金融市场对华尔街的依赖。总的来看，在经历了长达 10 年的经济衰退以后，美国、欧洲和日本能否在可持续发展的基础上恢复元气，这要取决于它们能否改善治理，并且多半在接下来的 15 年里就能见分晓。一个全球经济同步发展的时代真的有可能到来。

第二十五章　自治共同体

为数相对较少的公司已经超越了各自的国内市场而成为名副其实的全球经济的跨国参与者。这些公司由于收入比较多元化而较少受到各自国内市场波折的过度影响。一些具有全球影响，占据各自利基市场，有品牌认知度、稳定的现金流、可靠的派息记录，并且善于杠杆化利用全球消费阶层增长的公司，即使国内市场陷入困境，它们也有能力赢利。

戴维・富勒把这样的大跨国公司称为“移动的公国”或者“自治共同体”，因为它们是独立、强大和移动的“迷你国家”，密切关注着哪里存在最大的赢利可能性。它们把收益合并计入哪个国家，并没有它们的收入来源于哪个国家重要。因此，只要全球经济处于扩张中，它们就能够兴旺发达。在经历了2008年的信贷危机以后，尽管全球经济在很多方面仍存在不确定性，但很多这样的公司已经显示出巨大的恢复力。它们中的大多数利用全球消费阶层增长这个有利因素，在全球消费者中树立了自己的品牌形象，并且拥有了为在世界主要人口中心积极扩张所必需的资本。

这些公司验证了这样一句话：别买下国家，但要买下公司。

从投资的角度看，在我们的宏观行为分析背景下，“自治共同体”为何如此特别呢？

它们有真正令人鼓舞的故事——它们供给产品和服务，促进了即便不是数以十亿计至少也是数以亿计的人口的生活水平的提高。它们是人类历史上规模最大的城市化运动的资本代表、科技繁荣黄金时代的象征，并且又是非常规油气生产的受益者。

- 自治共同体高度暴露在全球消费阶层增长的环境中。
- 自治共同体在股票业绩表现方面有着高度一致的共性。
- 有长期保持派息甚至增派的良好记录。
- 它们造就了某些最稳定的趋势。

2013年,纽约股市还处在长达10年多的估值收缩的后期阶段,但很多自治共同体早已向上突破并创下了新的历史高点,代表了股市领头力量,并且正在构建长期牛市。

关于怎样的公司可被称为自治共同体,怎样的公司不可被称为自治共同体,这个话题说来话长。为长话短说,笔者开具了一张最具吸引力候选公司的清单。倘若它们继续显示稳定的上升趋势,笔者将考虑把它们看作我们可以选择的候选公司。

餐饮业:麦当劳和百胜餐饮集团

快餐可被看作消费必需品,那些经常光顾快餐店的人往往都是忠诚的顾客。像麦当劳和百胜餐饮集团(肯德基、必胜客和塔可钟)这样的公司都有稳定的现金流,两者都有令人印象深刻的股息增派记录。麦当劳是标准普尔500指数派息大户,也就是说,至少在过去的25年里,麦当劳每年都增派股息。

在亚洲去麦当劳、肯德基或者必胜客就餐,往往并不是冲着它们的服务速度去的,而是为了去体验,为了显示自己的经济地位。与当地的消费水平相比,它们都不是廉价餐馆。事实上,相比之下,这些餐馆属于当地高端餐馆。当地人之所以去那里就餐,是想树立自己富有和高贵的形象。肯德基特地根据中国人的口味量身定制了专门的菜单,并且已经成了某些中国人家人聚餐或者男孩取悦女友的场所。

2012年,百胜餐饮集团(纽约证券交易所交易代码:YUM,其股票价格走势见图25—1)在中国实现的收入超过了它在美国本土的收入。

2012年,麦当劳(纽约证券交易所交易代码:MCD,其股票价格走势见图25—2)68%的收入来自美国以外的市场,欧洲是麦当劳最大的市场,然后是北美和亚洲。

图 25—1　1998～2013 年百胜餐饮集团股票价格走势

图 25—2　1992～2013 年麦当劳股票价格走势

酒精饮料：英国帝亚吉欧（Diageo）、南非米勒（SABMiller）、法国人头马君度（Rémy cointreau）、百威英博（Anheuser-Busch InBev）、喜力（Heineken）

在亚洲和拉丁美洲，人们有更多的钱可用于社交，而酒精饮料在很多场合尤其是在商务会议上扮演着重要的角色。

英国帝亚吉欧公司首先在英国首发上市(伦敦证券交易所交易代码:DGE,其股票价格走势见图 25－3),后又在美国二次上市(纽约证券交易所交易代码:DEO)。该公司的股票也是标准普尔欧洲 350 派息大户,也就是说,它至少在过去 10 年里年年增派股息。帝亚吉欧实行了全球多元化,并且主要由吉尼斯(Guinness)、百利(Baileys)、司木露(Smirnoff)、摩根船长(Captain Morgan)和尊尼获加(Johnnie Walker)等品牌代表。

图 25－3　1992～2013 年帝亚吉欧公司股票价格走势

盎格鲁—南非酿酒商南非米勒(伦敦证券交易所和约翰内斯堡证券交易所交易代码:SAB,其股票价格走势见图 25－4)是另一个实行全球多元化的酿酒商,并且有良好的股息增派记录。它的品牌包括阿姆斯特尔(Amstel)、卡尔兰(Carling)和卢云堡(Löwenbräu)。

法国上市公司人头马君度集团(欧洲证券交易所交易代码:RCO,其股票价格走势见图 25－5)即便不是亚太地区市场最大和增长最快(2011 年 33.75%,而 2012 年 38%)的欧洲或者美国酒精饮料公司,也至少是亚太地区市场最大和增长最快的欧洲或者美国酒精饮料的公司之一。该公司最著名的品牌酒包括人头马干邑(Rémy Martin)、君度甜酒和多种科涅克白兰地(Cognac)。

图 25－4　2002～2013 年南非米勒股票价格走势

图 25－5　1992～2013 年人头马君度集团股票价格走势

百威英博集团

比利时和美国上市公司百威英博集团(欧洲证券交易所交易代码:ABI;纽约证券交易所交易代码:BUD,其股票价格走势见图 25－6)是全球最大的啤酒酿造商,并且通过其百威品牌在美国啤酒市场占据了主导地位。该公司在国际上有像巴斯(Bass)、贝克(Becks)、福佳(Hoegaarden)和时代(Stella Artois)这样的品牌代表。

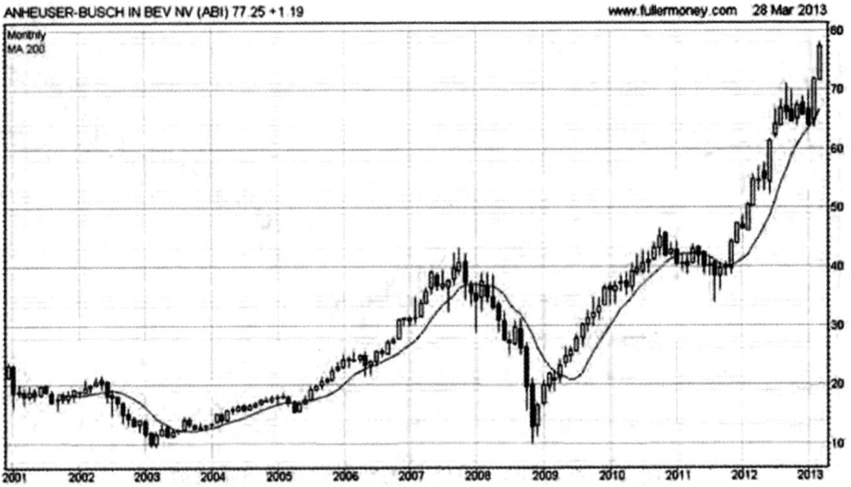

图 25－6　2001～2013 年百威英博集团股票价格走势

该公司还通过其上市子公司美洲饮料公司(Companhia de Bebidas das Americas)(纽约证券交易所交易代码:ABV,其股票价格走势见图 25－7;巴西商品和期货交易所交易代码:AMBV4),在拉丁美洲市场占据了主导地位。该公司的主要品牌是南极洲(Antartica)、布拉玛(Brahma)和狮威(Skol)。该公司还是百事可乐在巴西的独家经销商。

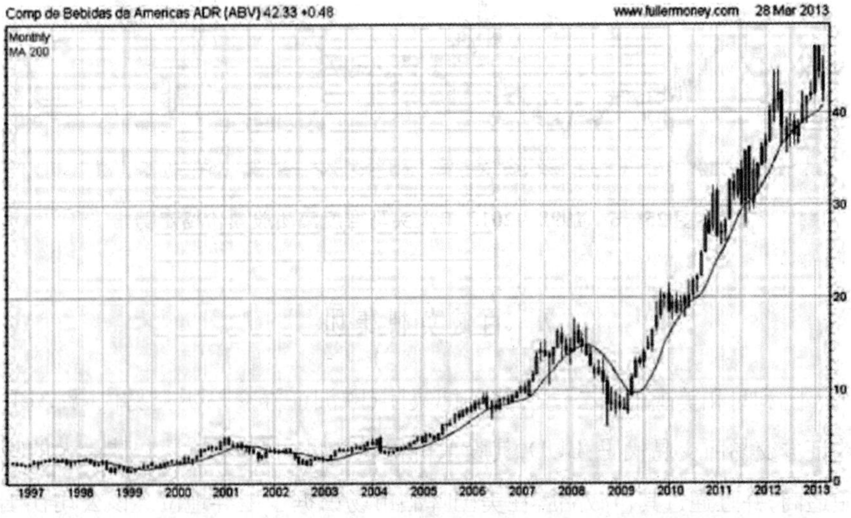

图 25－7　1997～2013 年美洲饮料公司(纽约证券交易所)股票价格走势

墨西哥上市公司莫德罗集团(Grupo Modelo)(墨西哥证券交易所交易代码:BMV)生产科罗娜(Corona)啤酒,并且是安海斯—布希(Anheuser-Bush)公司在墨西哥的独家进口商和分销商。该公司在2012～2013年成为其母公司一项收购计划的目标。

通过收购新加坡亚太酿造集团(Asia Pacific Breweries,虎牌啤酒),喜力公司(欧洲证券交易所交易代码:HEIA,其股票价格走势见图25—8)明确发出了它的全球化信号,并且把目光投向了亚洲。

图25—8　1992～1993年喜力公司(欧洲证券交易所)股票价格走势

非酒精饮料:星巴克、可口可乐、百事可乐

在中国"文化大革命"期间,咖啡被看作一种资产阶级饮料,因此,人们不愿喝咖啡。这种态度正在快速变化,而咖啡消费正在增加。美国上市公司星巴克(纳斯达克交易代码:SBUX,其股票价格走势见图25—9)在西方也许是因味美但昂贵的咖啡而出名,但在东方远不止此。在亚洲,免费无线上网也是一个重要的吸引因素。麦当劳在亚洲也提供这一服务。在人们争相炫耀最新科技小玩意的地方,难道还有比星巴克更能显示自己是多么国际化的地方?

在美国上市的可口可乐公司(纽约证券交易所交易代码:KO,其股票价格走势见图25—10)是标准普尔500派息大户,并且是一家名副其实的跨国公司。地球上几乎没有不知道可口可乐这个品牌的地方,而且这是这家公司的最大优

图 25—9 1992～2012 年星巴克股票价格走势

势所在。北美洲仍然是该公司最大的市场,但它内部定义的太平洋地区则是其增长最快的市场。

图 25—10 1992～2013 年可口可乐公司股票价格走势

在美国上市的百事可乐公司(纽约证券交易所交易代码:PEP,其股票价格走势见图 25—11)可被视为一家饮料公司,但 2012 年在美国市场休闲食品创造的收入几乎与饮料收入一样多。该公司把除美国、墨西哥、加拿大和英国以外的世界其他国家定义为"所有其他国家",后者是该公司业务增长最快的市场。

图 25－11 1992～2013 年百事可乐公司股票价格走势

加工食品和休闲食品：雀巢、亿滋国际(Mondelez International)、联合利华、阿彻·丹尼尔斯·米德兰(Archer Daniels Midland)、达能

全球人均卡路里消耗量仍处在一个长期上升轨道中。从投资的角度看，最重要的因素不是全球人口正在扩张，而是购买更多食品的能力也在提高。亚洲经济的快速增长，再加上人口向城市的大规模迁徙，正在推高收入，并且还在促进食品需求增长。加工食品和休闲食品是一个内部非常多元化的行业，但只有数量相对较少的公司才能抢占理想的位置来赢利。

雀巢公司(瑞士证券交易所交易代码：NESN，其股票价格走势见图 25－12；欧洲证券交易所交易代码：NESTS；美国场外粉单市场交易代码：NSRGY)是标准普尔欧洲 350 派息大户。该公司的业务单位包括咖啡、巧克力、牛奶、婴儿营养品和瓶装饮用水。雀巢公司总共有 200 多个品牌，是一家全球多元化的公司。2011 年，该公司在亚洲创造的收入超过了欧洲收入。雀巢公司同样是一家由一些在亚洲和非洲国家上市的多数股权子公司组成的跨国公司集团。

亿滋国际公司(卡夫公司的国际企业；纳斯达克交易代码：MDLZ，其股票价格走势见图 25－13)通过 143 个品牌，专注于糖果、休闲食品、饮料、奶酪和其他加工食品业务。该公司的欧洲和其他业务单位是其增长最快的业务。

英国和荷兰上市公司联合利华(伦敦证券交易所交易代码：ULVR，其股票

图 25－12　1992～2013 年雀巢公司股票价格走势

图 25－13　2002～2013 年亿滋国际公司股票价格走势

价格走势见图 25－14;欧洲证券交易所交易代码:UNA;纽约证券交易所交易代码:UL)收入更多是来自其亚洲和非洲业务单位,而不是任何其他单位。该公司的收入几乎可以平分为食品以及家庭和个人护理用品两大类,因此,它能理想地得益于高卡路里食品购买能力和生活水平的提高。虽然公司总部设在欧洲,但是,联合利华公司已经分别将其一些多数股权子公司在许多亚洲和非洲国家挂牌上市。

图 25—14 1992～2013 年联合利华公司
(伦敦证券交易所交易代码:ULVR)股票价格走势

在美国上市的阿彻·丹尼尔斯·米德兰公司(纽约证券交易所交易代码:ADM,其股票价格走势见图 25—15)的收入几乎可平分为美国和国际业务两大类。该公司是全球食品生产和大宗商品贸易的领头企业。在 2013 年收购了澳大利亚谷物集团(GrainCorp)以后,该公司已经把目光投向了在亚洲的进一步扩展。

图 25—15 1992～2013 年阿彻·丹尼尔斯·米德兰公司股票价格走势

达能公司是一家法国上市公司(欧洲证券交易所交易代码:BN,其股票价格走势见图 25－16;美国柜台交易市场交易代码:DANOY),也是全球乳制品、婴儿食品、瓶装水和临床营养品领头企业。该公司来自世界其他市场的收入,几乎与来自欧洲市场的收入相等。

图 25－16　1992～2013 年达能公司(欧洲证券交易所交易代码:BN)股票价格走势

烹饪佐料:国际调味品和香料(International Flavors & Fragrances)、宜瑞安(Ingredion)、嘉里集团(Kerry Group)、美味好食品(Mccormick)

在美国上市的国际调味品和香料公司(纽约证券交易所交易代码:IFF,其股票价格走势见图 25－17)是一家全球多元化企业,2012 年 75%以上的收入来自美国以外的市场。该公司开发、制造和供应各种食品、饮料、个人护理和家庭用品工业使用的调味品和香料。

在美国上市的玉米产品国际公司于 2012 年更名为宜瑞安公司(纽约证券交易所交易代码:INGR,其股票价格走势见图 25－18)。公司主要从事把玉米、木薯、小麦、土豆和其他原材料加工成食品、饮料、酿造、医药业以及众多其他工业配料的业务,2012 年 44%的收入来自南美洲、亚洲以及欧洲、中东和非洲地区。

嘉里集团在爱尔兰和英国首发上市(爱尔兰证券交易所和伦敦证券交易所交易代码:KYG,其股票价格走势见图 25－19;美国场外柜台交易市场交易代码:KRYAY),是标准普尔欧洲 350 派息大户。该公司在国际上从事消费食品

图 25－17　1992～2013 年国际调味品和香料公司股票价格走势

图 25－18　1992～2013 年宣瑞安公司股票价格走势

及食品配料加工和分销业务，并专业化于乳制品及食品配料生产和分销，2012 年 49％的收入来自北美洲和亚太地区市场。

在美国上市的美味好食品公司(纽约证券交易所交易代码：MKC，其股票价格走势见 25－20)主要生产香料、香草和调味料以供应零售、商业和工业市场。该公司 2012 年 42％的收入来自美国以外的市场。

图 25－19 1992～2013 年嘉里集团(爱尔兰证券交易所)股票价格走势

图 25－20 1992～2013 年美味好食品公司(纽约证券交易所)股票价格走势

营养品和补充剂：帝斯曼集团(DSM NV)、美赞臣营养品公司(Mead Johnson Nutrition)、康宝莱公司(Herbalife)

很多发展中国家缺乏分布广泛的全科医生的现状，导致了为数众多的贫民有病只能自我治疗的状况。补充剂、茶叶和营养品就成了很多国家文化的一部分。随着人们可支配收入的增加,质量和诚信声誉好的营养品和补充剂公司正在从中获益。此外,随着很多发达国家人均寿命的延长,对能提高生命质量的补充剂的需求也成了这个行业的一个增长渠道。

荷兰上市公司帝斯曼集团(欧洲证券交易所交易代码:DSM,其股票价格走势见图25—21)的营养品分部是全球最大的营养素供应商,向饲料、食品、制药和个人护理行业提供各种维生素和其他化学制品。该公司还从事药品、树脂、聚合物和塑料生产业务。

图25—21 1992～2013年荷兰帝斯曼集团股票价格走势

在美国上市的美赞臣营养品公司(纽约证券交易所交易代码:MJN,其股票价格走势见图25—22)主要生产婴儿营养品和孕妇用补充剂。2011年,该公司在中国市场实现的收入超过了它在美国实现的收入,尽管该公司所谓的世界其他国家市场是它最大的收入来源。

美国上市公司康宝莱(纽约证券交易所交易代码:HLF,其股票价格走势见图25—23)主要生产减肥品和定向营养补充剂。亚太地区是该公司最大的市场,也是它增长最快的市场之一;中国市场也是该公司一个增长力强劲的市场。

图 25—22 1992～2013 年美赞臣营养品公司股票价格走势

图 25—23 2005～2013 年康宝莱公司股票价格走势

化妆品和盥洗用品：宝洁、高露洁棕榄、金佰利一克拉克（Kimberly-Clark）、利洁时（Reckitt Benckiser）、尤妮佳（Uni-charm）、雅诗兰黛、欧莱雅、如新企业集团（Nu Skin Enterprises）

当收入从每天 1 美元增加到每天 2 美元时，相对消费潜力就会大幅度增长。

人们用增加后的收入选购的第一批商品往往是肥皂、洗发水、除臭剂、卫生纸、卫生棉和西方人认为理所当然要用的许多其他盥洗用品。

随着收入的增加,人们的可支配收入也稳步提高。随着人均国内生产总值的提高,对大件商品的需求也会开始增加。香水、各种化妆品和婴儿用尿不湿,对于中产阶级消费者来说,不但是令人满意的而且是必不可少的生活必需品。

在美国上市的宝洁公司(纽约证券交易所交易代码:PG,其股票价格走势见图25—24)是标准普尔500派息大户,通过3个不同的业务单位来披露财务报告。2012年,家庭护理业务单位的收入占公司收入的52%,美容美发业务单位占34%,而健康保健业务单位占14%。北美市场仍然是该公司最大的市场,不过,该公司其他全球业务单位正以更快的速度增长。宝洁公司生产洗涤用品、清洁用品、卫生纸、美容护理用品、食品、饮料和保健品,因此是一家为数不多的真正多元化的全球导向型企业。

图25—24 1992～2013年宝洁公司股票价格走势

在美国上市的高露洁棕榄集团(纽约证券交易所交易代码:CL,其股票价格走势见图25—25)是标准普尔500派息大户,它的产品包括牙膏、牙刷、洗发露和沐浴露、除臭剂、香皂、洗涤精、洗衣用品和宠物营养食品。拉丁美洲是该公司最大的市场,而更大的亚洲和非洲则是其增长最快的市场。

在美国上市的金佰利—克拉克公司(纽约证券交易所交易代码:KMB,其股票价格走势见图25—26)是标准普尔500派息大户,并自诩为全球性保健和卫

图 25－25 1992～2013 年高露洁棕榄集团股票价格走势

生用品公司。产品包括尿布、餐巾纸、纸巾、尿失禁用品和卫生巾。北美洲是该公司最大的市场,但亚洲、拉丁美洲和“其他地区”是其增长最快的市场。

图 25－26 1992～2013 年金佰利—克拉克公司股票价格走势

在英国上市的利洁时公司(伦敦证券交易所交易代码:RB,其股票价格走势见图 25－27)是标准普尔欧洲 350 派息大户。该公司生产和销售各种家庭用品、盥洗用品、药品、避孕套和食品。2012 年,欧洲和美国市场实现的收入占其总收入的 48.9%。

图 25－27　1992～2013 年利洁时公司股票价格走势

在日本上市的尤妮佳公司(东京证券交易所交易代码:8113,其股票价格走势见图 25－28)是标准普尔泛亚派息大户。该公司在亚洲业绩良好,并且是成人和婴幼儿尿布的主要制造商,同时也生产各种妇女卫生用品。

图 25－28　1992～2013 年尤妮佳公司股票价格走势

雅诗兰黛公司(纽约证券交易所交易代码:EL,其股票价格走势见图 25－29)生产护肤品、化妆品、香水和护发用品。2012 年,欧洲、中东和非洲(EMEA)以及亚太地区是该公司增长最快的市场,分别占其总收入的 37%和 20.7%。

图 25—29 1996～2013 年雅诗兰黛公司股票价格走势

欧莱雅公司(欧洲证券交易所交易代码:OR,其股票价格走势见图 25—30)在法国上市,是世界最大的化妆品和美容用品公司。该公司实行全球多元化,并积极从事护发品和染发剂、护肤品、防晒霜、换装品及香水业务,并且还涉足皮肤病、组织工程和制药领域,是美国一项重要纳米技术专利的持有人。

图 25—30 1992～2013 年欧莱雅公司股票价格走势

在美国上市的如新企业集团(纽约证券交易所交易代码:NUS,其股票价格走势见图 25—31)主要从事皮肤抗衰老治疗业务。该公司的亚洲收入分为北亚、南亚太平洋地区和大中华区三块。2012 年,北美洲和欧洲市场占其收入的 21.8%.

图 25－31　1997～2013 年如新企业集团股票价格走势

奢侈品牌:路易威登、克里斯汀·迪奥、厉峰集团(Compagnie Financière Richemont)、蒂芙尼、斯沃琪

"暴发户"一词当初专门用来描述工业革命时期第一批新富上层人士,主要是指一些还没有确立社会地位,但在有生之年通过自己的努力获得发展并创造了财富的实业家。他们常常没有受过很高程度的教育,并且缺乏知名精英人士的社会敏感性,但不愿接受不安全感,他们试图用钱来购买别人的尊敬。那些羡慕他们财富或者感到自己的特权受到挑战和威胁的人说他们庸俗、粗野。但是,一代一代地过去,随着他们的后代在最好的学校接受教育,并且装出一副生来富贵的样子,新富已经变得与"老富"截然不同。

每一轮大牛市都会创造一些由他们的野心所决定的新富分子。他们摧毁了之前看来坚不可摧的社会障碍,并且不愿满足于现状,于是就着手为自己开辟新的天地。这些人常有不安全感,因为他们不但想拥有财富,而且还想与富人圈里的人交往。他们中普遍存在这样一种想法:如果没人知道您有钱,那么有钱又有什么意义呢?

因此,外在的财富符号受到了重视,它们成为成功的标志。手机、提包、皮鞋、时装、珠宝、黄金首饰、汽车、别墅、游艇和飞机都被作为越来越重要的成功标志。

路易威登(欧洲证券交易所交易代码:MC,其股票价格走势见图 25－32)是一家法国上市公司,并且因其销售的香槟酒、干邑白兰地、香水、化妆品、皮箱、手表和珠宝而出名。它是世界最大、收入全球多元化的奢侈品集团。2009 年,该公司除日本以外的亚洲市场收入第一次超过其美国市场的收入。

图 25－32　1992～2013 年路易威登集团股票价格走势

克里斯汀·迪奥也是一家法国上市公司(欧洲证券交易所交易代码:CDI,其股票价格走势见图 25－33)。该公司通过与路易威登集团交叉持股,拥有后者 50%以上的表决权。早在 2009 年,在时装、皮具和精品零售的带领下,克里斯汀·迪奥的亚洲收入已经成为其最大的收入。该公司的葡萄酒和烈酒业务单位的业务同样是蒸蒸日上。

历峰集团在瑞士上市(瑞士证券交易所和约翰内斯堡证券交易所交易代码:CFR,其股票价格走势见图 25－34),主要生产珠宝、手表和钢笔。它的品牌包括卡地亚、万国、名仕、勒布朗和伯爵。2010 年,亚洲收入成为它的最大收入,并且在笔者写此书时仍继续处在增长轨道中。

在美国上市的蒂芙尼公司(纽约证券交易所交易代码:TIF,其股票价格走势见图 25－35)最大的业务单位是金银珠宝首饰,其次是订婚和结婚戒指。北

图 25—33　1992～2013 年克里斯汀・迪奥公司股票价格走势

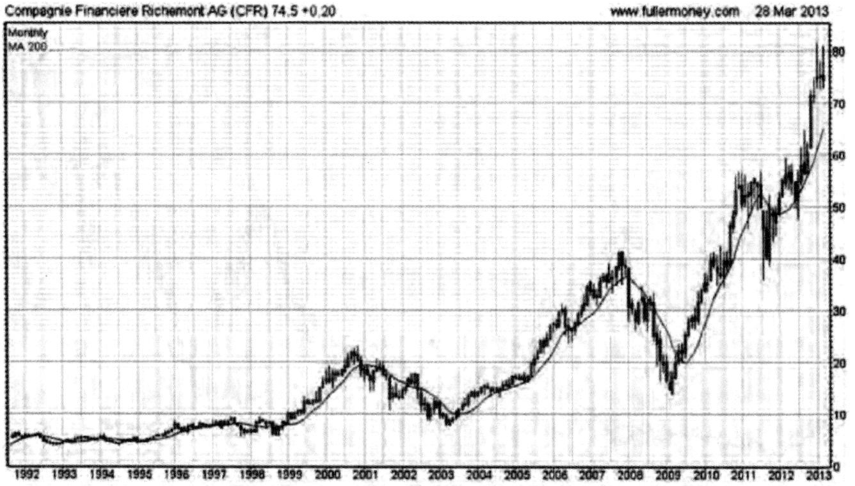

图 25—34　1992～2013 年历峰集团(瑞士证券交易所)股票价格走势

美洲仍是它最大的市场,但 2008 年和 2010 年间收入差距相当大;而亚洲业务反映了稳定的增长趋势,2012 年占其总收入的 37.8%。

斯沃琪公司(VTX 交易代码: UHR 和 UHRN,其股票价格走势见图 25—36)也许因其零售品而出名,但也是世界最大的精品腕表制造商。该公司亚洲业务单位 2010 年的收入超过其任一其他地区业务单位过去 10 年的收入。

图 25－35　1992～2013 年蒂芙尼公司股票价格走势

图 25－36　1994～2013 年斯沃琪集团股票价格走势

娱乐和玩具：21 世纪福克斯、迪士尼、美泰(Mattel)、孩之宝(Hasbro)和动视暴雪(Activision Blizzard)

在美国和澳大利亚上市的 21 世纪福克斯公司(纳斯达克交易代码：FOX；澳大利亚证券交易所交易代码：NWS，其股票价格走势见图 25－37)涉足有线网络编程、电影、电视和卫星电视领域。2012 年，该公司欧洲和澳大利亚市场的收入与美国和加拿大的收入几乎相当。

图 25－37　1995～2013 年 21 世纪福克斯公司股票价格走势

美国上市公司迪士尼(纽约证券交易所交易代码:DIS,其股票价格走势见图 25－38)也许是世界最著名的游乐品牌,并且在美国主题公园和度假村行业占据主导地位。媒体和网络是该公司增长最快的业务。

图 25－38　1992～2013 年迪士尼公司股票价格走势

美国上市公司美泰(纽约证券交易所交易代码:MAT,其股票价格走势见图 25－39)是世界最大的玩具和传统游戏器具生产商,2012 年约一半的收入来自美国以外的市场。

图 25－39　1992～2013 年美泰公司股票价格走势

美国上市公司孩子宝(纽约证券交易所交易代码:HAS,其股票价格走势见图 25－40)是世界第二大玩具和传统游戏器具生产商,收入地区分布类似于美泰公司。

图 25－40　1992～2013 年孩子宝公司股票价格走势

美国上市公司动视暴雪(纳斯达克交易代码:ATVI,其股票价格走势见图 25－41)由法国上市公司威望迪持有多数股权,按照 2013 年的市值计算,是世界最大的电子游戏生产商。该公司在美国市场和欧洲市场实现的收入相同；它的亚洲市场虽然基数较低，但在到 2012 年的 3 年里翻了一番。

图 25－41　1994～2013 年动视暴雪公司股票价格走势

零售和超市业：沃尔玛、乐购、奶牛场国际控股(Dairy Farm International Holdings)、喜乐公司(Casino Guichard-Perrachon SA)

对于亚洲大多数新兴中产阶级分子来说，一站式购物是一个新概念。空闲时间的减少以及使空闲时间效用最大化的愿望，使得超市的诱惑不可抵挡。超市具有选择多、价格可承受和便利的优点，而且在高增长经济体中具有光辉灿烂的未来。

美国上市公司沃尔玛(纽约证券交易所交易代码：WMT，其股票价格走势见图 25－42)是标准普尔 500 派息大户。该公司在美国零售市场占据了主导地位，而且公司的增长越来越依赖于其国际业务。该公司的门店在中国的各主要城市随处可见，它在印度也站稳了脚跟，并且又在墨西哥上市。

英国上市公司乐购(伦敦证券交易所交易代码：TSCO，其股票价格走势见图 25－43)是在英国占据主导地位的零售商，并且也是标准普尔欧洲 350 派息大户。亚洲是乐购公司市场增长最快的地区，公司已经扩展到韩国、中国台湾、中国大陆、马来西亚和印度。

图 25－42　1992～2013 年沃尔玛公司股票价格走势

图 25－43　1992～2013 年乐购公司股票价格走势

亚马逊公司(纳斯达克交易代码:AMZN,其股票价格走势见图 25－44)是世界最大的在线零售商,也是品牌认知度最高的电子商务公司之一。该公司在数据仓储领域表现也很活跃。2012 年,亚马逊公司 43%的收入来自美国以外的市场。

新加坡上市公司奶牛场国际控股公司(新加坡证券交易所交易代码:DFI,其股票价格走势见图 25－45;伦敦证券交易所交易代码:DFIB)是怡恒集团

图 25－44　1997～2013 年亚马逊公司股票价格走势

(Jardine Matheson)一家单独上市的子公司。该公司在中国香港、台湾和大陆，新加坡，马来西亚，印度尼西亚以及印度等国家和地区，开设了超市、药店和便利店。

图 25－45　1992～2013 年奶牛场国际控股有限公司股票价格走势

喜乐公司是一家在法国上市的公司(欧洲证券交易所交易代码:CO,其股票价格走势见图 25－46)。2012 年,该公司的国际收入与国内收入几乎持平。南美洲是该公司最大的海外市场,而它的亚洲市场增长速度令人印象深刻。

图 25－46　1992～2013 年喜乐公司股票价格走势

运动鞋和运动服装:耐克和阿迪达斯

当人们有空闲时间时,体育运动就会成为他们优先考虑的事情,这也是摆脱最低生活水平、成为中产阶级分子的一个特点。随着收入的增加,常与中产阶级联系在一起的久坐不动的生活方式,保证了体育和体育活动从健康和幸福的角度变得越来越重要。

耐克公司(纽约证券交易所交易代码:NKE,其股票价格走势见图 25－47)是遥遥领先的世界第一大体育用品公司,美国、大中华区和其他新兴市场国家是该公司增长最快的市场。

阿迪达斯公司(德国交易所交易代码:ADS,其股票价格走势见图 25－48)是世界第二大体育用品制造商,也是一家全球多元化公司。2012 年,该公司的所有业务单位无一例外地获得了发展。

图 25－47　1992～2013 年耐克公司股票价格走势

图 25－48　1996～2013 年阿迪达斯公司股票价格走势

服装业:印地纺织(Inditex)、海恩斯莫里斯公司(Hennes & Mauritz)和申洲国际(Shenzhou International)

随着可支配收入的增加,人们的购买会从生活必需品转向娱乐消遣,服饰的数量和品质以及衣柜的体积也会相应提升。服饰是得益于显示世界性“现代感”

需求增长的关键领域之一。

印地纺织(交易代码:ITX,其股票价格走势见图 25－49)是一家在西班牙上市的服装公司,可能也因其占公司收入 2/3 的品牌“莎拉”(Zara)而著名。2012年,该公司不包括西班牙、欧盟和经合组织成员国的世界其他国家市场是其增长最快的市场,占其收入的 22.5%。

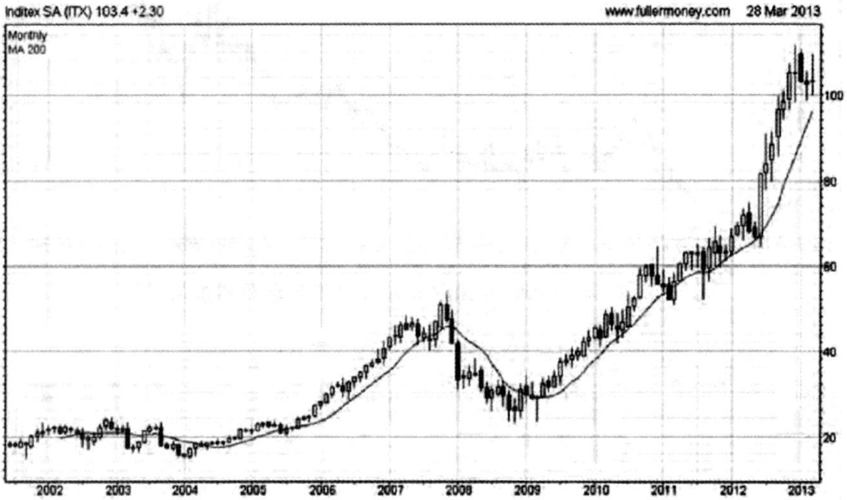

图 25－49　2002～2013 年印地纺织公司股票价格走势

海恩斯莫里斯公司是一家在瑞典上市的公司(斯德哥尔摩期权交易所交易代码:HMB,其股票价格走势见图 25－50)。该公司不包括欧元区和北欧国家的世界其他国家市场是其增长最快的市场,而它的美国、英国和中国市场是其海外市场中收入增长幅度最大的市场。

申洲国际是一家在中国香港上市的公司(香港证券交易所交易代码:2313,其股票价格走势见图 25－51),也是中国最大的纺织品生产商和加工商。公司生产、印染、整装、刺绣、裁剪和缝制各种织物,79%的收入来自中国以外的市场,而日本是其最大的市场,占 35%的份额。

图 25－50　1992～2013 年海恩斯莫里斯公司股票价格走势

图 25－51　2008～2013 年申洲国际公司股票价格走势

医疗保健：强生、百时美施贵宝（Bristol-Myers Squibb）、诺和诺德（Novo Nordisk）、拜耳、百健（Biogen）、辉瑞（Pfizer）、艾尔健（Allergan）、诺华（Novartis）

医疗保健业覆盖面非常广泛，涵盖从尖端科技到临终家庭护理的方方面面。医疗保健业与能源和科技一起代表着一个从无到有创造实际价值的竞争领域。

从投资者的角度看，这个行业中的企业开发提高生命质量和延长生命疗法的能力具有非常大的吸引力。这种提高生命质量和延长生命的医疗方法在以前是难以想象的，并且能够提高总体生产力和生活质量。

医疗保健业的增长前景可分解为热门项目开发和大众消费市场开拓两个方面。有时，同一家公司具有这两方面的特点。全球中产阶级的壮大为医疗保健企业带来了不同寻常的增长机会。一旦消费者不必再为下一顿饭有无着落担心时，他们就会开始考虑如何享受生活。因此，医疗保健成了人们日常生活中一个越来越重要的组成部分。

下文介绍的内容绝不可以被认为是一张能够反映全球制药公司实力的详尽清单。

美国上市公司强生(纽约证券交易所交易代码:JNJ，其股票价格走势见图25－52)是标准普尔500派息大户，专门从事医疗设备、诊断用品、药品和保健消费品生产。虽然2008～2010年该公司美国市场的收入和欧洲市场的收入有所减少，但它在亚太、非洲和拉丁美洲市场实现的收入大幅增长，并且使得它的总收入仍有所增加。

图25－52　1992～2013年强生公司股票价格走势

百时美施贵宝公司(纽约证券交易所交易代码:BMY，其股票价格走势见图25－53)把自己描述为生物制药公司。该公司提供治疗癌症、心脏病、艾滋病、糖尿病、风湿性关节炎、肝炎、器官移植排斥反应的方法以及营养补充剂。

图 25－53　1992～2013 年百时美施贵宝公司股票价格走势

诺和诺德是一家在丹麦上市的公司(北欧期权交易所集团交易代码:NOVOB,其股票价格走势见图 25－54;纽约证券交易所交易代码:NVO)。该公司专门致力于解决全球糖尿病流行问题。人均卡路里摄入量的增加已经导致糖尿病患者的人数大幅增长,据估计,印度和中国分别有近 2 亿人罹患糖尿病。收入的增加意味着人们现在更有财力承担副作用较小的治疗方法。虽然该公司几乎所有的业务单位在 2012 年都获得了增长,但是美国市场发展最快。

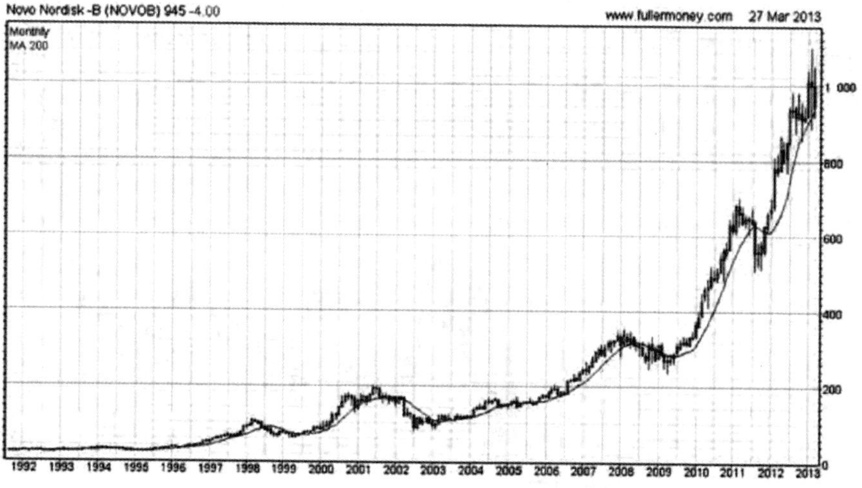

图 25－54　1992～2013 年诺和诺德公司股票价格走势(北欧期权交易所集团)

德国上市公司拜耳(德国交易所交易代码:BAYN,其股票价格走势见图 25—55)是一家兴趣广泛的制药公司,产品覆盖面广,从糖尿病治疗药物到阿司匹林。它还开展作物科学和动物护理研究。公司实行国际多元化,其全部业务在 2012 年都获得了扩展。

图 25—55 1992～2013 年拜耳公司股票价格走势

在美国上市的百健公司(纳斯达克交易代码:BIIB,其股票价格走势见图 25—56)从事神经、肿瘤和免疫病治疗方法的商业化业务。美国是该公司的主要市场,不过,该公司的全部业务单位在 2012 年都获得了扩展。

图 25—56 1992～2013 年百健公司股票价格走势

美国上市公司辉瑞(纽约证券交易所交易代码:PEE,其股票价格走势见图25—57)是世界最大的制药公司之一。据该公司自己介绍,它是一家研究型全球制药公司,致力于发现、开发、制造和销售人用和兽用药品。虽然美国仍是该公司最大的市场,但2012年,其在新兴市场国家实现的收入几乎与该公司的欧洲市场收入持平。

图 25—57 1992～2013 年辉瑞公司股票价格走势

美国上市公司艾尔健(纽约证券交易所交易代码:AGN,其股票价格走势见图25—58),因生产肉毒杆菌素抗皱产品系列而闻名。2012年,公司业务在其有业务的各个地区获得了全面的增长,而美国市场占其业务的59%。

图 25—58 1992～2013 年艾尔健公司股票价格走势

美国是诺华公司(瑞士证券交易所交易代码:NOVN,其股票价格走势见图25—59;纽约证券交易所交易代码:NVS)最大的单个市场。2012年,该公司32.8%的收入来自美国市场。不包括很多欧洲国家的所谓世界其他国家市场占其收入的45%。该公司主要生产专利药品,但也从事非专利药品生产、消费者保健和疫苗研制业务。

图25—59 1992～2013年诺华公司(瑞士证券交易所)股票价格走势

烟草:菲利普·莫里斯、英美烟草

美国上市公司菲利普·莫里斯国际(纽约证券交易所交易代码:PM,其股票价格走势见图25—60)于2008年从奥驰亚(Altria)集团剥离出来,其母公司除美国以外市场的收入全由它创造。菲利普·莫里斯国际公司占据全球15%以上的烟草销售份额,欧洲和亚洲是它最大的两个市场,2012年分别占其总收入的35%和23%。

英美烟草公司(伦敦证券交易所交易代码:BATS,其股票价格走势见图25—61;约翰内斯堡证券交易所和纽约证券交易所交易代码:BTI)是一家国际多元化公司,亚太地区是该公司最大的市场,占其27.7%的市场份额,东欧、中东和非洲占26.8%。该公司还持有印度市值最大的公司[即国际烟草公司(ITC)]30%的股份。

图 25－60　2009～2013 年菲利普·莫里斯国际公司股票价格走势

图 25－61　1999～2013 年英美烟草公司股票价格走势

科技：苹果、谷歌、国际商用机器公司、联想、英特尔、安谋控股、微芯片科技、科林研发(LAM Research)、惠普、三星、索尼、中国台湾半导体、联发科技(Mediatek)

与医疗保健公司一样，科技公司也具有改善我们生活以及提高生产效率并推动商业实践革命化的前景。科技企业在 20 世纪 90 年代经历了非同寻常的泡沫破灭,而大多数得以生存下来的公司在随后10年里处于深度冬眠状态,主要致力于谋求生存而不是增长。少数公司提前突破了它们在1999～2000年达到的巅峰,并且代表着科技商业开发的前沿,2009年和2010年又有一批公司突破了持续长达近10年的底部。

在美国上市的苹果公司(纳斯达克交易代码:AAPL,其股票价格走势见图25－62)导致音乐商店过时,并且使得游戏商店受到了相同的遭遇。设计优雅和使用方便始终是苹果公司产品的特点。自从2012年苹果公司达到其顶峰以来,议论史蒂夫·乔布斯传位和质疑公司产品开发途径的不同声音,影响了苹果公司的精气神。与此同时,有竞争力的股息派送及其国际收入分布公告确保了苹果公司仍是一家广受投资者关注的公司。

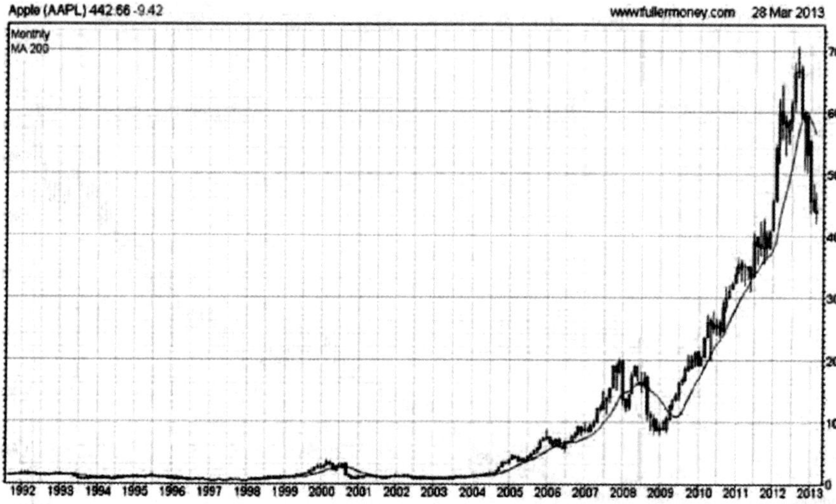

图25－62　1992～2013年苹果公司股票价格走势

美国上市公司谷歌(纳斯达克交易代码:GOOG,其股票价格走势见图25－63)避开了科技泡沫,到2004年才上市。谷歌公司因其搜索引擎和广告业务而闻名,并且成功扩展到了手机和平板电脑操作系统。该公司似乎正在奉行一种类似于微软公司在20世纪90年代采取的策略,来与苹果公司展开竞争以开发一种操作系统,然后把操作系统提供给任何想在其设备上安装这种系统的公司,而不是仅局限于自用。谷歌公司现在还把很大比例的收入用于一系列不相关产品的研发。2012年,美国市场为该公司创造了46%的收入。

美国上市公司国际商用机器公司(纽约证券交易所交易代码:IBM,其股票

图 25－63　2005～2013 年谷歌公司股票价格走势

价格走势见图 25－64)于 2005 年出售了个人计算机业务,以专注于企业解决方案。国际商用机器公司是世界第二大计算机软件公司,同时又在商用硬件领域占据着主导地位,而且还是云计算领域的领头企业。亚洲是其 2012 年增长最快的市场,而美国市场占其收入的 34.7%。

图 25－64　1992～2013 年国际商用机器公司股票价格走势

在中国香港上市的联想公司(中国香港证券交易所交易代码:992,其股票价格走势见图 25－65)于 2005 年收购了国际商用机器公司的个人计算机业务,现在是个人计算机领域最大的制造商之一。

图 25－65 1995～2013 年联想公司股票价格走势

美国上市公司英特尔(纳斯达克交易代码:INTC,其股票价格走势见图 25－66)是微芯片制造领域的全球领头企业。亚太地区是该公司遥遥领先的最大的收入贡献者,该公司自 2003 年以来一路稳步增发股息。

图 25－66 1992～2013 年英特尔公司股票价格走势

英国上市公司安谋控股公司(伦敦证券交易所交易代码:ARM,其股票价格走势见图 25－67)在芯片设计领域获得了巨大成功,它设计的芯片主要用于苹果公司的手持设备产品系列。2012 年第 3 季度,安谋公司非手机项目收入第一次超过手机项目收入。嵌入式处理业务是其增长最快的市场。安谋公司是一家国际多元化公司,2012 年,公司各业务和地区市场全都获得了增长。

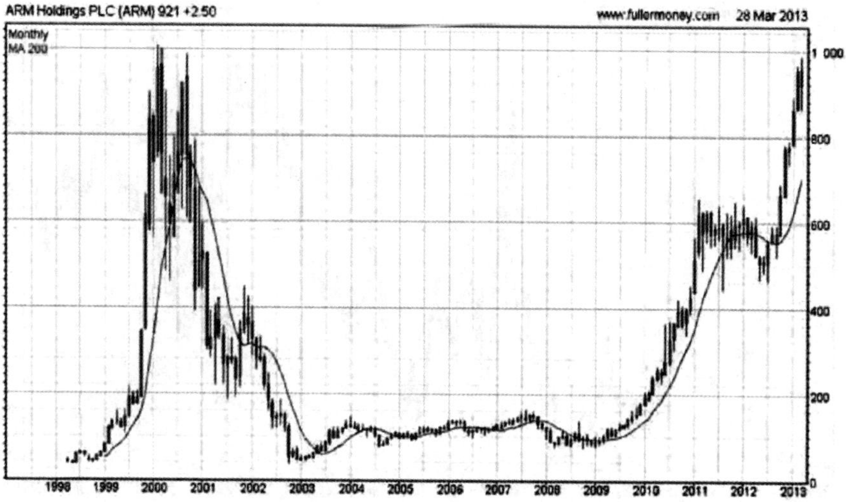

图 25－67 1998～2013 年安谋控股公司股票价格走势

美国上市公司微芯片科技公司(纳斯达克交易代码:MCHP,其股票价格走势见图 25－68)于 2011 年 9 月出售了它的第 100 亿台单片机,亚洲是该公司最大且增长最快的市场。

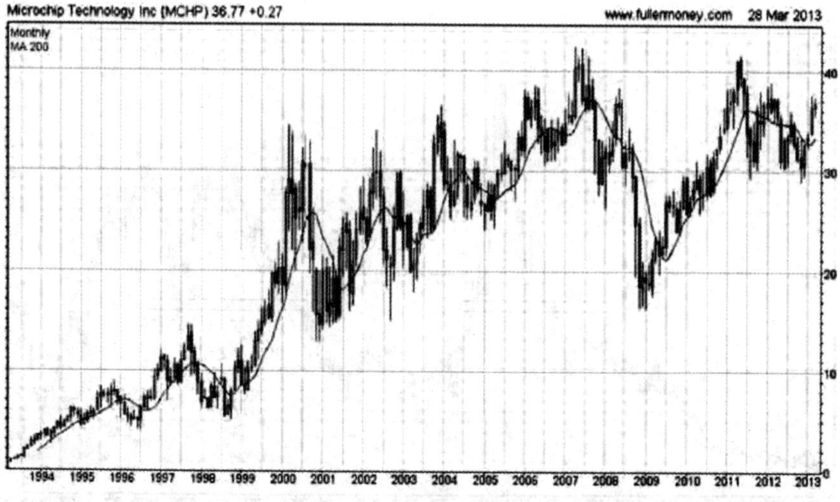

图 25－68 1994～2013 年微芯片科技公司股票价格走势

美国上市公司科林研发(纳斯达克交易代码:LCRX,其股票价格走势见图25－69)开发、制造、销售芯片和半导体所需的设备并提供相关服务。亚洲市场是该公司收入的主要来源。

图 25－69　1992～2013 年科林研发公司股票价格走势

美国上市公司惠普(纽约证券交易所交易代码:HPQ,其股票价格走势见图25－70)自 2007 年以来一直是世界最大的个人机制造商,也是一家收入来源全球多元化的公司。

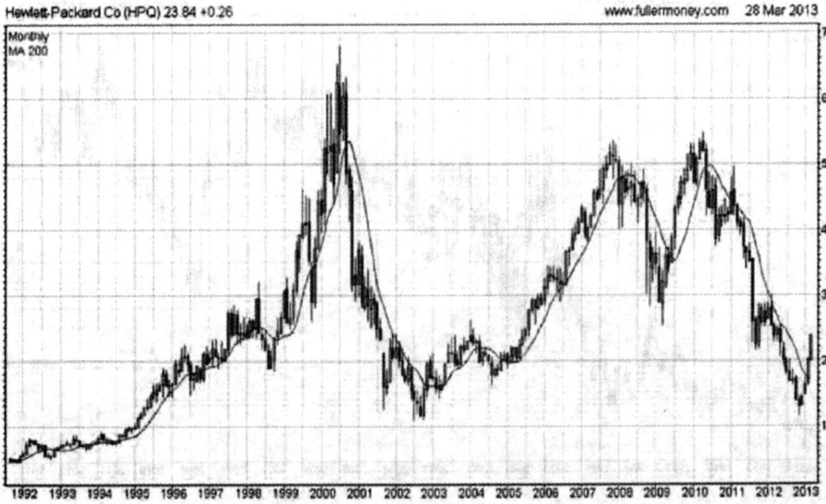

图 25－70　1992～2013 年惠普公司股票价格走势

韩国和英国上市公司三星(韩国交易所交易代码:005939,其股票价格走势见图 25－71;伦敦证券交易所交易代码:SMSD)生产半导体、个人机、显示器、电视机、手机等品种繁多的消费电子品和工业电子设备。早在 2007 年,中国就已经是该公司最大的市场,但北美洲一直是同期该公司增长最快的市场。

图 25－71　1992～2013 年三星公司股票价格走势

索尼公司(东京证券交易所交易代码:6756,其股票价格走势见图 25－72;纽约证券交易所交易代码:SNE)拥有一系列全球知名品牌,但是在截至 2012 年

图 25－72　1992～2013 年索尼公司股票价格走势

的10年里饱受日元坚挺之苦。索尼应该得益于其竞争优势随日元走低而增强以及内部合理化调整。该公司从事移动产品、通信技术、家庭娱乐和音频、电影、游戏、音乐等领域的业务。

中国台湾半导体公司(中国台湾证券交易所交易代码:2330,其股票价格走势见图25—73)是世界最大的半导体代工厂,也是世界成本最低的芯片生产商之一。按价值计,该公司最大客户包括应用材料公司(Applied Materials)、阿斯麦公司(ASML Holdings)、科天公司(KLA-Tencor)、日月光半导体公司(Advanced Semiconductor)和日立公司。

图25—73 1995~2013年中国台湾半导体公司股票价格走势

联发科技公司(中国台湾证券交易所交易代码:2454,其股票价格走势见图25—74)是一家无晶圆半导体制造龙头公司,尤其是在无线电通信领域。该公司最大客户包括中国台湾积体电路制造股份有限公司(Taiwan Semiconductor Manufacturing Company)、谷歌公司和高通公司(Qualcomm)。

图 25—74　2002～2013 年联发科技公司股票价格走势

软件：微软、甲骨文、思爱普(SAP)、塔塔咨询(Tata Consultancy)

软件在工业、商业和日常生活中发挥的作用最能体现数字时代。从投资的角度看，编制软件非常耗时，但软件可无限扩展。因此，某个产品一旦被顾客接受，毛利润往往比其他行业高。例如，微软的毛利润通常在 30%左右，麦当劳是 20%，而像通用汽车这样的公司只有 2.5%。

美国上市公司微软(纳斯达克交易代码：MSFT，其股票价格走势见图 25—75)长期拥有世界占主导地位的操作系统以及许多附属产品。微软公司于 2012 年首次涉足个人机硬件领域，推出了平板电脑"Surface"(此前，微软曾生产过电子游戏硬件和计算机外围设备)。公司收入平均来源于美国和世界其他国家市场。

2012 年，美国上市公司甲骨文(纳斯达克交易代码：ORCL，其股票价格走势见图 25—76)42%的收入来自美国，而 32%来自除英国、日本、德国、加拿大、澳大利亚和法国以外的"其他国家"。

思爱普公司于 2013 年成为德国市值最大的上市公司(德国交易所交易代码：SAP，其股票价格走势见图 25—77)，这体现了该公司在企业软件和数据库管理产品上所拥有的优势。该公司至少有 40%的收入来自欧洲以外的市场。

塔塔咨询公司(孟买证券交易所交易代码：TCS，其股票价格走势见

图 25－75　1997～2013 年微软公司股票价格走势

图 25－76　1992～2013 年甲骨文公司股票价格走势

图 25－78)是印度最大的信息技术公司。2012 年,其 90%以上的收入来自国外市场。该公司主要开展信息技术解决方案和服务、业务流程外包和基础设施服务等业务。

图 25－77　1992～2013 年思爱普公司股票价格走势

图 25－78　2005～2013 年塔塔咨询公司股票价格走势

广告:WPP、阳狮(Publicis)、宏盟(Omnicom)

2013 年 7 月,全球第二和第三大广告公司宣布友好合并,合并后的公司成为世界最大的广告商。合并之前法国上市公司阳狮集团(欧洲证券交易所交易代码:PUB)是世界第二大广告公司,并且有着与 WPP 集团相似的收入来源国际分布，两者的股票价格走势形态有很强的共性（详见图 25－79 和图 25－80）。宏盟集团（纽约证券交易所交易代码：OMC，其股票价格走势见图 25－81）是全球最大的广告和公关公司，在美国首次上市。它的美洲市场收入和世界其他国家市场收入几乎平分秋色，亚洲业务单位的收入已经于 2011 年超越欧洲、中东和非洲业务单位。

图 25－79　1992～2013 年 WPP 集团股票价格走势

图 25－80　1992～2013 年阳狮集团股票价格走势

图 25－81 1992～2013 年宏盟集团股票价格走势

银行业：汇丰、渣打、巴克莱、花旗、高盛、西班牙对外银行(BBVA)

作为流动性提供者，银行是任何经济体的重要组成部分，通常在全国性指标中代表着重要的权重，从而提升了它们在全球投资者心目中的重要性。在从2000 年开始的 10 年中，美国和欧洲金融业的很多公司受到了公司治理标准退化的影响，结果有些公司在 2008 年的信贷危机中宣布破产。要不是全球中央银行联袂实施救助，为数不少的金融机构可能已经消失。在 21 世纪前 10 年的很多时间里，全球银行业惨遭丑闻、贪婪、失责和犯罪故意等的蹂躏。在笔者写作此书时，投资者仍以一种矛盾的心理来对待银行业。然而，尽管银行业有不良的治理记录，但银行是全球经济生死攸关的组成部分，有些银行是名副其实的全球企业。从投资的角度看，在做多前，投资者应该先寻找治理标准尤其是监管标准改善的证据。

英国上市公司汇丰银行(伦敦证券交易所交易代码：HSBA，其股票价格走势见图 25－82)是世界最大的银行之一，并且几乎肯定是全球最为多元化的银行。该银行在欧洲、北美洲、亚太地区、中国香港和拉丁美洲各地区实现的收入几乎相同。

渣打银行(伦敦证券交易所交易代码：STAN，其股票价格走势见图 25－83)传统上一直被看作是一家总部设在中国香港的英国上市银行。2012 年，该银行

图 25－82　1992～2013 年汇丰银行(伦敦证券交易所)股票价格走势

从世界其他国家市场获得的收入占其总收入的 40%。

图 25－83　1992～2013 年渣打银行股票价格走势

巴克莱银行是另一家全球业务量很大的英国上市银行(其股票价格走势见图 25－84)。2012 年,该银行 60%以上的收入来自英国以外的市场,其中很多非洲和中东市场的收入来自其南非联合银行集团下属的南非特许经营业务。

北美洲仍然是花旗集团(纽约证券交易所交易代码:C,其股票价格走势见图 25－85)最大的市场,但 2012 年该银行北美市场的收入只占其总收入的

图 25－84　1992～2013 年巴克莱银行股票价格走势

41%。花旗集团是 2008 年信贷危机后受到打击最严重的银行之一，但随着它的复苏，花旗仍然体现出了显著的股息增派潜力。

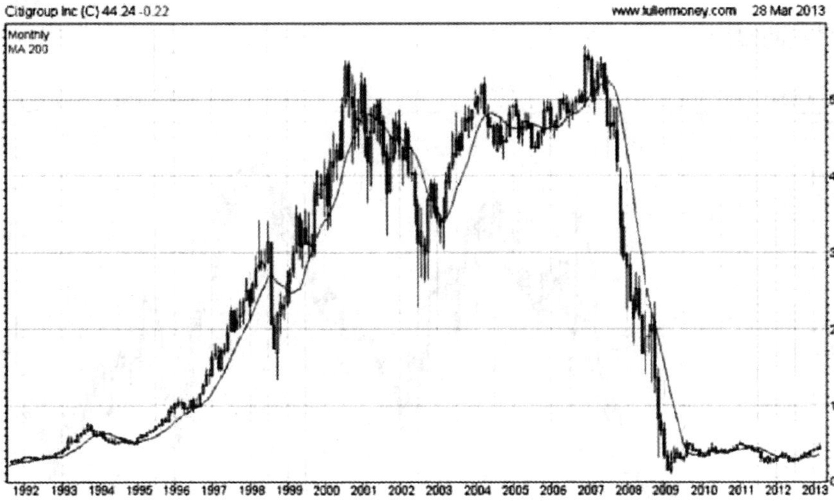

图 25－85　1992～2013 年花旗集团股票价格走势

美国上市公司高盛投资公司(纽约证券交易所交易代码:GS，其股票价格走势见图 25－86)是世界最大的投资银行之一，2012 年 40%以上的收入来自美洲以外的市场。

图 25－86　2000～2013 年高盛投资公司股票价格走势

虽然西班牙和葡萄牙可能占据西班牙对外银行(BMAD,纽约证券交易所交易代码:BBVA,其股票价格走势见图 25－87)2012 年亏损的大头,但是,这两个国家只占该银行收入的 27%,因此,西班牙对外银行是欧元区银行中国际化程度最高的银行。

图 25－87　1992～2013 年西班牙对外银行股票价格走势

保险业:美国国际集团(American International Group)、丘博(Chubb)保险集团、安盛集团(AXA)、保诚集团(Prudential)

中产阶级的特点之一就是有能力投保人寿险、健康险、火险、偷盗险、失业险、旅游险和信用险。保险不但是一个高利润事业,而且也是一个增长型行业,因为数以百万计可支配收入增加后的中产阶级分子都想确保自己能保持现状。保险能够保证投保人的财务状况,因此能够腾出储蓄把它用于消费。

要不是美联储的干预,美国国际集团(纽约证券交易所交易代码:AIG,其股票价格走势见图25—88)在2008年会因为其不计后果的债务抵押证券承销行为而破产。该公司已经偿还了其债务,并且仍然是世界上最大的普通、企业、工业和航空器保险公司。美国国际集团也涉足人寿险、理财计划和资产管理业务领域,它的国际业务分布在130多个国家和地区,约占其总收入的1/3。为了显示2008年危机后的更多相关数据,以下列示两张分别采用算术标尺和对数标尺标示的美国国际集团股价走势图(见图25—88和图25—89)。

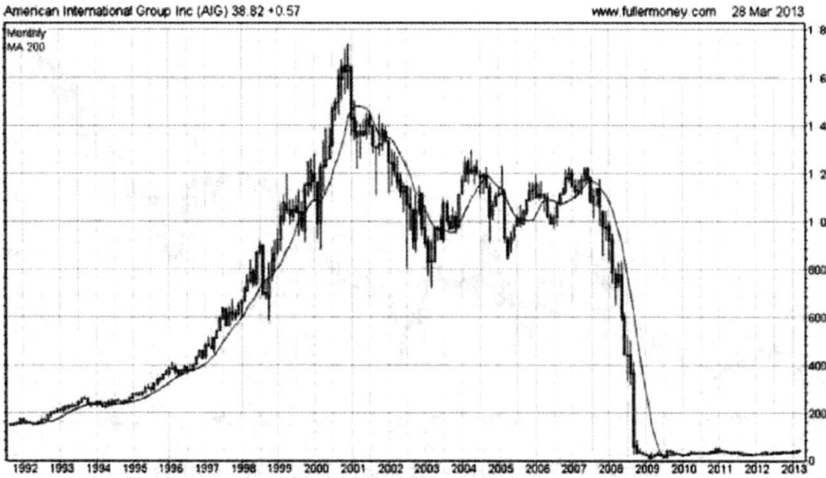

图25—88 1992~2013年美国国际集团股票价格走势(算术标尺)

在美国上市的丘博保险集团(纽约证券交易所交易代码:CB,其股票价格走势见图25—90)是标准普尔500派息大户,主要从事财产、意外事故和再保险业务。美国是它最大的市场,但该公司在欧洲、澳大利亚、中国香港和台湾、印度尼

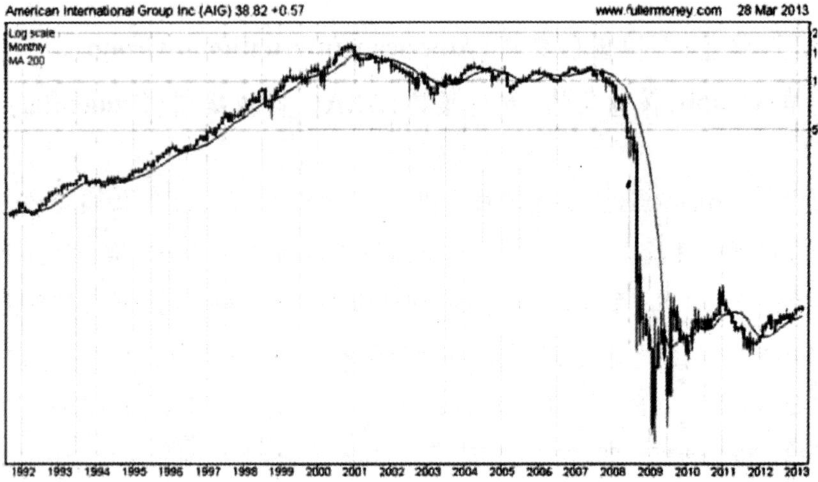

图 25—89　1992～2013 年美国国际集团股票价格走势(对数标尺)

西亚、泰国、阿根廷、巴西、智利、哥伦比亚和墨西哥都有业务,外海市场约占其收入的 25%。

图 25—90　1992～2013 年丘博保险集团股票价格走势

安盛集团(欧洲证券交易所交易代码:CS,其股票价格走势见图 25—91)是一家法国上市保险公司,也是世界最为全球化的保险公司之一,业务主要分布在北美洲、欧洲和亚洲,主要从事人寿险、健康险和其他形式的保险以及资产管理业务。

图 25－91　1992～2013 年安盛集团股票价格走势

保诚集团(伦敦证券交易所交易代码:PRU,其股票价格走势见图 25－92)有 20%的收入来自亚洲,但美国和英国是该集团两个最大的市场。该公司开展养老金、年金、储蓄和投资管理以及人寿保险业务。

图 25－92　1992～2013 年保诚集团股票价格走势

信用卡和信用评级业:万事达、维萨、益博瑞(Exprian)

随着人们有越来越多的时间用于休闲和追求更高的生活水平,消费主义和城市化运动携手并进。生活的便利不但取决于能否获得种类繁多的商品和服务，而且还依赖于能否迅速获得信贷购买商品和服务。信用卡通过促进“即时满足”功能扮演了这个角色，它们的收费结构虽然有点像高利贷，但从投资的角度看非常有吸引力。

美国上市公司万事达（纽约证券交易所交易代码：MA，其股票价格走势见图25—93）的国际业务收入，几乎是其美国业务收入的2倍。

图25—93　2008～2013年万事达公司股票价格走势

美国上市公司维萨（纽约证券交易所交易代码：V，其股票价格走势见图25—94）在美国市场的收入几乎等于其世界其他国家市场的收入之和，但后者的增长速度快于前者。

负债已经是占世界人口比例越来越高的人金融生活的一个重要组成部分，帮助贷款机构确定个人资信的公司填补了一个宝贵的利基市场。由于这类公司为数甚少，因此，它们在一定程度上就是寡头垄断者。

益博瑞公司是一家在英国上市的公司（其股票价格走势见图25—95），它的北美收入几乎与其世界其他市场的收入相等。

图 25－94　2008～2013 年维萨公司股票价格走势

图 25－95　2007～2013 年益博瑞公司股票价格走势

汽车业：宝马、大众、日产、丰田、起亚、长城汽车

随着拥有可支配收入阶层在亚洲和拉丁美洲很多国家的出现，数以亿计的人拥有汽车的梦想很快就成为现实。2009 年，中国超过美国成为世界最大的汽车市场。汽车制造商越来越关注世界主要人口中心的经济增长，为了满足全球更多受众的需求，它们开始为其量身定制个性化产品。

2012年，对于亚洲增长最快的豪华车品牌是奥迪还是宝马这一问题，仍然存有争议。宝马公司（德国交易所交易代码：BMW，其股票价格走势见图25－96）作为一家独立公司，比大众旗下一个品牌的奥迪公司拥有更多的流通股，而且宝马的股价更好地反映了该公司的增长潜力。就市场规模和增长速度而言，中国是宝马公司仅次于美国和德国的第三大市场。

图25－96　1992～2013年宝马公司股票价格走势

大众（德国交易所交易代码：VOW3，其股票价格走势见图25－97）是全球

图25－97　1993～2013年大众汽车公司股票价格走势

最大的汽车品牌之一，北美洲和亚洲是大众汽车公司增长最快的市场，2012 年占其总收入的 40%。

日产公司(东京证券交易所交易代码:7201，其股票价格走势见图 25－98)不是日本最大的汽车制造商，但是日本最国际化、多元化的汽车公司。日本是该公司第三大市场，仅次于北美洲和亚洲，2012 年日产公司在后两个市场实现的收入分别占其总收入的 31%和 20%。

图 25－98　1992～2013 年日产公司股票价格走势

日本上市公司丰田公司(东京证券交易所交易代码:7203，其股票价格走势见图 25－99)是世界最大的汽车制造商之一，也是国际多元化程度最高的汽车公司之一。2012 年，丰田公司几乎 70%的收入来自日本以外的市场。

起亚公司(其股票价格走势见图 25－100)60%以上的收入来自韩国国内市场以外。2012 年，中东/非洲、欧洲和拉丁美洲是其增长最快的市场。该公司未来将面临的最大挑战之一就是，随着韩元兑日元的汇率朝向不利于其竞争优势的方向波动，应该如何保持自己的竞争优势。

在笔者写作本书时，长城汽车公司(中国香港证券交易所交易代码:2333，其股票价格走势见图 25－101)正处在一个以指数速度增长的阶段，并且是中国第一批对外出口产品的汽车制造商之一。吉利汽车公司的增长轨迹虽然没有长城公司令人印象深刻，但也已经于 2009 年对外出口自己的汽车。

图 25－99　1992～2013 年丰田公司股票价格走势

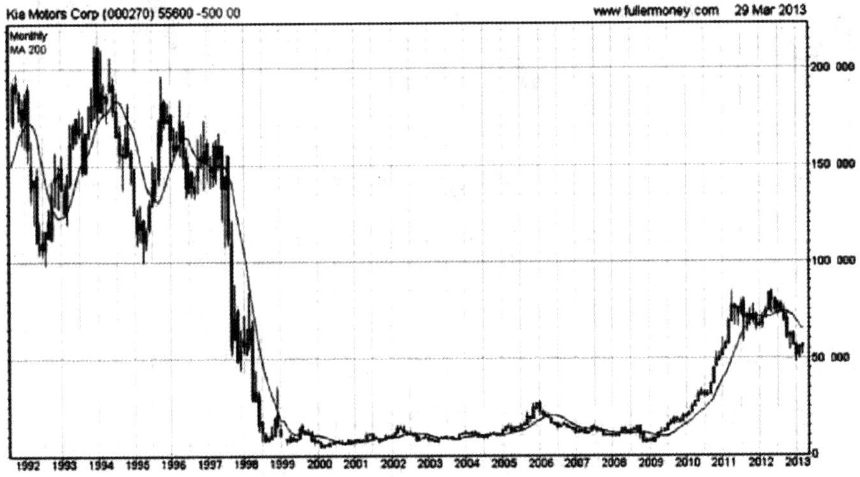

图 25－100　1992～2013 年起亚汽车公司股票价格走势

图 25－101　2004～2013 年长城汽车公司股票价格走势

飞机制造业：波音、欧洲宇航防务集团(EADS)

在 2015～2025 年的 10 年中，与新兴市场贸易关系的扩大以及全球经济同步增长的前景是支持飞机需求增长的两大因素。此外，可支配收入的增加意味着去外国度假需求的增加，因此需要开辟更多的航线和加开更多的航班。考虑到武器出口是美国和欧洲重要的产业，因此，飞机制造公司在国防领域占据的重要地位也值得关注。

2012 年，美国上市公司波音(纽约证券交易所交易代码：BA，其股票价格走势见图 25－102)的商用飞机收入占其总收入的 60％。同年，波音公司有 55％的收入来自美国以外的市场。

2012 年，在法国上市的欧洲宇航防务集团(欧洲证券交易所交易代码：EADS，其股票价格走势见图 25－103)65％的收入来自其商用飞机销售，其中 62％来自欧洲以外的市场。

图 25－102　1992～2013 年波音公司股票价格走势

图 25－103　2011～2013 年欧洲宇航防务集团股票价格走势

机械和工业设备制造业：通用电气、劳斯莱斯、联合技术、霍尼韦尔(Honeywell)、3M、伯克希尔·哈撒韦、西门子、艾默生电气、天祥(Intertek)、艺康(Ecolab)、泰科国际(Tyco International)、发那科(Fanuc)、ABB

嵌入式编程的出现以及历史上最大规模的城市化运动，共同导致了效率的进一步提高和对工业机械设备需求的进一步增加。

美国上市公司通用电气(纽约证券交易所交易代码:GE,其股票价格走势见图25－104)是全球最多元化的工程和制造企业之一。2012年,通用电气公司有53%的收入来自美国以外的市场。该公司两个最大的业务单位能源基础设施(占其收入的33.8%)和通用资本(占其收入的31%)是该公司的主要业务单位。不过,通用电气公司还涉足航空、保健、家庭和企业解决方案和运输等领域。

图25－104 1992～2013年通用电气公司股票价格走势

英国上市公司劳斯莱斯(伦敦证券交易所交易代码:RR,其股票价格走势见图25－105)是一家重要的动力系统公司,是仅次于通用电气公司的世界第二大航空发动机生产商,它还生产船用推进系统和电站涡轮机。该公司的收入来自国际不同市场。

美国上市公司联合技术公司(纽约证券交易所交易代码:UTX,其股票价格走势见图25－106)生产气候控制系统、飞行器发动机、电梯、自动扶梯以及消防和安全设备。北美洲是它的最大市场,2012年占其收入55%,欧洲(占其收入20%)和亚洲(占其收入15%)市场占其余收入的大部分。

霍尼韦尔公司在美国上市(纽约证券交易所交易代码:HON,其股票价格走势见图25－107),提供航空航天产品和服务,控制、传感和安全技术,涡轮增压器,汽车零部件,特种化学产品,电子产品以及先进材料。2012年,欧洲和其他国际业务创造了41%的收入。

图 25－105　1992～2013 年劳斯莱斯公司股票价格走势

图 25－106　1992～2013 年联合技术公司股票价格走势

美国上市公司 3M 是一家高度多元化的跨国企业集团(其股票价格走势见图 25－108)，但主要生产黏合剂、研磨剂、复合材料、消防用品、牙科用品、电子材料和电路、医疗用品、汽车护理用品和光学薄膜。公司亚太市场的收入几乎与美国市场的收入不相上下，两者在 2012 年都获得了增长。

伯克希尔·哈撒韦公司(纽约证券交易所交易代码：BRK，其股票价格走势

图 25－107　1992～2013 年霍尼韦尔公司股票价格走势

图 25－108　1992～2013 年 3M 公司股票价格走势

见图 25－109)是一家难以归类的公司,部分原因是它的业务种类多元化程度非常高,从保险到制造、从运输到消费品分销和食品批发。该公司于 2013 年会同其他投资者收购了亨氏公司,使它在加工食品领域占据了领导地位,并且超越了其主要局限于同美国有关的业务的传统,扩大了自己的国际经营范围。

德国上市公司西门子(德国交易所交易代码:SIE,其股票价格走势见图 25－110)在科技泡沫破灭后转让了手机业务,并且重新关注自己的核心工程

图 25－109　1992～2013 年伯克希尔・哈撒韦公司股票价格走势

能力。西门子公司是全球工程项目的代名词，而西门子印度公司（西门子公司麾下的一家独立上市子公司）是标准普尔泛亚派息大户。

图 25－110　1992～2013 年西门子公司股票价格走势

美国上市公司艾默生电气（纽约证券交易所交易代码：EMR，其股票价格走势见图 25－111）是标准普尔 500 派息大户。2012 年，该公司的亚洲收入超过了其欧洲收入，仅次于美国的收入。艾默生电气公司向电厂和关心环保问题的企业提供重工业解决方案。

图 25－111　1992～2013 年艾默生电气公司股票价格走势

英国上市公司天祥集团(伦敦证券交易所交易代码:ITRK,其股票价格走势见图 25－112)是全球质量控制领域的龙头企业。该公司旗下的全部业务单位在 2012 年都获得了增长,亚洲、美洲以及欧洲、中东和非洲分别是其前三大市场。

图 25－112　2003～2013 年天祥集团股票价格走势

美国上市公司艺康集团(纽约证券交易所交易代码:ECL,其股票价格走势见图 25－113)是世界食品、能源、保健、工业和酒店市场上水、卫生和能源解决方案的龙头提供商，其收入充分实现了国际多元化。

图 25－113 1992～2013 年益康集团股票价格走势

泰科国际公司是一家国际多元化制造企业(其股票价格走势见图 25－114)，专业生产消防安全系统、警报器、消防喷水装置、安全系统和安全用品。

图 25－114 1992～2013 年泰科国际公司股票价格走势

发那科公司(东京证券交易所交易代码：6954，其股票价格走势见图 25－115)是世界机器人制造龙头企业。2012 年，该公司 75%的收入来自日本以外的市场，工厂自动化业务将近占到该公司一半的业务收入。

图 25—115　1992～2013 年发那科公司股票价格走势

ABB 公司(斯德哥尔摩期权交易所和纽约证券交易所交易代码：ABB；瑞士证券交易所交易代码：ABBN，其股票价格走势见图 25—116)2012 年有 65％以上的收入来自欧洲以外的市场。2012 年，它的几个最大业务单位分别是电源产品(22％)、离散自动化和机械装置(21％)、过程自动化(20％)、电源系统(19％)以及低压电器产品(16％)。

图 25—116　1992～2013 年 ABB 公司(瑞士证券交易所)股票价格走势

包装业:伊利诺斯工具厂(Illinois Tool Works)、雷盛集团(Rexam)、布兰博集团(Brambles)

伊利诺斯工具厂(纽约证券交易所交易代码:ITW,其股票价格走势见图25－117)是标准普尔500派息大户,也是世界最大的紧固件和组件、电弧焊接机及其他工程用品生产商之一,拥有20 000项专利。2012年,该公司近60%的收入来自美国以外的市场。

图25－117 1992～2013年伊利诺斯工具厂股票价格走势

英国上市公司雷盛公司(伦敦证券交易所交易代码:REX,其股票价格走势见图25－118)是世界最大的饮料罐制造商和硬塑料包装材料的龙头生产商,公司收入高度国际多元化。

布兰博公司在澳大利亚上市(澳大利亚证券交易所交易代码:BXB,其股票价格走势见图25－119),并且是世界最大的托盘和集装箱堆放服务企业。公司几乎有90%的收入来自澳大利亚以外的市场。安姆科集团(澳大利亚证券交易所交易代码:AMC)是另一家同样国际多元化程度很高的澳大利亚包装材料公司,生产从塑料、纤维、金属到玻璃等品种繁多的包装材料。

图 25－118　1992～2013 年雷盛公司股票价格走势

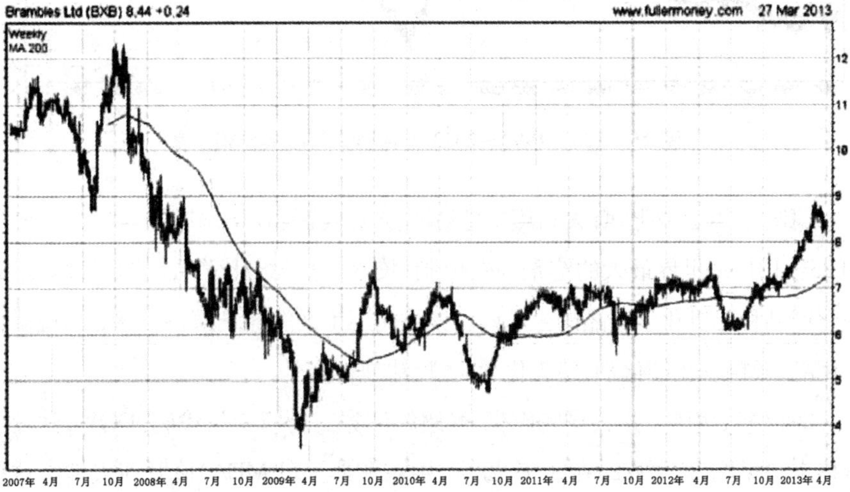

图 25－119　2007～2013 年布兰博公司股票价格走势

化学品和工业气体行业：林德、巴斯夫、陶氏化学、杜邦·德·穆尔、阿克苏诺贝尔(Akzonobel)、PPG 工业、孟山都(Monsanto)

工业气体行业是一个寡头垄断行业，全球市场被普莱克斯公司(纽约证券交易所交易代码：PX)、液化空气集团(欧洲证券交易所交易代码：AI)和林德公司

(德国交易所交易代码:LIN,其股票价格走势见图 25－120)三家公司垄断。由于长距离输送气体不经济,因此,业务相对而言比较倾向于当地化。而这三家公司拥有足以显示它们无所不在的全球影响力。在这三家公司中,林德公司与亚洲增长快速的市场接触最多。

图 25－120　1992～2013 年林德公司股票价格走势

德国上市公司巴斯夫(德国交易所交易代码:BAS,其股票价格走势见图 25－121)是世界最大的溶剂、胺、树脂、胶水、电子级化学品、工业气体、基础石化产品和无机化学产品的生厂商。该公司还生产洗涤剂原料、纺织品、皮革化工用品、颜料以及催化剂、建筑化学品、胶粘剂和涂料。

2012 年,美国上市公司陶氏化学(纽约证券交易所交易代码:DOW,其股票价格走势见图 25－122)在北美,欧洲、中东和非洲(EMEA)以及亚太地区这三个市场的收入基本相同。该公司主要生产塑料、合成橡胶、农药、种子、泡沫塑料、纸张涂料、水净化产品、石化产品。

2012 年,美国上市公司杜邦·德·穆尔(纽约证券交易所交易代码:DD,其股票价格走势见图 25－123)来自美国市场的收入占 38%,而来自欧洲和亚太市场收入各占 23%。杜邦公司涉足许多产品领域,并不只局限于电子和通信技术、特性材料、涂料、染料、转基因种子,它还是世界最大的二氧化钛生产商。2011 年,杜邦公司成功收购了丹麦上市公司丹尼斯克(Danisco),因而开始涉足食品添加剂行业。

图 25－121　1993～2013 年巴斯夫公司股票价格走势

图 25－122　1992～2013 年陶氏化学公司股票价格走势

阿克苏诺贝尔公司(其股票价格走势见图 25－124)接近一半的收入来自欧洲市场,而亚太地区是它的第二大市场。该公司生产油漆、性能涂料和特种化学品。

美国上市公司 PPG 工业公司(纽约证券交易所交易代码:PPG,其股票价格走势见图 25－125)有一半以上的收入来自美国以外的市场。该公司涉足油漆、特种涂料、航空航天密封剂以及汽车、船舶、工业和包装材料等领域。与多家美

图 25－123 1992～2013 年杜邦·德·穆尔公司股票价格走势

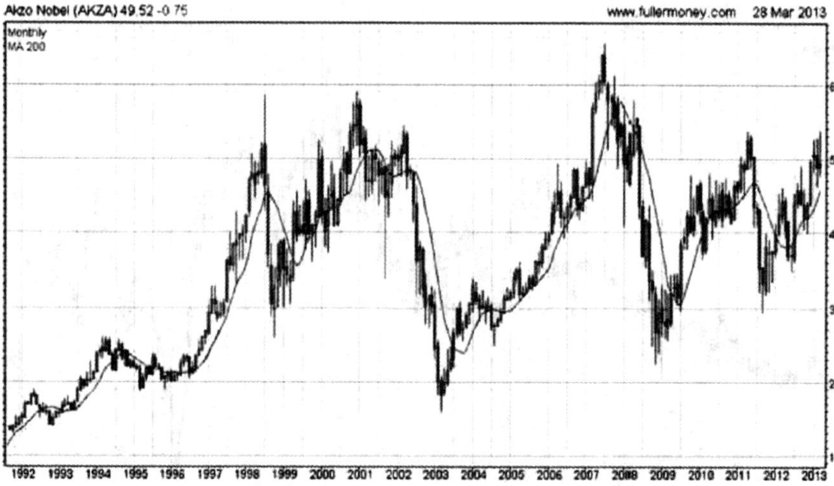

图 25－124 1992～2013 年阿克苏诺贝尔公司股票价格走势

国化学公司一样，它一直是美国低能源成本的最大受益者之一。

美国上市公司孟山都(其股票价格走势见图 25－126)是世界最大的转基因种子和草甘膦(农达)生产商。公司 55％的收入来自美国市场，而拉丁美洲以 22.5％的收入比例成为其第二大市场。

图 25－125　1992～2013 年 PPG 工业公司股票价格走势

图 25－126　2001～2013 年孟山都公司股票价格走势

矿业和能源业：必和必拓（BHP Billiton）、力拓（Rio Tinto）、萨斯喀彻温钾盐（Potash Corp of Saskatchewan）、埃克森美孚（Exxon Mobil）、雪佛龙（Chevron）、荷兰皇家壳牌（Royal Dutch Shell）、斯伦贝谢（Schlumberger）

流动性很强的能源公司是名副其实的全球性公司，它们利用某一地区的资源进行开发和生产，然后在其他地区出售产品。能源公司流动不是其他行业意义上的流动，因为能源公司别无选择，只能把生产迁移到资源集中的地方。不过，能源行业也有一些名副其实的自治共同体。

必和必拓公司是标准普尔欧洲350派息大户，也是世界上最大的多元化矿业公司，主要涉足铁矿石、贱金属、石油、冶金和能源煤炭、铝、锰、钻石和钾肥开采等领域。必和必拓公司（伦敦证券交易所交易代码：BLT，其股票价格走势见图25－127；澳大利亚证券交易所和纽约证券交易所交易代码：BHP；约翰内斯堡证券交易所交易代码：BIL）与力拓矿业集团和淡水河谷公司（VALE）一起形成了主导全球铁矿石市场的寡头垄断。

图25－127 1998～2013年必和必拓公司股票价格走势

力拓矿业集团（伦敦证券交易所、澳大利亚证券交易所和纽约证券交易所交易代码：RIO，其股票价格走势见图25－128）主要从事铁矿石、铝、铜、硼砂、煤、金、铅、银、锡、铀、锌、二氧化钛原料、钻石、滑石和锆石的开采。

加拿大上市公司萨斯喀彻温钾盐公司（多伦多证券交易所交易代码：POT，其股票价格走势见图25－129）是世界最大的作物养分生产商。2012年，其产品类别分为钾肥（41.4%）、氮肥（29.6%）和磷肥（28.9%）三大类。美国是它最大的市场，占其收入的58.6%，而其他市场分布在很多国家。

美国上市公司埃克森美孚公司（纽约证券交易所交易代码：XOM，其股票价格走势见图25－130）是标准普尔500派息大户，该公司至少从2009年起天然气

图 25－128　1992～2013 年力拓矿业集团股票价格走势

图 25－129　1992～2013 年萨斯喀彻温钾盐公司股票价格走势

产量超过了石油。埃克森美孚公司是一家全球多元化公司，也是它所属行业的技术龙头企业。资源国有化曾经是埃克森美孚公司面临的一大挑战，它通过利用自己的技术实力和专注于非石油资产来应对这一挑战。

英国和荷兰上市公司荷兰皇家壳牌公司（伦敦证券交易所和欧洲证券交易所交易代码：RDSB，其股票价格走势见图 25－131）也是一家全球多元化公司，专注于发展与中国（现在是世界最大的能源消费国）的关系，目前的天然气产量

图 25－130　1992～2013 年埃克森美孚公司股票价格走势

多于原油产量,并且有良好的股息增派记录。

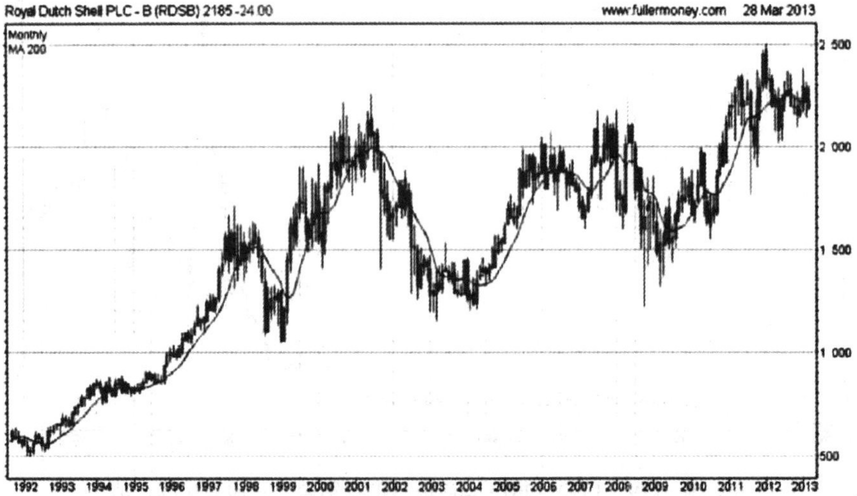

图 25－131　1992～2013 年荷兰皇家壳牌公司股票价格走势

雪佛龙公司(纽约证券交易所交易代码:CVX,其股票价格走势见图 25－132)可能没有前两家能源公司大,但也是一家全球多元化公司,并且专注于开发难以开采资源的开采技术。

美国上市公司斯伦贝谢公司(纽约证券交易所交易代码:SLB,其股票价格走势见图 25－133)的收入来源在全球平均分布。该公司与哈里伯顿(Hallibur-

图 25－132　1992～2013 年雪佛龙公司股票价格走势

ton)、贝克休斯(Baker Hughes)公司基本垄断了石油服务行业。

图 25－133　1992～2013 年斯伦贝谢公司股票价格走势

结 论

据笔者最有把握的推测，下一轮长期牛市有可能出现在以上这些公司的股票上。虽然以上并不是一张详尽的清单，但这些公司代表了一些处于驱动并得益于历史上最大规模的城市化运动、科技黄金时代和非常规油气开发有利位置的企业，并且都是在2015～2025年的10年里有可能对投资结果产生重大影响的题材。虽然这些公司的股票很多明显已经完成底部形成过程，并且呈现出稳定的趋势，但也出现了一些趋势不稳定的证据和趋势正在结束的迹象。我们作为宏观行为技术分析师，在对待这些题材时必须谦逊接受市场现实。即便是处在长期牛市中的投资工具，也可能时常出现大幅回调，在遇到这样的事件时必须思考的问题是：中期趋势正在结束的信号是否清晰可见？什么策略适合我们所面对的情景？

总 结

"意识到某些问题要比知道全部答案重要。"

——詹姆斯·瑟伯(James Thurber)

宏观行为技术分析的四大支柱——价格/从众心理、流动性、治理和基本面价值/投资题材——为我们构建了一个评价投资设想潜在意义的框架。由于我们正在经历一个人类历史上令人难以置信、激动人心的时期,因此,按照以上四大标准来考察,我们并不缺少潜在的投资题材。

数以十亿计的人口正在摆脱贫困,技术创新的步伐正在以我们无法想象的方式改变着我们的生活,而且我们正在摆脱能源供给短缺。同时,从 1980 年起已经显而易见并自 2008 年以来处于狂热之中的债务超循环正趋于结束。

以上题材有能力促成我们可能参与的非常有节奏的趋势,重大题材能够穿透投资大众作用强大的情绪。尽管我们有可能受诱惑被我们自己心仪的理论牵着鼻子走,并且都会固执己见,但价格是市场上唯一的仲裁者,我们面临的最大挑战就是能否保持冷静,尤其是在别人放纵自己的情绪不管时。

不同的价值观会创造不分资产类别的市场,价格走势图能帮助我们评估供求互动的节奏。在一个市场循环周期中,价格会影响人气,人气也会影响价格。一种严谨、唯实的图表解读方法可用来甄别问题,因而能帮助我们评估供求关系的稳定性特征。通过参与稳定的趋势,我们就能利用风险和回报有利于我们的环境。当趋势稳定性减弱时,我们就应该关注趋势结束的特点是否已经显而易见,我们能为这个问题找到客观的答案。

在一个不确定的世界上,识别一个市场大周期什么时候结束且另一个周期正在开始,也许是我们在分析时能做的最重要的事情。被笔者称为自治共同体的那个公司群体,代表着一些笔者认为有可能得益于正在世界各股票交易所发展起来的新一轮长期牛市的股票。观察这种预测是否正确的唯一方法,就是利用价格走势图来观察其趋势的稳定性。在富特投资网站上,我们一直在致力于观察以上股票的趋势并识别投资机会。《从众投资》向读者介绍了做这些工作的工具。

福特投资网络公司

约恩·特里西于2003年加盟戴维·富勒团队,帮助把誉满全球的富勒投资公司的投资文献从硬拷贝转化为完全在线的互动体验。2013年,他们创建富特投资网站,旨在进一步强化服务特点,并且提供一个全新的用户互动界面。

他们在富特投资网站上展示由戴维·富勒从1969年开始在华尔街举办的图表研讨班上开创并由约恩·特里西在《从众投资》中解释的宏观行为技术分析结果。约恩于2008年从戴维·富勒手中接过了图表研讨班,从那以来在全球四大洲不断巡回演讲,而且场场爆满。

在富特投资网络公司,市场策略分析师们通过研究市场演变历史和流动性周期、治理标准发展趋势以及投资大众行为心理来寻找投资线索,然后每天把这种方法应用于股票、债券、货币和大宗商品分析。他们的观点独到、实用、简明,但也经常会引起争议。他们写了大量的市场评论文章,关注当下的热门话题,解答大家正在思考的问题。

除了撰文上传富特投资网站外,戴维·富勒和约恩·特里西还向一些世界最大的投资者提供量身定制的咨询服务。

"通过传授知识来培养能力"是他们的服务宗旨。戴维和约恩利用自己职业分析师和投资者/交易者的经验,致力于培养用户的能力;同样,很多用户也利用自己的经验和洞见以及他们所做的很多评论,来帮助戴维和约恩进一步提高他们的能力。富特投资网络公司把这种集体智慧上传到"当日评论"栏目供大家分享,为用户社区开辟发表观点的平台。这样,用户就得以利用这种学习机会,不但能通过研究而且还可通过互动来进一步提高自己的能力,进而构建一个内容不断丰富的经验和知识分享平台。

戴维或者约恩每天在网站上发表当日播客,内容涵盖评论市场在趋势、机会和风险方面的表现。他们会把自己的确切想法以及产生这些想法的原因告诉订户。更重要的是,他们还会毫无保留地把自己在做什么交易和投资(包括采用哪些策略)告诉订户。

富特投资网络公司的图表库收藏了12 000多种投资工具的图表,并且根据一系列的比率、差价、比率系数和研究需要来量身定制不同的图表。该图表库的一个优势就是选择面广:世界各国的指数、200个货币对、主要市场和新兴市场债券收益率、所有流动性高的大宗商品和一些流动性不是很高的大宗商品。更不用说,还有很多国家10 000多只股票的图表可供选用。这个图表库在配备了越来越多的过滤器后,已经成为一种有助于识别下一波主要趋势的不可或缺的工具。

作者简介

约恩·特里西已经作为全球策略分析师和合伙人在富勒投资网络公司(Fullermoney.com)供职 10 年,他曾经负责过该公司的美国、澳大利亚和新加坡巡回演讲服务部。他是该公司特有的金融市场宏观行为阐释法的专家,并且经常作为股票、债券、大宗商品和外汇市场评论员出现在彭博电视频道、美国全国广播公司财经频道、亚太财经频道印度栏目、新德里电视台“赢利”栏目和英国广播公司国际频道的节目中。

在印度媒体上频繁露面的同时,约恩经常去中国旅行以亲身体验那里的市场变化。他是一名世界著名的演讲者,并且经常受邀去很多国家给一些关心金融问题的协会做演讲,其中有特许金融分析师协会、市场技术分析师协会、英国技术分析师协会和澳大利亚技术分析师协会。他还是伦敦世界投资博览会和美国佛蒙特州不同意见论坛的定期主持人。

在都柏林三一学院拿到哲学学位后,约恩在彭博社工作了 3 年多,并常去欧洲给价格走势解释研讨班讲课。他于 2003 年到富勒投资公司加盟富勒团队,专注于该公司服务部的研究方法——把技术、基本面和行为因素整合在一起。他每天在富勒投资公司网站“每日评论”栏目中与订户分享他对于市场的看法,并且定期更新服务部的音频记录。作为一名积极交易者,约恩还详细介绍他个人在服务部供职期间所做的每笔交易和投资。最后,约恩开发了富勒投资公司图表库。该图表库收藏了 17 000 多种投资工具关于不同比率、差价、比率系数的图表,并且可以根据订户要求定制图表。

2013 年,戴维 · 富勒和约恩 · 特里西创建了“富特投资”网站(FT-Money.com),旨在将其服务提高到一个新的层次,并且强化订户的产品体验。

约恩已经结婚,有 3 个女儿,在业余时间里喜欢做潜水运动。